江西省经济普查年鉴

Jiangxi Economic Census Yearbook

2018

综｜合｜卷

江西省第四次全国经济普查领导小组办公室　编著

中国统计出版社
China Statistics Press

图书在版编目（CIP）数据

江西省经济普查年鉴. 2018. 综合卷 / 江西省第四次全国经济普查领导小组办公室编著. -- 北京 : 中国统计出版社, 2020.7
ISBN 978-7-5037-9172-7

Ⅰ. ①江… Ⅱ. ①江… Ⅲ. ①经济一普查一江西一2018一年鉴 Ⅳ. ①F127.56-54

中国版本图书馆 CIP 数据核字(2020)第 108825 号

江西省经济普查年鉴—2018/综合卷

作　　者/江西省第四次全国经济普查领导小组办公室
责任编辑/许立舫
封面设计/黄俊杰　李雪燕
出版发行/中国统计出版社
通信地址/北京市丰台区西三环南路甲 6 号　邮政编码/100073
电　　话/邮购（010）63376909　书店（010）68783171
网　　址/http://www.zgtjcbs.com/
印　　刷/河北鑫兆源印刷有限公司
经　　销/新华书店
开　　本/880mm×1230mm　1/16
字　　数/528 千字
印　　张/17.25
版　　别/2020 年 7 月第 1 版
版　　次/2020 年 7 月第 1 次印刷
定　　价/680.00 元（全四册附光盘）

本书附同版本 CD-ROM 一张，光盘内容以书面文字为准。
如有印装差错，由本社发行部调换。

《江西省经济普查年鉴-2018》

指导委员会

主　　任：万庆胜

副 主 任：罗伟华　韩志生　彭勇平　曾永生　喻　滨
　　　　　金　绮　康冬明　曾庆道　叶德祥　陆　锋

编辑委员会

总 编 辑：曾永生

副总编辑：黄正坤

委　　员：（以姓氏笔画为序）
　　　　　万　玲　卢俊波　叶德祥　皮人学　朱小清　刘　军　刘卫红
　　　　　刘晓红　杨幸丽　杨裕光　吴九华　何小敏　宋世平　张　捷
　　　　　张启良　季昌轮　周　红　胡九根　徐宇林　黄　谦　喻　荣
　　　　　喻林华　程　敏

执行编辑：彭　虹　曹淳隽

数据处理：林晓倩　邓　帅

光盘设计：王立群　熊　威

《综合卷》编辑委员会

编者说明

为便于社会各界共同分享第四次全国经济普查成果，更方便地开发利用普查资料，我们将经济普查资料编辑整理，汇编成《江西省经济普查年鉴—2018》一书。全书共三卷四册，即《综合卷》、《第二产业卷》和《第三产业卷》，并附同版本光盘一张。《综合卷》分三篇：第一篇为“综合篇”，第二篇为“企业篇”，第三篇为“文化及相关产业篇”。《第二产业卷》按内容分为上、下两册。上册两篇：第一篇为“工业企业生产经营及财务状况篇”，第二篇为“主要工业产品产量篇”。下册两篇：第一篇为“规模以上工业企业科技情况篇”，第二篇为“建筑业企业生产经营及账务状况篇”。《第三产业卷》分六篇：第一篇为“批发和零售业企业基本情况及财务状况篇”，第二篇为“住宿和餐饮业企业基本情况及财务状况篇”，第三篇为“房地产开发经营业生产经营及财务状况篇”，第四篇为“服务业企业财务状况篇”，第五篇为“服务业行政事业及非企业法人单位篇”，第六篇为“企业信息化和电子商务交易情况篇”。为使读者能够更好地使用本资料，现对有关问题做如下说明：

一、第四次全国经济普查的标准时点为 2018 年 12 月 31 日，时期资料为 2018 年度；

二、《综合卷》中“综合篇”和“企业篇”汇总表，均不包含少量无分组标识的单位数据，其中单位数包含兼营二、三产业的农、林、牧、渔业法人单位，从业人员数不包含兼营二、三产业的农、林、牧、渔业法人单位，不包含人民银行、银保监会、证监会监管的金融业以及铁路运输部门单位数据；

三、本资料建筑业按法人单位注册地，其他行业按法人单位经营地进行汇总；

四、本资料对部分数据由于计量单位取舍不同或四舍五入而产生的误差数均未作机械调整；

五、表中空格表示该项统计指标数值为零、不足最小单位、数据不详或无该项数据，“#”表示其中的主要项；

六、为了更准确地使用本年鉴，每卷后附有该卷详细的指标解释。

我们希望此书的面世，能使社会各界对第四次全国经济普查江西省数据有一个全面的了解，更愿本书的内容，能为社会经济研究工作者提供有价值的参考。

江西省第四次全国经济普查资料是全省普查工作者共同辛勤工作的成果，也是广大普查对象积极支持配合的结果。在此，我们向全省所有普查工作者、普查对象和所有参与和支持普查工作的人员致以崇高的敬意和衷心的感谢！

江西省第四次全国经济普查领导小组办公室

2020 年 7 月

综合卷　目录

第一篇　综合篇

第二篇　企业篇

第三篇 文化及相关产业篇

A.概况

B.文化制造业

C.文化批零业

附　录

第1篇

综合篇

1-01 按地区、行业门类

行业门类	法人单位数(个)	南昌市	景德镇市	萍乡市
总 计	**454387**	**71507**	**15204**	**12618**
农、林、牧、渔业	6779	370	135	104
采矿业	2998	35	55	128
制造业	63136	8453	2966	2159
电力、热力、燃气及水生产和供应业	7566	150	93	236
建筑业	27569	5752	740	833
批发和零售业	119751	20243	4156	2720
交通运输、仓储和邮政业	17144	1678	502	245
住宿和餐饮业	6697	1110	259	165
信息传输、软件和信息技术服务业	15310	4206	275	340
金融业	1649	407	66	64
房地产业	13547	2975	500	294
租赁和商务服务业	48714	9965	1017	1105
科学研究和技术服务业	16779	3765	466	337
水利、环境和公共设施管理业	3033	416	131	58
居民服务、修理和其他服务业	7990	1659	269	200
教育	19188	2108	713	628
卫生和社会工作	8524	900	248	313
文化、体育和娱乐业	10752	1786	599	361
公共管理、社会保障和社会组织	57261	5529	2014	2328

分组的法人单位数

九江市	新余市	鹰潭市	赣州市	吉安市	宜春市	抚州市	上饶市
52897	**28081**	**16358**	**78123**	**43193**	**48043**	**32726**	**55637**
861	291	828	1025	1602	561	647	355
376	321	57	684	272	469	208	393
8035	2916	1879	10890	6432	7889	4498	7019
884	197	111	1251	972	691	2324	657
2707	1197	845	5943	2545	2046	1483	3478
14485	9274	4263	23262	9283	10768	6927	14370
1532	718	961	1741	1547	4770	1526	1924
954	230	279	1135	827	555	313	870
1468	942	479	2456	1124	1140	608	2272
153	150	89	199	139	116	109	157
1645	546	407	2122	1244	1234	890	1690
5155	6856	2251	6271	3583	4637	2189	5685
1978	887	566	2837	1399	1362	908	2274
431	124	133	435	308	303	210	484
960	387	290	1330	673	599	515	1108
2115	723	579	3902	2091	1924	1519	2886
1057	204	233	1615	953	1089	928	984
1326	473	419	1690	925	909	698	1566
6775	1645	1689	9335	7274	6981	6226	7465

1-02 按地区分组的法人单位数及从业人员数

地区	法人单位数（个）	单产业法人单位	多产业法人单位	从业人员数（人）	#女性
全省	**454387**	**443572**	**10815**	**9421645**	**3614833**
南昌市	71507	70129	1378	2090020	683863
景德镇市	15204	14845	359	304236	112878
萍乡市	12618	12000	618	364543	148508
九江市	52897	52016	881	1030337	426581
新余市	28081	27933	148	361324	126362
鹰潭市	16358	16024	334	274811	93560
赣州市	78123	75638	2485	1357233	583862
吉安市	43193	41798	1395	881896	399208
宜春市	48043	46864	1179	1090357	429793
抚州市	32726	31791	935	633288	226007
上饶市	55637	54534	1103	979279	369502

注：分地区从业人员数不含数据处理地在“江西省直”的单位。

1-03　按行业(中类)分组的法人单位数及从业人员数

行业中类	法人单位数(个)	单产业法人单位	多产业法人单位	从业人员数(人)	#女性
总　计	**454387**	**443572**	**10815**	**9421645**	**3614833**
农、林、牧、渔业	**6779**	**6725**	**54**	**41989**	**13995**
农业	12		12		
谷物种植	1		1		
豆类、油料和薯类种植					
棉、麻、糖、烟草种植					
蔬菜、食用菌及园艺作物种植	3		3		
水果种植	2		2		
坚果、含油果、香料和饮料作物种植	4		4		
中药材种植					
草种植及割草					
其他农业	2		2		
林业	9		9		
林木育种和育苗	1		1		
造林和更新					
森林经营、管护和改培	5		5		
木材和竹材采运	2		2		
林产品采集	1		1		
畜牧业	2		2		
牲畜饲养	1		1		
家禽饲养	1		1		
狩猎和捕捉动物					
其他畜牧业					
渔业	1		1		
水产养殖	1		1		
水产捕捞					
农、林、牧、渔专业及辅助性活动	6755	6725	30	41989	13995
农业专业及辅助性活动	5262	5243	19	31598	10692
林业专业及辅助性活动	624	616	8	5609	1738
畜牧专业及辅助性活动	507	506	1	2521	800
渔业专业及辅助性活动	362	360	2	2261	765
采矿业	**2998**	**2956**	**42**	**104502**	**20059**
煤炭开采和洗选业	242	235	7	28180	4250
烟煤和无烟煤开采洗选	216	209	7	27198	4085
褐煤开采洗选	4	4		109	18
其他煤炭采选	22	22		873	147
石油和天然气开采业	2	2		5	2
石油开采					
天然气开采	2	2		5	2
黑色金属矿采选业	264	264		5824	911
铁矿采选	243	243		5147	763
锰矿、铬矿采选	5	5		141	14
其他黑色金属矿采选	16	16		536	134

1-03 续表 1

行业中类	法人单位数(个)	单产业法人单位	多产业法人单位	从业人员数(人)	#女性
有色金属矿采选业	411	392	19	27741	6248
常用有色金属矿采选	154	151	3	7576	1619
贵金属矿采选	44	42	2	2118	536
稀有稀土金属矿采选	213	199	14	18047	4093
非金属矿采选业	1811	1797	14	40164	8013
土砂石开采	1562	1549	13	32943	6324
化学矿开采	12	12		502	67
采盐	2	1	1	1610	580
石棉及其他非金属矿采选	235	235		5109	1042
开采专业及辅助性活动	33	33		190	55
煤炭开采和洗选专业及辅助性活动	11	11		53	13
石油和天然气开采专业及辅助性活动	3	3		16	5
其他开采专业及辅助性活动	19	19		121	37
其他采矿业	235	233	2	2398	580
其他采矿业	235	233	2	2398	580
制造业	**63136**	**62331**	**805**	**2992512**	**1374845**
农副食品加工业	3778	3732	46	116343	43353
谷物磨制	1197	1187	10	29394	7854
饲料加工	325	320	5	26386	6863
植物油加工	387	382	5	10827	4428
制糖业	15	15		246	108
屠宰及肉类加工	454	436	18	19467	7546
水产品加工	66	66		3148	2187
蔬菜、菌类、水果和坚果加工	485	481	4	9679	5806
其他农副食品加工	849	845	4	17196	8561
食品制造业	1446	1424	22	54744	29418
焙烤食品制造	253	245	8	11180	6374
糖果、巧克力及蜜饯制造	69	68	1	3540	2131
方便食品制造	279	278	1	10770	5872
乳制品制造	30	27	3	3727	1729
罐头食品制造	67	66	1	4223	2799
调味品、发酵制品制造	100	100		2125	1073
其他食品制造	648	640	8	19179	9440
酒、饮料和精制茶制造业	1391	1361	30	39794	17401
酒的制造	307	299	8	11652	4740
饮料制造	485	476	9	15576	7050
精制茶加工	599	586	13	12566	5611
烟草制品业	8	7	1	5820	2112
烟叶复烤	3	3		658	390
卷烟制造	4	3	1	5144	1717
其他烟草制品制造	1	1		18	5

1-03　续表 2

行业中类	法人单位数(个)	单产业法人单位	多产业法人单位	从业人员数(人)	#女性
纺织业	2209	2202	7	113439	73002
棉纺织及印染精加工	1230	1226	4	70741	45783
毛纺织及染整精加工	36	35	1	766	420
麻纺织及染整精加工	88	88		4849	3053
丝绢纺织及印染精加工	43	43		3439	2428
化纤织造及印染精加工	65	65		4649	3053
针织或钩针编织物及其制品制造	318	317	1	13627	9315
家用纺织制成品制造	256	256		7067	4465
产业用纺织制成品制造	173	172	1	8301	4485
纺织服装、服饰业	6029	6014	15	260224	189300
机织服装制造	2344	2338	6	129564	90946
针织或钩针编织服装制造	741	739	2	57674	44732
服饰制造	2944	2937	7	72986	53622
皮革、毛皮、羽毛及其制品和制鞋业	1857	1842	15	127833	92438
皮革鞣制加工	81	80	1	3481	1695
皮革制品制造	666	664	2	29952	20234
毛皮鞣制及制品加工	49	49		1201	874
羽毛(绒)加工及制品制造	100	99	1	5243	2757
制鞋业	961	950	11	87956	66878
木材加工和木、竹、藤、棕、草制品业	3024	2996	28	71898	28577
木材加工	1216	1201	15	19715	6692
人造板制造	293	291	2	15291	5919
木质制品制造	524	522	2	11959	4346
竹、藤、棕、草等制品制造	991	982	9	24933	11620
家具制造业	3797	3435	362	123852	39740
木质家具制造	3125	2772	353	111772	35413
竹、藤家具制造	32	32		636	266
金属家具制造	237	235	2	3782	1398
塑料家具制造	12	12		140	64
其他家具制造	391	384	7	7522	2599
造纸和纸制品业	1107	1104	3	40038	16149
纸浆制造	10	10		150	55
造纸	283	282	1	18819	6652
纸制品制造	814	812	2	21069	9442
印刷和记录媒介复制业	1287	1275	12	34648	16210
印刷	1143	1135	8	33218	15518
装订及印刷相关服务	142	138	4	1419	688
记录媒介复制	2	2		11	4
文教、工美、体育和娱乐用品制造业	1806	1796	10	81675	48317
文教办公用品制造	341	338	3	9191	5511
乐器制造	25	25		338	165
工艺美术及礼仪用品制造	1063	1058	5	36833	20583

1-03 续表 3

行业中类	法人单位数(个)	单产业法人单位	多产业法人单位	从业人员数(人)	#女性
体育用品制造	166	164	2	15624	8887
玩具制造	179	179		17844	12670
游艺器材及娱乐用品制造	32	32		1845	501
石油、煤炭及其他燃料加工业	308	308		18259	4584
精炼石油产品制造	47	47		4089	857
煤炭加工	133	133		11649	3053
核燃料加工	3	3			
生物质燃料加工	125	125		2521	674
化学原料和化学制品制造业	3616	3561	55	213669	92581
基础化学原料制造	542	541	1	36581	8826
肥料制造	223	221	2	6873	1559
农药制造	69	69		4593	1554
涂料、油墨、颜料及类似产品制造	467	465	2	14194	4240
合成材料制造	198	198		6226	1930
专用化学产品制造	828	826	2	38765	11950
炸药、火工及焰火产品制造	944	897	47	94063	56436
日用化学产品制造	345	344	1	12374	6086
医药制造业	1108	1094	14	102054	48841
化学药品原料药制造	160	159	1	21221	6332
化学药品制剂制造	97	96	1	14541	6441
中药饮片加工	167	165	2	8763	4797
中成药生产	170	164	6	33183	17782
兽用药品制造	75	74	1	3548	1638
生物药品制品制造	84	84		8184	3874
卫生材料及医药用品制造	340	337	3	10635	6750
药用辅料及包装材料	15	15		1979	1227
化学纤维制造业	78	78		6349	2594
纤维素纤维原料及纤维制造	17	17		3821	1358
合成纤维制造	50	50		2415	1204
生物基材料制造	11	11		113	32
橡胶和塑料制品业	2077	2071	6	73709	32807
橡胶制品业	292	292		13210	5340
塑料制品业	1785	1779	6	60499	27467
非金属矿物制品业	8813	8751	62	335501	116835
水泥、石灰和石膏制造	548	535	13	31658	8140
石膏、水泥制品及类似制品制造	1418	1401	17	47949	10653
砖瓦、石材等建筑材料制造	3261	3253	8	61402	17022
玻璃制造	164	162	2	8183	2778
玻璃制品制造	351	351		15447	6171
玻璃纤维和玻璃纤维增强塑料制品制造	134	134		12637	5216
陶瓷制品制造	2023	2011	12	138287	61082
耐火材料制品制造	125	122	3	3654	1026
石墨及其他非金属矿物制品制造	789	782	7	16284	4747

1-03　续表 4

行业中类	法人单位数（个）	单产业法人单位	多产业法人单位	从业人员数（人）	#女性
黑色金属冶炼和压延加工业	295	291	4	52623	12592
炼铁	15	14	1	896	245
炼钢	5	5		417	74
钢压延加工	252	249	3	50214	11792
铁合金冶炼	23	23		1096	481
有色金属冶炼和压延加工业	1180	1175	5	121506	31085
常用有色金属冶炼	182	181	1	44846	8360
贵金属冶炼	21	21		1431	501
稀有稀土金属冶炼	168	167	1	16329	5102
有色金属合金制造	168	167	1	5986	1695
有色金属压延加工	641	639	2	52914	15427
金属制品业	3389	3374	15	88237	27886
结构性金属制品制造	1611	1601	10	34439	9110
金属工具制造	203	203		5944	2264
集装箱及金属包装容器制造	73	73		2201	859
金属丝绳及其制品制造	66	66		3431	844
建筑、安全用金属制品制造	403	400	3	16749	5983
金属表面处理及热处理加工	122	122		2637	963
搪瓷制品制造	23	23		493	233
金属制日用品制造	192	192		6954	2855
铸造及其他金属制品制造	696	694	2	15389	4775
通用设备制造业	2355	2340	15	89742	27956
锅炉及原动设备制造	77	77		2744	779
金属加工机械制造	404	401	3	9230	2371
物料搬运设备制造	79	79		4801	974
泵、阀门、压缩机及类似机械制造	234	232	2	23762	6527
轴承、齿轮和传动部件制造	123	123		6234	1918
烘炉、风机、包装等设备制造	247	246	1	8411	2863
文化、办公用机械制造	34	33	1	6040	3134
通用零部件制造	848	842	6	22550	7461
其他通用设备制造业	309	307	2	5970	1929
专用设备制造业	2414	2408	6	79418	33857
采矿、冶金、建筑专用设备制造	302	300	2	11090	2694
化工、木材、非金属加工专用设备制造	360	360		9299	3046
食品、饮料、烟草及饲料生产专用设备制造	35	35		1218	378
印刷、制药、日化及日用品生产专用设备制造	95	95		3850	1652
纺织、服装和皮革加工专用设备制造	72	72		2741	773
电子和电工机械专用设备制造	148	148		6286	2752
农、林、牧、渔专用机械制造	227	226	1	4446	1188
医疗仪器设备及器械制造	542	541	1	27202	17322
环保、邮政、社会公共服务及其他专用设备制造	633	631	2	13286	4052

1-03 续表 5

行业中类	法人单位数(个)	单产业法人单位	多产业法人单位	从业人员数(人)	#女性
汽车制造业	1076	1071	5	119448	34716
汽车整车制造	49	48	1	57391	11842
汽车用发动机制造	4	4		632	216
改装汽车制造	17	17		1266	276
低速汽车制造	1	1			
电车制造	7	7		126	21
汽车车身、挂车制造	40	39	1	3006	1112
汽车零部件及配件制造	958	955	3	57027	21249
铁路、船舶、航空航天和其他运输设备制造业	467	464	3	20739	3597
铁路运输设备制造	25	25		1081	179
城市轨道交通设备制造	5	5		214	37
船舶及相关装置制造	310	307	3	14941	2054
航空、航天器及设备制造	49	49		1208	273
摩托车制造	23	23		1485	489
自行车和残疾人座车制造	7	7		173	52
助动车制造	34	34		928	349
非公路休闲车及零配件制造	6	6		348	98
潜水救捞及其他未列明运输设备制造	8	8		361	66
电气机械和器材制造业	2630	2602	28	206007	96879
电机制造	138	136	2	19031	8154
输配电及控制设备制造	906	890	16	66789	32148
电线、电缆、光缆及电工器材制造	408	404	4	27456	12592
电池制造	262	260	2	39318	16110
家用电力器具制造	163	161	2	12071	5418
非电力家用器具制造	65	65		486	172
照明器具制造	540	538	2	37327	20645
其他电气机械及器材制造	148	148		3529	1640
计算机、通信和其他电子设备制造业	2618	2592	26	326106	182014
计算机制造	143	141	2	26591	17129
通信设备制造	169	167	2	19784	11844
广播电视设备制造	47	47		10949	9285
雷达及配套设备制造	4	4		75	32
非专业视听设备制造	116	115	1	20608	13811
智能消费设备制造	108	107	1	12521	7425
电子器件制造	404	399	5	99690	45653
电子元件及电子专用材料制造	1282	1270	12	110497	61876
其他电子设备制造	345	342	3	25391	14959
仪器仪表制造业	516	515	1	24009	11555
通用仪器仪表制造	201	201		7735	3492
专用仪器仪表制造	70	69	1	2888	1342
钟表与计时仪器制造	21	21		722	326
光学仪器制造	180	180		11244	5764

1-03　续表 6

行业中类	法人单位数(个)	单产业法人单位	多产业法人单位	从业人员数(人)	#女性
衡器制造	11	11		675	342
其他仪器仪表制造业	33	33		745	289
其他制造业	1278	1274	4	24279	12393
日用杂品制造	224	222	2	9253	6544
核辐射加工	1	1		6	2
其他未列明制造业	1053	1051	2	15020	5847
废弃资源综合利用业	554	551	3	15385	4396
金属废料和碎屑加工处理	271	269	2	9301	2277
非金属废料和碎屑加工处理	283	282	1	6084	2119
金属制品、机械和设备修理业	625	623	2	5164	1660
金属制品修理	13	13		71	16
通用设备修理	54	54		416	111
专用设备修理	97	97		568	179
铁路、船舶、航空航天等运输设备修理	61	60	1	906	219
电气设备修理	33	32	1	245	67
仪器仪表修理	3	3		26	11
其他机械和设备修理业	364	364		2932	1057
电力、热力、燃气及水生产和供应业	**7566**	**7455**	**111**	**135867**	**39262**
电力、热力生产和供应业	6426	6359	67	99925	25663
电力生产	6149	6089	60	43065	10811
电力供应	210	205	5	55146	14452
热力生产和供应	67	65	2	1714	400
燃气生产和供应业	212	195	17	8821	3022
燃气生产和供应业	198	181	17	8626	2970
生物质燃气生产和供应业	14	14		195	52
水的生产和供应业	928	901	27	27121	10577
自来水生产和供应	750	726	24	24307	9638
污水处理及其再生利用	161	159	2	2664	866
海水淡化处理					
其他水的处理、利用与分配	17	16	1	150	73
建筑业	**27569**	**26215**	**1354**	**1686043**	**272612**
房屋建筑业	8024	7247	777	1162484	172157
住宅房屋建筑	6975	6242	733	1106126	161397
体育场馆建筑	24	17	7	16413	3189
其他房屋建筑业	1025	988	37	39945	7571
土木工程建筑业	6027	5626	401	335596	58038
铁路、道路、隧道和桥梁工程建筑	2649	2381	268	228480	37270
水利和水运工程建筑	421	359	62	34745	5889
海洋工程建筑					
工矿工程建筑	79	74	5	4344	768
架线和管道工程建筑	269	262	7	12493	1976
节能环保工程施工	117	115	2	1139	374

1-03 续表 7

行业中类	法人单位数(个)	单产业法人单位	多产业法人单位	从业人员数(人)	#女性
电力工程施工	180	173	7	8393	1666
其他土木工程建筑	2312	2262	50	46002	10095
建筑安装业	3376	3311	65	55717	10609
电气安装	767	748	19	13074	3455
管道和设备安装	593	589	4	6394	1545
其他建筑安装业	2016	1974	42	36249	5609
建筑装饰、装修和其他建筑业	10142	10031	111	132246	31808
建筑装饰和装修业	7295	7216	79	76960	19172
建筑物拆除和场地准备活动	330	323	7	3639	780
提供施工设备服务	106	105	1	1672	342
其他未列明建筑业	2411	2387	24	49975	11514
批发和零售业	**119751**	**118289**	**1462**	**923980**	**409666**
批发业	62225	61709	516	484842	189479
农、林、牧、渔产品批发	3852	3805	47	31666	11465
食品、饮料及烟草制品批发	6657	6579	78	68013	31067
纺织、服装及家庭用品批发	6062	6011	51	44187	22730
文化、体育用品及器材批发	1471	1454	17	9179	4169
医药及医疗器材批发	4435	4397	38	61499	26919
矿产品、建材及化工产品批发	19856	19672	184	143137	46260
机械设备、五金产品及电子产品批发	8644	8588	56	57201	21023
贸易经纪与代理	5283	5274	9	33071	12576
其他批发业	5965	5929	36	36889	13270
零售业	57526	56580	946	439138	220187
综合零售	6421	6249	172	83836	54721
食品、饮料及烟草制品专门零售	5694	5619	75	43917	21283
纺织、服装及日用品专门零售	5044	4966	78	32026	18433
文化、体育用品及器材专门零售	2919	2899	20	23509	11323
医药及医疗器材专门零售	5462	5193	269	39137	24618
汽车、摩托车、零配件和燃料及其他动力销售	9027	8859	168	83636	34347
家用电器及电子产品专门零售	5501	5429	72	37939	17826
五金、家具及室内装饰材料专门零售	8220	8189	31	45549	17093
货摊、无店铺及其他零售业	9238	9177	61	49589	20543
交通运输、仓储和邮政业	**17144**	**16722**	**422**	**396813**	**81482**
铁路运输业	6	5	1	198	32
铁路旅客运输	5	4	1		
铁路货物运输	1	1		198	32
铁路运输辅助活动					
道路运输业	14176	13977	199	324809	58653
城市公共交通运输	273	259	14	28296	6856
公路旅客运输	331	281	50	22844	7186
道路货物运输	13016	12896	120	248253	34481
道路运输辅助活动	556	541	15	25416	10130

1-03 续表 8

行业中类	法人单位数(个)	单产业法人单位	多产业法人单位	从业人员数(人)	#女性
水上运输业	273	269	4	8690	1846
水上旅客运输	28	28		514	138
水上货物运输	193	191	2	6411	1235
水上运输辅助活动	52	50	2	1765	473
航空运输业	26	24	2	4582	1586
航空客货运输	7	7		868	300
通用航空服务	13	12	1	163	43
航空运输辅助活动	6	5	1	3551	1243
管道运输业	4	4		264	67
海底管道运输	1	1		13	2
陆地管道运输	3	3		251	65
多式联运和运输代理业	424	417	7	3981	1305
多式联运	1	1		122	6
运输代理业	423	416	7	3859	1299
装卸搬运和仓储业	1391	1344	47	22190	5495
装卸搬运	709	706	3	9929	1935
通用仓储	91	87	4	1743	506
低温仓储	25	25		1007	277
危险品仓储	7	7		66	14
谷物、棉花等农产品仓储	396	359	37	7358	2087
中药材仓储	3	3		14	2
其他仓储业	160	157	3	2073	674
邮政业	844	682	162	32099	12498
邮政基本服务	59	48	11	13361	7420
快递服务	781	630	151	18680	5070
其他寄递服务	4	4		58	8
住宿和餐饮业	**6697**	**6472**	**225**	**125633**	**80640**
住宿业	2719	2632	87	65444	43650
旅游饭店	824	782	42	35036	22964
一般旅馆	1528	1491	37	23984	16380
民宿服务	72	71	1	515	319
露营地服务	2	2		9	6
其他住宿业	293	286	7	5900	3981
餐饮业	3978	3840	138	60189	36990
正餐服务	3351	3242	109	52990	32514
快餐服务	127	116	11	3371	2403
饮料及冷饮服务	89	79	10	745	445
餐饮配送及外卖送餐服务	125	121	4	994	436
其他餐饮业	286	282	4	2089	1192
信息传输、软件和信息技术服务业	**15310**	**15213**	**97**	**149001**	**56480**
电信、广播电视和卫星传输服务	519	474	45	41381	16222
电信	349	307	42	32703	13569

1-03 续表 9

行业中类	法人单位数（个）	单产业法人单位	多产业法人单位	从业人员数（人）	#女性
广播电视传输服务	161	158	3	8430	2549
卫星传输服务	9	9		248	104
互联网和相关服务	2302	2292	10	17240	6895
互联网接入及相关服务	251	251		1189	389
互联网信息服务	1183	1179	4	8563	3466
互联网平台	128	127	1	2487	1293
互联网安全服务	11	11		123	19
互联网数据服务	29	28	1	594	158
其他互联网服务	700	696	4	4284	1570
软件和信息技术服务业	12489	12447	42	90380	33363
软件开发	6278	6255	23	44806	15795
集成电路设计	45	45		490	196
信息系统集成和物联网技术服务	764	759	5	7495	2579
运行维护服务	66	64	2	2544	496
信息处理和存储支持服务	68	68		737	353
信息技术咨询服务	4017	4007	10	23789	9142
数字内容服务	203	202	1	1452	504
其他信息技术服务业	1048	1047	1	9067	4298
金融业	**1649**	**1100**	**549**	**6640**	**2626**
货币金融服务	728	445	283	2851	1148
中央银行服务	11		11		
货币银行服务	373	105	268	148	71
非货币银行服务	344	340	4	2703	1077
银行理财服务					
银行监管服务					
资本市场服务	355	347	8	1876	698
证券市场服务	4	2	2	125	58
公开募集证券投资基金	1	1			
非公开募集证券投资基金	140	136	4		
期货市场服务	2	1	1		
证券期货监管服务	1	1			
资本投资服务	143	142	1	1284	473
其他资本市场服务	64	64		467	167
保险业	387	139	248	133	54
人身保险	163	33	130		
财产保险	165	54	111		
再保险					
商业养老金	7	7			
保险中介服务	23	16	7		
保险资产管理					
保险监管服务					
其他保险活动	29	29		133	54

1-03　续表 10

行业中类	法人单位数(个)	单产业法人单位	多产业法人单位	从业人员数(人)	#女性
其他金融业	179	169	10	1780	726
金融信托与管理服务	21	21		187	71
控股公司服务	9	7	2	102	41
非金融机构支付服务	2	1	1		
金融信息服务	53	50	3	636	268
金融资产管理公司	1	1			
其他未列明金融业	93	89	4	855	346
房地产业	**13547**	**12941**	**606**	**246110**	**100557**
房地产业	13547	12941	606	246110	100557
房地产开发经营	5135	4854	281	114278	43146
物业管理	3996	3890	106	84152	35999
房地产中介服务	3335	3141	194	33676	16029
房地产租赁经营	837	814	23	11605	4427
其他房地产业	244	242	2	2399	956
租赁和商务服务业	**48714**	**48276**	**438**	**435584**	**147590**
租赁业	4599	4582	17	37473	9394
机械设备经营租赁	4515	4499	16	36948	9169
文体设备和用品出租	77	76	1	484	211
日用品出租	7	7		41	14
商务服务业	44115	43694	421	398111	138196
组织管理服务	9683	9614	69	71265	24154
综合管理服务	796	786	10	9438	4340
法律服务	823	820	3	7152	2433
咨询与调查	13560	13458	102	85160	36909
广告业	8140	8112	28	56346	21294
人力资源服务	4143	4105	38	88114	24083
安全保护服务	558	535	23	32984	3865
会议、展览及相关服务	947	945	2	6636	2658
其他商务服务业	5465	5319	146	41016	18460
科学研究和技术服务业	**16779**	**16487**	**292**	**173908**	**52676**
研究和试验发展	1250	1245	5	11988	4244
自然科学研究和试验发展	52	51	1	498	201
工程和技术研究和试验发展	539	537	2	4656	1464
农业科学研究和试验发展	196	195	1	3579	1196
医学研究和试验发展	395	394	1	2663	1136
社会人文科学研究	68	68		592	247
专业技术服务业	9884	9640	244	125322	35398
气象服务	171	150	21	1962	684
地震服务	47	46	1	400	108
海洋服务					
测绘地理信息服务	451	435	16	5067	1393
质检技术服务	1215	1195	20	15102	5007

1-03 续表 11

行业中类	法人单位数(个)	单产业法人单位	多产业法人单位	从业人员数(人)	#女性
环境与生态监测检测服务	338	332	6	3766	1472
地质勘查	249	242	7	13509	3115
工程技术与设计服务	5076	4917	159	69015	18245
工业与专业设计及其他专业技术服务	2337	2323	14	16501	5374
科技推广和应用服务业	5645	5602	43	36598	13034
技术推广服务	4455	4421	34	28709	10002
知识产权服务	229	226	3	1432	618
科技中介服务	200	197	3	1378	534
创业空间服务	60	60		563	255
其他科技推广服务业	701	698	3	4516	1625
水利、环境和公共设施管理业	**3033**	**2991**	**42**	**67280**	**28130**
水利管理业	402	401	1	2782	716
防洪除涝设施管理	41	41		447	131
水资源管理	164	164		697	139
天然水收集与分配	62	62		538	132
水文服务	12	12		265	80
其他水利管理业	123	122	1	835	234
生态保护和环境治理业	385	380	5	4634	1393
生态保护	78	75	3	1344	420
环境治理业	307	305	2	3290	973
公共设施管理业	2132	2098	34	58596	25658
市政设施管理	267	264	3	3198	990
环境卫生管理	405	398	7	30220	13991
城乡市容管理	64	62	2	1247	430
绿化管理	668	662	6	7549	3180
城市公园管理	37	37		629	275
游览景区管理	691	675	16	15753	6792
土地管理业	114	112	2	1268	363
土地整治服务	43	41	2	505	97
土地调查评估服务	16	16		103	36
土地登记服务	4	4		9	4
土地登记代理服务	10	10		158	64
其他土地管理服务	41	41		493	162
居民服务、修理和其他服务业	**7990**	**7907**	**83**	**76258**	**36679**
居民服务业	3100	3063	37	31054	18368
家庭服务	848	842	6	11130	7954
托儿所服务	36	36		247	209
洗染服务	124	123	1	1341	755
理发及美容服务	433	417	16	3833	2600
洗浴和保健养生服务	419	415	4	4588	2944
摄影扩印服务	234	232	2	1429	713
婚姻服务	237	234	3	1359	709

1-03　续表 12

行业中类	法人单位数(个)	单产业法人单位	多产业法人单位	从业人员数(人)	#女性
殡葬服务	181	180	1	2525	634
其他居民服务业	588	584	4	4602	1850
机动车、电子产品和日用产品修理业	3216	3180	36	23466	6378
汽车、摩托车等修理与维护	2612	2580	32	20403	5322
计算机和办公设备维修	286	282	4	1284	443
家用电器修理	254	254		1445	499
其他日用产品修理业	64	64		334	114
其他服务业	1674	1664	10	21738	11933
清洁服务	1175	1168	7	18266	10454
宠物服务	27	27		222	125
其他未列明服务业	472	469	3	3250	1354
教育	**19188**	**18031**	**1157**	**697289**	**424668**
教育	19188	18031	1157	697289	424668
学前教育	8870	8855	15	113674	102779
初等教育	2831	1896	935	225328	148513
中等教育	2530	2409	121	232995	112393
高等教育	127	124	3	69203	32439
特殊教育	95	95		1827	1381
技能培训、教育辅助及其他教育	4735	4652	83	54262	27163
卫生和社会工作	**8524**	**8339**	**185**	**309972**	**203109**
卫生	6353	6175	178	293954	193974
医院	953	927	26	189927	127348
基层医疗卫生服务	4355	4222	133	70963	43835
专业公共卫生服务	910	891	19	29127	20233
其他卫生活动	135	135		3937	2558
社会工作	2171	2164	7	16018	9135
提供住宿社会工作	1880	1874	6	14226	8155
不提供住宿社会工作	291	290	1	1792	980
文化、体育和娱乐业	**10752**	**10653**	**99**	**96155**	**45282**
新闻和出版业	177	175	2	6677	3009
新闻业	59	58	1	1388	555
出版业	118	117	1	5289	2454
广播、电视、电影和录音制作业	889	876	13	14267	6863
广播	75	75		1738	802
电视	45	44	1	2935	1246
影视节目制作	312	312		2088	937
广播电视集成播控	9	8	1	720	300
电影和广播电视节目发行	19	19		274	101
电影放映	386	375	11	6375	3423
录音制作	43	43		137	54
文化艺术业	3475	3458	17	28953	14019
文艺创作与表演	855	849	6	10149	5223

1-03 续表 13

行业中类	法人单位数(个)	单产业法人单位	多产业法人单位	从业人员数(人)	#女性
艺术表演场馆	21	21		414	188
图书馆与档案馆	264	263	1	2465	1386
文物及非物质文化遗产保护	109	109		1036	436
博物馆	121	121		1750	827
烈士陵园、纪念馆	38	38		346	173
群众文体活动	715	712	3	4255	2148
其他文化艺术业	1352	1345	7	8538	3638
体育	773	754	19	7122	2853
体育组织	208	206	2	1451	501
体育场地设施管理	58	58		871	338
健身休闲活动	477	460	17	4616	1937
其他体育	30	30		184	77
娱乐业	5438	5390	48	39136	18538
室内娱乐活动	3578	3543	35	20456	9875
游乐园	107	107		2679	1321
休闲观光活动	565	559	6	7899	3694
彩票活动	21	21		381	129
文化体育娱乐活动与经纪代理服务	1099	1093	6	6894	3133
其他娱乐业	68	67	1	827	386
公共管理、社会保障和社会组织	**57261**	**54469**	**2792**	**756109**	**224475**
中国共产党机关	1428	1282	146	22477	5819
中国共产党机关	1428	1282	146	22477	5819
国家机构	21076	18556	2520	555703	161270
国家权力机构	490	449	41	7841	2041
国家行政机构	20201	17809	2392	525335	151753
人民法院和人民检察院	286	199	87	20381	7065
其他国家机构	99	99		2146	411
人民政协、民主党派	253	239	14	3415	971
人民政协	146	132	14	2990	782
民主党派	107	107		425	189
社会保障	375	372	3	4808	2736
基本保险	284	282	2	4053	2312
补充保险					
其他社会保障	91	90	1	755	424
群众团体、社会团体和其他成员组织	13104	13071	33	47414	17407
群众团体	707	679	28	5205	2537
社会团体	7590	7586	4	23752	7980
基金会	39	39		197	64
宗教组织	4768	4767	1	18260	6826
基层群众自治组织	21025	20949	76	122292	36272
社区居民自治组织	3710	3706	4	22568	14918
村民自治组织	17315	17243	72	99724	21354

1-04　按机构类型、从业人员组距分组的法人单位数及从业人员数

分　组	法人单位数(个)	单产业法人单位	多产业法人单位	从业人员数(人)	#女性
总　计	**454387**	**443572**	**10815**	**9421645**	**3614833**
按机构类型分组					
企业	354445	347791	6654	7564854	2740292
事业单位	30728	29031	1697	989458	530419
机关	8817	6492	2325	430763	118212
社会团体	8590	8557	33	30173	11006
民办非企业单位	12051	12045	6	187954	139890
基金会	39	39		197	64
居委会	3710	3706	4	22568	14918
村委会	17315	17243	72	99724	21354
农民专业合作社	12467	12455	12	68418	27687
农村集体经济组织	36	36		84	30
其他组织机构	6189	6177	12	27452	10961
按从业人员组距分组					
7人及以下	287779	286393	1386	885927	333250
8-19人	93708	91734	1974	1099499	436058
20-49人	43148	40643	2505	1275191	529469
50-99人	15649	13620	2029	1073877	443287
100-299人	10238	8382	1856	1652100	725212
300-499人	1916	1491	425	696738	284051
500-999人	1166	852	314	737437	291066
1000-4999人	696	425	271	1087632	381301
5000-9999人	66	30	36	410193	119791
10000人及以上	21	2	19	503051	71348

1-05 按开业(成立)时间分组的法人单位数及从业人员数

开业(成立)时间	法人单位数(个)	单产业法人单位	多产业法人单位	从业人员数(人)	#女性
总　计	**454387**	**443572**	**10815**	**9421645**	**3614833**
1949年以前	2134	1795	339	192658	96592
1950-1977年	10350	9206	1144	677312	217176
1978-1991年	22025	20573	1452	699446	218286
1992-2000年	15844	14915	929	783727	268373
2001年	4206	3975	231	243223	81651
2002年	5670	5327	343	305054	101875
2003年	6676	6275	401	274622	106724
2004年	5478	5239	239	253235	100257
2005年	6973	6718	255	289615	111401
2006年	7906	7639	267	314041	127343
2007年	6571	6353	218	257757	104119
2008年	7814	7554	260	274949	102501
2009年	10138	9832	306	375989	133512
2010年	13725	13209	516	419756	167540
2011年	13341	12984	357	340744	142590
2012年	16885	16533	352	364916	147820
2013年	20168	19720	448	360890	152840
2014年	30348	29785	563	451128	186384
2015年	39118	38510	608	523385	223171
2016年	56935	56244	691	646902	272944
2017年	76727	76120	607	797125	321102
2018年	74610	74321	289	574536	230473
无开业年份	745	745		635	159

1-06 按登记注册类型分组的法人单位数及从业人员数

登记注册类型	法人单位数（个）	单产业法人单位	多产业法人单位	从业人员数（人）	#女性
总 计	**454387**	**443572**	**10815**	**9421645**	**3614833**
内资	**452815**	**442092**	**10723**	**9014458**	**3407322**
国有	43084	38811	4273	1562759	676131
集体	4284	4086	198	127484	31407
股份合作	537	523	14	19496	8941
联营	582	572	10	7001	3410
国有联营	78	73	5	1982	975
集体联营	168	165	3	1791	798
国有与集体联营	58	56	2	941	382
其他联营	278	278		2287	1255
有限责任公司	49782	48338	1444	2175118	694771
国有独资公司	1282	1187	95	266109	72032
其他有限责任公司	48500	47151	1349	1909009	622739
股份有限公司	7308	6641	667	351421	123329
私营	296194	292226	3968	4411179	1704795
私营独资	31126	30923	203	274428	149052
私营合伙	13550	13505	45	118779	55047
私营有限责任公司	245055	241473	3582	3803285	1440893
私营股份有限公司	6463	6325	138	214687	59803
其他	51044	50895	149	360000	164538
港、澳、台商投资	**941**	**902**	**39**	**279050**	**140411**
与港澳台商合资经营	248	235	13	94936	16944
与港澳台商合作经营	17	16	1	1652	700
港澳台商独资经营	622	603	19	176539	118813
港澳台商投资股份有限公司	30	27	3	3295	2395
其他港澳台投资	24	21	3	2628	1559
外商投资	**631**	**578**	**53**	**128137**	**67100**
中外合资经营	261	230	31	43494	16779
中外合作经营	11	11		3451	1548
外资企业	263	250	13	67794	42631
外商投资股份有限公司	27	24	3	5715	2777
其他外商投资	69	63	6	7683	3365

1-07 按行业(大类)、地区

行业大类	法人单位数（个）			
		南昌市	景德镇市	萍乡市
总　计	**454387**	**71507**	**15204**	**12618**
农、林、牧、渔业	**6779**	**370**	**135**	**104**
农业	12	2		1
林业	9	1		1
畜牧业	2			
渔业	1			
农、林、牧、渔专业及辅助性活动	6755	367	135	102
采矿业	**2998**	**35**	**55**	**128**
煤炭开采和洗选业	242		3	61
石油和天然气开采业	2			
黑色金属矿采选业	264			6
有色金属矿采选业	411	1	7	
非金属矿采选业	1811	28	43	58
开采专业及辅助性活动	33	1		1
其他采矿业	235	5	2	2
制造业	**63136**	**8453**	**2966**	**2159**
农副食品加工业	3778	558	178	54
食品制造业	1446	322	28	23
酒、饮料和精制茶制造业	1391	106	207	36
烟草制品业	8	1		
纺织业	2209	262	19	14
纺织服装、服饰业	6029	1053	56	50
皮革、毛皮、羽毛及其制品和制鞋业	1857	62	10	87
木材加工和木、竹、藤、棕、草制品业	3024	159	57	35
家具制造业	3797	226	30	25
造纸和纸制品业	1107	153	45	56
印刷和记录媒介复制业	1287	316	46	63
文教、工美、体育和娱乐用品制造业	1806	280	21	32
石油、煤炭及其他燃料加工业	308	12	9	12
化学原料和化学制品制造业	3616	322	105	527
医药制造业	1108	198	25	11
化学纤维制造业	78	5	2	4
橡胶和塑料制品业	2077	377	47	57
非金属矿物制品业	8813	732	1487	554
黑色金属冶炼和压延加工业	295	33	2	8
有色金属冶炼和压延加工业	1180	118	5	11
金属制品业	3389	698	100	91
通用设备制造业	2355	514	83	89
专用设备制造业	2414	569	59	73

分组的法人单位数

九江市	新余市	鹰潭市	赣州市	吉安市	宜春市	抚州市	上饶市
52897	**28081**	**16358**	**78123**	**43193**	**48043**	**32726**	**55637**
861	**291**	**828**	**1025**	**1602**	**561**	**647**	**355**
3	2	1	1			1	1
			2	4	1		
				1		1	
							1
858	289	827	1022	1597	560	645	353
376	**321**	**57**	**684**	**272**	**469**	**208**	**393**
5	56		23	17	58	1	18
							2
20	133	2	26	32	19	11	15
48	12	4	233	16	14	15	61
265	105	41	351	193	335	161	231
3	2	2	10	4	5	4	1
35	13	8	41	10	38	16	65
8035	**2916**	**1879**	**10890**	**6432**	**7889**	**4498**	**7019**
295	88	87	614	537	650	285	432
125	55	55	215	150	237	101	135
138	37	26	160	231	157	97	196
	2		3	1			1
457	129	93	159	165	448	137	326
1383	179	139	1455	357	366	325	666
199	123	44	274	447	310	96	205
289	85	87	486	552	578	349	347
223	51	36	2056	175	157	409	409
122	37	16	206	113	172	85	102
145	61	37	176	148	146	79	70
217	64	131	265	171	171	174	280
49	42	6	38	44	34	39	23
366	105	72	315	361	786	349	308
95	27	16	64	272	230	87	83
19	1	1	6	4	23	7	6
227	88	56	257	202	312	259	195
1222	334	146	1066	761	1172	530	809
33	113	5	33	11	23	7	27
91	36	124	345	72	123	68	187
411	252	106	498	230	363	200	440
364	216	106	215	137	243	102	286
245	173	151	341	214	265	106	218

1-07 续表 1

行业大类	法人单位数(个)	南昌市	景德镇市	萍乡市
汽车制造业	1076	338	79	22
铁路、船舶、航空航天和其他运输设备制造业	467	40	38	4
电气机械和器材制造业	2630	354	61	87
计算机、通信和其他电子设备制造业	2618	294	61	64
仪器仪表制造业	516	84	9	3
其他制造业	1278	112	64	31
废弃资源综合利用业	554	31	14	30
金属制品、机械和设备修理业	625	124	19	6
电力、热力、燃气及水生产和供应业	**7566**	**150**	**93**	**236**
电力、热力生产和供应业	6426	66	69	183
燃气生产和供应业	212	24	5	11
水的生产和供应业	928	60	19	42
建筑业	**27569**	**5752**	**740**	**833**
房屋建筑业	8024	1385	172	243
土木工程建筑业	6027	1149	149	166
建筑安装业	3376	917	97	111
建筑装饰、装修和其他建筑业	10142	2301	322	313
批发和零售业	**119751**	**20243**	**4156**	**2720**
批发业	62225	14232	1129	1575
零售业	57526	6011	3027	1145
交通运输、仓储和邮政业	**17144**	**1678**	**502**	**245**
铁路运输业	6	5		
道路运输业	14176	1133	415	180
水上运输业	273	37	4	
航空运输业	26	14	2	
管道运输业	4	1		
多式联运和运输代理业	424	106	7	8
装卸搬运和仓储业	1391	281	49	23
邮政业	844	101	25	34
住宿和餐饮业	**6697**	**1110**	**259**	**165**
住宿业	2719	483	120	58
餐饮业	3978	627	139	107
信息传输、软件和信息技术服务业	**15310**	**4206**	**275**	**340**
电信、广播电视和卫星传输服务	519	113	9	18
互联网和相关服务	2302	374	68	72
软件和信息技术服务业	12489	3719	198	250
金融业	**1649**	**407**	**66**	**64**
货币金融服务	728	129	20	39
资本市场服务	355	128	18	3
保险业	387	94	22	21
其他金融业	179	56	6	1

九江市	新余市	鹰潭市	赣州市	吉安市	宜春市	抚州市	上饶市
116	65	22	69	48	50	114	153
291	9	6	14	15	16	7	27
360	172	128	438	291	304	169	266
191	176	77	733	520	178	123	201
58	26	21	42	38	34	13	188
162	99	32	200	68	176	107	227
38	40	39	88	52	96	44	82
104	31	14	59	45	69	30	124
884	**197**	**111**	**1251**	**972**	**691**	**2324**	**657**
713	164	81	1040	875	555	2208	472
31	13	7	23	19	26	22	31
140	20	23	188	78	110	94	154
2707	**1197**	**845**	**5943**	**2545**	**2046**	**1483**	**3478**
567	354	189	2108	858	678	455	1015
580	252	145	1563	501	332	366	824
424	203	108	442	295	243	115	421
1136	388	403	1830	891	793	547	1218
14485	**9274**	**4263**	**23262**	**9283**	**10768**	**6927**	**14370**
7813	5803	1920	10692	3881	5654	3168	6358
6672	3471	2343	12570	5402	5114	3759	8012
1532	**718**	**961**	**1741**	**1547**	**4770**	**1526**	**1924**
	1						
993	547	818	1399	1270	4500	1247	1674
117	6	5	8	34	13	24	25
2	1			4	1		2
		2					1
98	40	17	59	27	24	12	26
229	94	87	156	119	147	124	82
93	29	32	119	93	85	119	114
954	**230**	**279**	**1135**	**827**	**555**	**313**	**870**
387	68	104	402	332	211	146	408
567	162	175	733	495	344	167	462
1468	**942**	**479**	**2456**	**1124**	**1140**	**608**	**2272**
86	41	10	55	73	32	27	55
209	244	71	423	210	186	118	327
1173	657	398	1978	841	922	463	1890
153	**150**	**89**	**199**	**139**	**116**	**109**	**157**
79	33	39	94	86	57	65	87
22	87	23	34	10	6	9	15
36	28	19	36	32	39	24	36
16	2	8	35	11	14	11	19

1-07 续表 2

行业大类	法人单位数（个）	南昌市	景德镇市	萍乡市
房地产业	**13547**	**2975**	**500**	**294**
房地产业	13547	2975	500	294
租赁和商务服务业	**48714**	**9965**	**1017**	**1105**
租赁业	4599	936	114	106
商务服务业	44115	9029	903	999
科学研究和技术服务业	**16779**	**3765**	**466**	**337**
研究和试验发展	1250	348	33	23
专业技术服务业	9884	2215	320	239
科技推广和应用服务业	5645	1202	113	75
水利、环境和公共设施管理业	**3033**	**416**	**131**	**58**
水利管理业	402	44	6	4
生态保护和环境治理业	385	49	16	7
公共设施管理业	2132	303	104	44
土地管理业	114	20	5	3
居民服务、修理和其他服务业	**7990**	**1659**	**269**	**200**
居民服务业	3100	511	107	106
机动车、电子产品和日用产品修理业	3216	797	96	72
其他服务业	1674	351	66	22
教育	**19188**	**2108**	**713**	**628**
教育	19188	2108	713	628
卫生和社会工作	**8524**	**900**	**248**	**313**
卫生	6353	648	179	225
社会工作	2171	252	69	88
文化、体育和娱乐业	**10752**	**1786**	**599**	**361**
新闻和出版业	177	67	11	7
广播、电视、电影和录音制作业	889	190	29	50
文化艺术业	3475	418	311	140
体育	773	174	19	25
娱乐业	5438	937	229	139
公共管理、社会保障和社会组织	**57261**	**5529**	**2014**	**2328**
中国共产党机关	1428	115	62	41
国家机构	21076	2304	903	672
人民政协、民主党派	253	41	12	22
社会保障	375	45	19	6
群众团体、社会团体和其他成员组织	13104	1048	365	806
基层群众自治组织	21025	1976	653	781

九江市	新余市	鹰潭市	赣州市	吉安市	宜春市	抚州市	上饶市
1645	**546**	**407**	**2122**	**1244**	**1234**	**890**	**1690**
1645	546	407	2122	1244	1234	890	1690
5155	**6856**	**2251**	**6271**	**3583**	**4637**	**2189**	**5685**
524	183	255	761	306	269	268	877
4631	6673	1996	5510	3277	4368	1921	4808
1978	**887**	**566**	**2837**	**1399**	**1362**	**908**	**2274**
132	50	37	143	90	99	57	238
1156	456	293	1791	723	748	520	1423
690	381	236	903	586	515	331	613
431	**124**	**133**	**435**	**308**	**303**	**210**	**484**
51	11	13	23	74	82	30	64
63	28	10	58	46	40	25	43
305	83	106	347	180	174	144	342
12	2	4	7	8	7	11	35
960	**387**	**290**	**1330**	**673**	**599**	**515**	**1108**
403	167	110	561	258	259	182	436
342	155	135	497	243	241	223	415
215	65	45	272	172	99	110	257
2115	**723**	**579**	**3902**	**2091**	**1924**	**1519**	**2886**
2115	723	579	3902	2091	1924	1519	2886
1057	**204**	**233**	**1615**	**953**	**1089**	**928**	**984**
818	139	160	1252	664	802	717	749
239	65	73	363	289	287	211	235
1326	**473**	**419**	**1690**	**925**	**909**	**698**	**1566**
19	10	7	16	10	7	7	16
93	35	29	144	77	74	56	112
588	150	129	544	336	235	210	414
116	35	29	145	63	33	47	87
510	243	225	841	439	560	378	937
6775	**1645**	**1689**	**9335**	**7274**	**6981**	**6226**	**7465**
198	45	38	255	201	132	182	159
2764	684	778	2703	2856	2285	2608	2519
32	13	13	25	22	35	18	20
82	11	10	39	30	50	38	45
1415	369	356	2424	1295	1828	1319	1879
2284	523	494	3889	2870	2651	2061	2843

1-08 按行业(大类)、地区分组的

行业大类	从业人员数(人)			
		南昌市	景德镇市	萍乡市
总　计	**9421645**	**2090020**	**304236**	**364543**
农、林、牧、渔业	**41989**	**3028**	**1136**	**674**
农业				
林业				
畜牧业				
渔业				
农、林、牧、渔专业及辅助性活动	41989	3028	1136	674
采矿业	**104502**	**424**	**4286**	**14579**
煤炭开采和洗选业	28180		2819	12386
石油和天然气开采业	5			
黑色金属矿采选业	5824			430
有色金属矿采选业	27741		229	
非金属矿采选业	40164	403	1215	1751
开采专业及辅助性活动	190			7
其他采矿业	2398	21	23	5
制造业	**2992512**	**464941**	**110479**	**158118**
农副食品加工业	116343	30397	2209	3388
食品制造业	54744	9371	1303	2661
酒、饮料和精制茶制造业	39794	6681	3649	890
烟草制品业	5820	5108		
纺织业	113439	10465	334	558
纺织服装、服饰业	260224	54460	2083	2543
皮革、毛皮、羽毛及其制品和制鞋业	127833	5917	336	8507
木材加工和木、竹、藤、棕、草制品业	71898	2620	708	533
家具制造业	123852	3009	707	211
造纸和纸制品业	40038	4898	1719	2016
印刷和记录媒介复制业	34648	7685	1225	2378
文教、工美、体育和娱乐用品制造业	81675	6245	361	678
石油、煤炭及其他燃料加工业	18259	177	9750	269
化学原料和化学制品制造业	213669	11881	9139	48863
医药制造业	102054	22291	5509	1538
化学纤维制造业	6349	142	67	99
橡胶和塑料制品业	73709	8704	1535	1559
非金属矿物制品业	335501	19845	39177	45874
黑色金属冶炼和压延加工业	52623	7299	44	8052
有色金属冶炼和压延加工业	121506	12107	88	255
金属制品业	88237	18799	1571	1975
通用设备制造业	89742	15450	9960	5132
专用设备制造业	79418	23642	1665	3599

注：分地区从业人员数不含数据处理地在“江西省直”的单位。

法人单位从业人员数

九江市	新余市	鹰潭市	赣州市	吉安市	宜春市	抚州市	上饶市
1030337	**361324**	**274811**	**1357233**	**881896**	**1090357**	**633288**	**979279**
5559	**2005**	**4497**	**6642**	**8268**	**3360**	**3547**	**3273**
5559	2005	4497	6642	8268	3360	3547	3273
12301	**6890**	**739**	**24114**	**6341**	**20829**	**3165**	**10834**
173	2099		379	749	9245	4	326
							5
559	3159	11	254	741	281	79	310
3660	473	451	14844	1072	2553	701	3758
7386	1018	228	8224	3724	7974	2217	6024
7	12	7	97	8	45	7	
516	129	42	316	47	731	157	411
387673	**100474**	**92740**	**459789**	**382170**	**406990**	**172982**	**256156**
9560	1834	1880	15138	19000	16089	7737	9111
5001	1128	1011	7208	6476	13280	3158	4147
5141	624	552	5084	4780	7228	1754	3411
	30		676				6
34898	4005	1460	6919	12636	18352	7963	15849
61877	3490	4846	56034	20015	14233	14988	25655
11928	1156	1962	21263	28076	31472	5721	11495
8673	1204	1809	11201	12853	17047	6861	8389
4555	770	352	90241	4705	3718	7061	8523
6666	644	183	6629	5776	4060	3685	3762
5287	1206	287	5109	3714	3917	1656	2184
15432	2340	2937	22737	10727	5902	5207	9109
3582	318	159	946	660	1072	811	515
23803	4999	3200	9202	22010	53262	15480	11830
10791	911	1907	4915	15530	27314	6503	4845
3838	25	6	133	19	1370	212	438
9534	2131	972	8765	8635	12982	13481	5411
45496	8147	4049	29859	29783	76103	14676	22492
7063	24926	60	1999	289	820	31	2040
8521	493	34602	26766	5467	10988	7559	14660
15730	4479	1595	8340	5191	12148	5818	12591
12208	3959	4329	5132	6788	10670	2770	13344
7820	5600	5536	7133	6987	7710	4187	5539

1-08 续表 1

行业大类	从业人员数(人)	南昌市	景德镇市	萍乡市
汽车制造业	119448	68636	7958	3554
铁路、船舶、航空航天和其他运输设备制造业	20739	1395	1788	68
电气机械和器材制造业	206007	22938	3058	5607
计算机、通信和其他电子设备制造业	326106	78929	3087	5371
仪器仪表制造业	24009	2017	131	9
其他制造业	24279	1730	893	760
废弃资源综合利用业	15385	1229	103	1137
金属制品、机械和设备修理业	5164	874	322	34
电力、热力、燃气及水生产和供应业	**135867**	**12087**	**3691**	**3805**
电力、热力生产和供应业	99925	2149	2034	2201
燃气生产和供应业	8821	2555	709	553
水的生产和供应业	27121	7383	948	1051
建筑业	**1686043**	**712750**	**19335**	**43098**
房屋建筑业	1162484	550484	9377	25495
土木工程建筑业	335596	97501	3935	8606
建筑安装业	55717	22202	2583	1772
建筑装饰、装修和其他建筑业	132246	42563	3440	7225
批发和零售业	**923980**	**180299**	**39724**	**20831**
批发业	484842	107694	11642	10879
零售业	439138	72605	28082	9952
交通运输、仓储和邮政业	**396813**	**69709**	**11265**	**7467**
铁路运输业	198			
道路运输业	324809	49335	9585	5972
水上运输业	8690	680	32	
航空运输业	4582	4293	51	
管道运输业	264	223		
多式联运和运输代理业	3981	1032	90	61
装卸搬运和仓储业	22190	5491	736	286
邮政业	32099	8655	771	1148
住宿和餐饮业	**125633**	**26034**	**5989**	**3272**
住宿业	65444	14054	3728	1312
餐饮业	60189	11980	2261	1960
信息传输、软件和信息技术服务业	**149001**	**52736**	**3437**	**4136**
电信、广播电视和卫星传输服务	41381	14750	1293	1432
互联网和相关服务	17240	4168	572	542
软件和信息技术服务业	90380	33818	1572	2162
金融业	**6640**	**1725**	**164**	**139**
货币金融服务	2851	654	23	117
资本市场服务	1876	286	107	
保险业	133	29		
其他金融业	1780	756	34	22

九江市	新余市	鹰潭市	赣州市	吉安市	宜春市	抚州市	上饶市
7565	1649	678	3490	2898	1866	9291	11863
14600	113	40	258	494	480	545	958
24726	10338	12117	34478	28584	29927	13353	20881
12316	10953	3209	60872	115428	17918	9032	8991
4178	543	1889	909	998	2000	754	10581
4169	805	370	5689	2140	1683	1859	4181
1629	1380	571	2122	1290	2997	579	2348
1086	274	172	542	221	382	250	1007
12104	**3815**	**2159**	**11388**	**9487**	**8551**	**7298**	**10526**
7445	2805	1476	7277	6892	5085	4802	6803
1386	398	218	591	494	1067	298	552
3273	612	465	3520	2101	2399	2198	3171
108165	**48180**	**37693**	**146970**	**84023**	**117163**	**144448**	**224218**
65665	31543	26651	79974	56881	91491	96024	128899
25403	10086	6571	41157	18343	14571	41366	68057
5355	2872	1451	5210	2547	3885	1985	5855
11742	3679	3020	20629	6252	7216	5073	21407
136223	**51181**	**28325**	**166343**	**67323**	**102953**	**45306**	**85472**
76247	34400	14256	73792	28833	65000	23940	38159
59976	16781	14069	92551	38490	37953	21366	47313
29634	**10715**	**13567**	**35260**	**38644**	**117408**	**35054**	**27010**
	198						
18653	7928	10976	26758	32095	111376	29605	22526
3968	94	23	128	1267	698	1369	431
13	17			199			9
		31					10
1058	346	49	535	324	303	51	132
3597	1104	1340	2600	1793	2740	1372	1131
2345	1028	1148	5239	2966	2291	2657	2771
16877	**4212**	**4267**	**20713**	**14019**	**10956**	**5642**	**13652**
8196	1166	2661	9672	6929	5665	3196	8865
8681	3046	1606	11041	7090	5291	2446	4787
15705	**8574**	**3405**	**19393**	**9391**	**9505**	**5577**	**14857**
3602	1170	1124	4823	3069	2836	2167	2830
1671	1702	323	2630	1415	1031	834	2352
10432	5702	1958	11940	4907	5638	2576	9675
600	**942**	**399**	**1003**	**501**	**340**	**406**	**421**
288	84	144	522	391	118	254	256
100	802	165	251	26	61	61	17
32	18	7	2	3	39		3
180	38	83	228	81	122	91	145

1-08 续表 2

行业大类	从业人员数(人)	南昌市	景德镇市	萍乡市
房地产业	**246110**	**68176**	**8827**	**7318**
房地产业	246110	68176	8827	7318
租赁和商务服务业	**435584**	**111973**	**10135**	**10134**
租赁业	37473	8562	935	664
商务服务业	398111	103411	9200	9470
科学研究和技术服务业	**173908**	**56333**	**4722**	**4226**
研究和试验发展	11988	5220	225	187
专业技术服务业	125322	44621	3714	3415
科技推广和应用服务业	36598	6492	783	624
水利、环境和公共设施管理业	**67280**	**8546**	**5787**	**1080**
水利管理业	2782	954	88	47
生态保护和环境治理业	4634	840	172	68
公共设施管理业	58596	6471	5500	936
土地管理业	1268	281	27	29
居民服务、修理和其他服务业	**76258**	**16251**	**2663**	**2163**
居民服务业	31054	6245	1011	1206
机动车、电子产品和日用产品修理业	23466	4910	888	458
其他服务业	21738	5096	764	499
教育	**697289**	**122175**	**24927**	**28291**
教育	697289	122175	24927	28291
卫生和社会工作	**309972**	**52512**	**11916**	**15555**
卫生	293954	49850	11364	14840
社会工作	16018	2662	552	715
文化、体育和娱乐业	**96155**	**22351**	**5681**	**2878**
新闻和出版业	6677	4368	334	171
广播、电视、电影和录音制作业	14267	3921	466	513
文化艺术业	28953	4167	2848	775
体育	7122	1845	168	226
娱乐业	39136	8050	1865	1193
公共管理、社会保障和社会组织	**756109**	**107970**	**30072**	**36779**
中国共产党机关	22477	2587	901	734
国家机构	555703	83167	22468	27497
人民政协、民主党派	3415	499	167	183
社会保障	4808	829	224	120
群众团体、社会团体和其他成员组织	47414	4467	1741	3351
基层群众自治组织	122292	16421	4571	4894
国际组织				
国际组织				

九江市	新余市	鹰潭市	赣州市	吉安市	宜春市	抚州市	上饶市
28132	**8459**	**5442**	**38449**	**17883**	**22079**	**16568**	**24777**
28132	8459	5442	38449	17883	22079	16568	24777
48893	**45855**	**18478**	**48495**	**29199**	**48339**	**21011**	**43072**
3852	1542	2930	4664	1756	2503	2039	8026
45041	44313	15548	43831	27443	45836	18972	35046
20008	**10101**	**7579**	**28481**	**11246**	**9990**	**6257**	**14965**
1538	629	203	1503	475	683	409	916
13465	5486	5967	20433	6793	6411	4209	10808
5005	3986	1409	6545	3978	2896	1639	3241
7317	**1069**	**2060**	**12282**	**9247**	**4209**	**8688**	**6995**
232	53	100	140	511	188	45	424
651	159	48	620	794	346	491	445
6234	854	1819	11476	7839	3571	8052	5844
200	3	93	46	103	104	100	282
8823	**4380**	**1690**	**13089**	**7736**	**4695**	**4617**	**10151**
3964	1972	571	6221	3125	1596	1539	3604
2776	1659	844	3883	1966	1955	1572	2555
2083	749	275	2985	2645	1144	1506	3992
70676	**19498**	**17762**	**127501**	**67392**	**75644**	**52278**	**91145**
70676	19498	17762	127501	67392	75644	52278	91145
33930	**8302**	**7186**	**57328**	**28088**	**33652**	**23664**	**37839**
32162	7743	6695	53836	26762	31558	22677	36467
1768	559	491	3492	1326	2094	987	1372
11523	**5300**	**3551**	**13321**	**8116**	**7140**	**5401**	**10893**
473	194	83	296	246	198	106	208
1828	632	266	1786	1610	861	1029	1355
3628	1559	1488	4148	3101	1561	2117	3561
1401	446	305	1121	464	331	298	517
4193	2469	1409	5970	2695	4189	1851	5252
76194	**21372**	**23272**	**126672**	**82822**	**86554**	**71379**	**93023**
2689	661	536	5228	2507	2536	2016	2082
56477	15137	18646	90260	58063	64250	53769	65969
487	138	73	602	380	385	212	289
778	94	177	652	506	207	610	611
5144	1724	1222	9582	4741	4349	4286	6807
10619	3618	2618	20348	16625	14827	10486	17265

1-09　按地区、机构类型

地　区	法　人 单位数 (个)	企业	事业单位	机关	社会团体	民办非 企业单位
全　省	**454387**	**354445**	**30728**	**8817**	**8590**	**12051**
南昌市	71507	62137	3569	758	695	1269
景德镇市	15204	11366	1168	368	316	511
萍乡市	12618	9308	816	413	328	344
九江市	52897	41595	4219	1102	876	1065
新余市	28081	25165	1032	318	343	406
鹰潭市	16358	12676	996	339	272	312
赣州市	78123	61090	4221	1326	1080	2606
吉安市	43193	30133	4270	1098	980	1208
宜春市	48043	36794	3326	909	1705	1381
抚州市	32726	21182	3587	1016	865	915
上饶市	55637	42999	3524	1170	1130	2034

1-10　按地区、机构类型分组的

地　区	从　业 人员数 (人)	企业	事业单位	机关	社会团体
全　省	**9421645**	**7564854**	**989458**	**430763**	**30173**
南昌市	2090020	1786711	179638	58230	2831
景德镇市	304236	231283	36597	16792	1547
萍乡市	364543	285342	42240	21536	1374
九江市	1030337	843726	106880	43630	3457
新余市	361324	308756	26048	12321	1636
鹰潭市	274811	217127	29126	13606	807
赣州市	1357233	1035072	170688	75828	4797
吉安市	881896	687039	104506	43501	3406
宜春市	1090357	889724	104739	50842	3707
抚州市	633288	470863	81068	40559	2721
上饶市	979279	754890	107928	53918	3890

注：分地区从业人员数不含数据处理地在“江西省直”的单位。

分组的法人单位数

基金会	居委会	村委会	农民专业合作社	农村集体经济组织	其　他组织机构
39	**3710**	**17315**	**12467**	**36**	**6189**
17	807	1169	632	3	451
1	173	480	733	1	87
4	138	643	80	1	543
	432	1852	867	4	885
2	87	436	198		94
1	122	372	1117	1	150
5	432	3457	2229	7	1670
1	335	2535	2170	6	457
3	452	2199	952	6	316
3	256	1805	2496	1	600
2	476	2367	993	6	936

法人单位从业人员数

民办非企业单位	基金会	居委会	村委会	农民专业合作社	农村集体经济组织	其　他组织机构
187954	**197**	**22568**	**99724**	**68418**	**84**	**27452**
36208	109	5843	10578	6454	3	3415
6896	1	1188	3383	6055	5	489
6312	9	608	4286	556	3	2277
14398		2132	8487	4121	11	3495
7374	9	549	3069	875		687
5729		697	1921	5026	5	767
31480	26	2454	17894	12553	12	6429
14170	5	1835	14790	10374	8	2262
20104	26	3016	11811	4919	10	1459
13725	8	1419	9067	11649	1	2208
31558	4	2827	14438	5836	26	3964

1-11 按地区、开业(成立)

地　　区	法　人 单位数 (个)										
		1949年以前	1950-1977年	1978-1991年	1992-2000年	2001年	2002年	2003年	2004年	2005年	2006年
全　　省	**454387**	**2134**	**10350**	**22025**	**15844**	**4206**	**5670**	**6676**	**5478**	**6973**	**7906**
南 昌 市	71507	118	840	2221	2415	631	1133	1094	1053	1302	1361
景德镇市	15204	28	296	715	705	170	346	226	193	228	230
萍 乡 市	12618	85	341	740	660	173	261	293	233	267	444
九 江 市	52897	240	1423	2474	1863	415	484	702	594	771	732
新 余 市	28081	17	177	722	631	195	249	292	268	305	396
鹰 潭 市	16358	51	219	580	511	124	229	211	135	122	204
赣 州 市	78123	645	1772	3783	2368	773	677	1022	771	883	1128
吉 安 市	43193	236	1377	3305	1790	441	592	838	507	637	970
宜 春 市	48043	252	1215	2356	1652	592	576	717	706	867	853
抚 州 市	32726	196	1476	2434	1312	308	492	442	394	797	585
上 饶 市	55637	266	1214	2695	1937	384	631	839	624	794	1003

1-12 按地区、开业(成立)

地　　区	从　业 人员数 (人)										
		1949年以前	1950-1977年	1978-1991年	1992-2000年	2001年	2002年	2003年	2004年	2005年	2006年
全　　省	**9421645**	**192658**	**677312**	**699446**	**783727**	**243223**	**305054**	**274622**	**253235**	**289615**	**314041**
南 昌 市	2090020	35639	193139	224734	251152	51313	91705	67059	52829	76275	87703
景德镇市	304236	1992	21216	29031	27262	6395	12185	7033	6177	9543	6617
萍 乡 市	364543	6117	19182	21282	40434	14262	22809	20889	10238	7974	17419
九 江 市	1030337	19325	59256	65895	61830	25907	27998	29012	33833	27107	30961
新 余 市	361324	3212	16295	41082	20907	5338	5427	7048	6242	7991	10678
鹰 潭 市	274811	3805	29887	42529	15013	6403	8208	8082	5665	5912	9321
赣 州 市	1357233	42813	75702	67478	70296	39116	25417	35019	34709	29900	30360
吉 安 市	881896	18659	56456	57416	51228	19522	27945	31267	38528	29892	21123
宜 春 市	1090357	24066	56983	51281	86648	35643	23494	28436	30380	46006	44475
抚 州 市	633288	12919	87517	45872	44631	10482	22372	11214	16576	12824	16962
上 饶 市	979279	24111	61679	52846	63370	28394	36573	29563	18058	36191	38422

注：分地区从业人员数不含数据处理地在“江西省直”的单位。

时间分组的法人单位数

2007年	2008年	2009年	2010年	2011年	2012年	2013年	2014年	2015年	2016年	2017年	2018年	无开业年份
6571	**7814**	**10138**	**13725**	**13341**	**16885**	**20168**	**30348**	**39118**	**56935**	**76727**	**74610**	**745**
1295	1329	1738	2212	2498	2521	3317	5444	6698	9009	11165	12039	74
199	349	396	470	483	608	661	974	1268	1803	2416	2431	9
218	216	257	349	359	499	464	712	937	1317	1985	1807	1
769	798	1071	2101	1637	1951	2235	3252	4525	6850	9316	8559	135
363	463	654	880	876	1035	1215	2067	3061	4433	4912	4740	130
174	378	267	412	489	567	798	1266	1533	2242	2784	3042	20
891	1162	1599	2297	2041	3051	3550	5359	6922	9997	14070	13294	68
554	807	1014	1149	1119	1517	1882	2755	3529	4898	6425	6818	33
900	806	1078	1400	1361	1736	2134	3130	4069	5956	8503	7144	40
482	623	754	955	885	1199	1428	1715	2127	3723	5835	4555	9
726	883	1310	1500	1593	2201	2484	3674	4449	6707	9316	10181	226

时间分组的法人单位从业人员数

2007年	2008年	2009年	2010年	2011年	2012年	2013年	2014年	2015年	2016年	2017年	2018年	无开业年份
257757	**274949**	**375989**	**419756**	**340744**	**364916**	**360890**	**451128**	**523385**	**646902**	**797125**	**574536**	**635**
50115	74882	101671	89415	64864	58430	55128	87355	90449	98467	111161	76437	98
8958	14632	8497	10790	10366	10242	9660	13473	18293	20164	29392	22297	21
11851	12436	12826	14859	14431	19966	11965	12669	17159	15788	23673	16314	
28337	23713	32023	48576	43011	49025	39276	56135	64317	84049	103364	77080	307
8878	8357	14428	13136	11714	14178	12684	20205	26510	35901	39321	31787	5
4446	5447	3950	8792	9923	7958	9612	12340	13696	20285	23049	20488	
28394	27759	58506	59121	52035	55173	58997	79118	86935	121907	164710	113679	89
25918	28606	40016	36557	32670	34419	39098	49041	59678	55985	71802	56054	16
39853	30528	42672	67937	42364	42317	45247	47910	66669	83703	99149	54578	18
17016	17891	22312	31638	22776	30793	30493	25830	28473	42423	47971	34294	9
33991	29782	39088	38935	36590	42415	48730	47052	50126	68230	83533	71528	72

1-13 按行业(大类)、开业(成立)

行业大类	法人单位数(个)	1949年以前	1950-1977年	1978-1991年
总 计	**454387**	**2134**	**10350**	**22025**
农、林、牧、渔业	**6779**		**79**	**159**
农业	12			
林业	9		1	2
畜牧业	2			
渔业	1			
农、林、牧、渔专业及辅助性活动	6755		78	157
采矿业	**2998**	**3**	**17**	**41**
煤炭开采和洗选业	242	2	9	8
石油和天然气开采业	2			
黑色金属矿采选业	264		1	2
有色金属矿采选业	411	1	3	14
非金属矿采选业	1811		4	16
开采专业及辅助性活动	33			
其他采矿业	235			1
制造业	**63136**	**4**	**94**	**517**
农副食品加工业	3778	1	8	26
食品制造业	1446		4	10
酒、饮料和精制茶制造业	1391		5	18
烟草制品业	8			
纺织业	2209		1	12
纺织服装、服饰业	6029		4	10
皮革、毛皮、羽毛及其制品和制鞋业	1857		2	6
木材加工和木、竹、藤、棕、草制品业	3024		5	53
家具制造业	3797			10
造纸和纸制品业	1107		1	12
印刷和记录媒介复制业	1287	2	9	79
文教、工美、体育和娱乐用品制造业	1806		1	12
石油、煤炭及其他燃料加工业	308			5
化学原料和化学制品制造业	3616	1	5	31
医药制造业	1108		3	8
化学纤维制造业	78			
橡胶和塑料制品业	2077		2	16
非金属矿物制品业	8813		9	61
黑色金属冶炼和压延加工业	295		1	6
有色金属冶炼和压延加工业	1180		1	2
金属制品业	3389		6	21
通用设备制造业	2355		6	37
专用设备制造业	2414		6	18

时间分组的法人单位数

1992-2000年	2001年	2002年	2003年	2004年	2005年	2006年	2007年
15844	**4206**	**5670**	**6676**	**5478**	**6973**	**7906**	**6571**
124	**31**	**33**	**42**	**40**	**45**	**66**	**90**
			1				
2						2	
	1						
122	30	33	41	40	45	64	90
125	**49**	**119**	**104**	**99**	**133**	**124**	**85**
26	7	70	14	6	8	6	3
10	3	2	8	15	24	20	12
34	12	15	14	27	42	29	19
48	24	29	64	46	50	54	47
1		1			3		
6	3	2	4	5	6	15	4
1801	**705**	**946**	**1139**	**1194**	**1340**	**1583**	**1492**
195	65	96	130	95	116	122	136
76	25	33	39	43	48	26	38
74	14	33	39	35	41	46	39
1		1		1			
38	27	33	30	37	41	40	39
74	31	38	45	81	73	74	117
17	6	12	15	18	16	27	25
73	36	49	53	55	72	86	72
23	12	13	22	25	43	54	40
37	5	22	26	20	19	25	32
110	20	32	51	34	40	57	28
48	10	22	27	32	40	49	46
3		3	4	3	2	7	6
180	108	94	76	114	136	179	142
55	17	51	37	37	48	33	30
2	1	1	1	3	1	3	1
75	20	29	35	43	51	71	55
249	96	130	163	158	153	220	181
7	3	6	18	12	12	12	7
41	23	14	22	20	34	42	69
78	29	37	47	55	62	77	69
95	42	42	74	58	79	58	74
60	31	50	37	51	44	65	49

1-13 续表 1

行业大类	法人单位数（个）	1949年以前	1950-1977年	1978-1991年
汽车制造业	1076		4	11
铁路、船舶、航空航天和其他运输设备制造业	467		3	5
电气机械和器材制造业	2630		3	18
计算机、通信和其他电子设备制造业	2618		1	6
仪器仪表制造业	516		2	1
其他制造业	1278			6
废弃资源综合利用业	554			4
金属制品、机械和设备修理业	625		2	13
电力、热力、燃气及水生产和供应业	**7566**		**64**	**225**
电力、热力生产和供应业	6426		53	172
燃气生产和供应业	212			3
水的生产和供应业	928		11	50
建筑业	**27569**	**1**	**153**	**229**
房屋建筑业	8024	1	125	141
土木工程建筑业	6027		21	43
建筑安装业	3376		5	21
建筑装饰、装修和其他建筑业	10142		2	24
批发和零售业	**119751**	**15**	**181**	**885**
批发业	62225	7	124	525
零售业	57526	8	57	360
交通运输、仓储和邮政业	**17144**	**3**	**59**	**241**
铁路运输业	6			
道路运输业	14176	2	18	54
水上运输业	273		4	23
航空运输业	26			
管道运输业	4			
多式联运和运输代理业	424			7
装卸搬运和仓储业	1391	1	34	151
邮政业	844		3	6
住宿和餐饮业	**6697**		**29**	**74**
住宿业	2719		17	51
餐饮业	3978		12	23
信息传输、软件和信息技术服务业	**15310**	**1**	**18**	**47**
电信、广播电视和卫星传输服务	519	1	13	39
互联网和相关服务	2302		1	1
软件和信息技术服务业	12489		4	7
金融业	**1649**	**9**	**6**	**70**
货币金融服务	728	9	6	66
资本市场服务	355			
保险业	387			1
其他金融业	179			3

1992-2000年	2001年	2002年	2003年	2004年	2005年	2006年	2007年
36	16	19	26	27	26	37	25
7	2	7	3	6	4	8	10
61	29	32	44	45	51	60	57
28	10	15	26	30	32	49	50
13	7	7	10	15	8	9	12
17	6	10	11	19	10	12	9
2	2	2	7	5	9	6	14
26	12	13	21	17	29	29	20
273	**111**	**152**	**273**	**253**	**261**	**251**	**174**
223	89	124	240	228	218	222	141
10	4	3	6	2	7	7	10
40	18	25	27	23	36	22	23
456	**221**	**212**	**198**	**188**	**176**	**212**	**263**
139	114	85	62	50	35	60	80
139	47	49	66	49	56	65	60
78	20	29	24	30	28	35	42
100	40	49	46	59	57	52	81
1623	**541**	**702**	**856**	**868**	**1050**	**1258**	**1208**
919	298	361	432	507	642	758	767
704	243	341	424	361	408	500	441
364	**119**	**149**	**135**	**181**	**228**	**231**	**225**
1				1			1
191	93	116	102	137	172	182	175
10	5	8	5	8	10	16	6
3					1	1	1
6	2	4	5	4	14	8	9
127	14	19	22	25	24	22	25
26	5	2	1	6	7	2	8
142	**45**	**44**	**76**	**97**	**102**	**104**	**87**
89	26	27	42	60	63	62	57
53	19	17	34	37	39	42	30
110	**55**	**52**	**71**	**46**	**63**	**85**	**82**
51	24	28	26	10	10	21	5
8	7	5	6	12	8	6	10
51	24	19	39	24	45	58	67
102	**8**	**35**	**37**	**18**	**52**	**33**	**44**
75	2	10	14	6	16	15	18
4		2	1	1	1	1	3
20	5	23	19	10	34	15	21
3	1		3	1	1	2	2

1-13 续表 2

行业大类	法人单位数（个）	1949年以前	1950-1977年	1978-1991年
房地产业	**13547**	**1**	**55**	**177**
房地产业	13547	1	55	177
租赁和商务服务业	**48714**	**10**	**65**	**248**
租赁业	4599	2	1	6
商务服务业	44115	8	64	242
科学研究和技术服务业	**16779**	**9**	**308**	**628**
研究和试验发展	1250	2	43	61
专业技术服务业	9884	3	182	291
科技推广和应用服务业	5645	4	83	276
水利、环境和公共设施管理业	**3033**	**6**	**60**	**124**
水利管理业	402	1	38	56
生态保护和环境治理业	385	2	7	10
公共设施管理业	2132	3	15	56
土地管理业	114			2
居民服务、修理和其他服务业	**7990**	**1**	**9**	**44**
居民服务业	3100	1	5	21
机动车、电子产品和日用产品修理业	3216		2	16
其他服务业	1674		2	7
教育	**19188**	**437**	**1891**	**1375**
教育	19188	437	1891	1375
卫生和社会工作	**8524**	**104**	**1494**	**1351**
卫生	6353	98	1248	939
社会工作	2171	6	246	412
文化、体育和娱乐业	**10752**	**22**	**176**	**462**
新闻和出版业	177	4	8	22
广播、电视、电影和录音制作业	889		22	80
文化艺术业	3475	16	138	325
体育	773		2	16
娱乐业	5438	2	6	19
公共管理、社会保障和社会组织	**57261**	**1508**	**5592**	**15128**
中国共产党机关	1428	138	238	451
国家机构	21076	526	1824	4922
人民政协、民主党派	253	22	50	82
社会保障	375	1	1	70
群众团体、社会团体和其他成员组织	13104	381	666	1587
基层群众自治组织	21025	440	2813	8016

1992-2000年	2001年	2002年	2003年	2004年	2005年	2006年	2007年
556	**170**	**267**	**319**	**278**	**298**	**332**	**374**
556	170	267	319	278	298	332	374
606	**224**	**241**	**310**	**309**	**338**	**387**	**394**
25	6	9	15	11	20	27	15
581	218	232	295	298	318	360	379
645	**146**	**177**	**258**	**157**	**207**	**241**	**176**
42	5	6	6	6	13	7	11
414	108	125	165	119	153	181	126
189	33	46	87	32	41	53	39
131	**31**	**34**	**55**	**50**	**64**	**62**	**50**
29	3	4	9	4	12	10	8
8	3	3	6	10	12	8	6
82	21	17	34	33	37	42	34
12	4	10	6	3	3	2	2
130	**49**	**49**	**65**	**57**	**70**	**110**	**82**
57	17	20	26	14	21	26	31
55	26	25	26	36	37	66	38
18	6	4	13	7	12	18	13
1221	**280**	**457**	**471**	**294**	**367**	**362**	**284**
1221	280	457	471	294	367	362	284
853	**144**	**155**	**216**	**146**	**220**	**197**	**152**
643	120	131	173	114	181	152	127
210	24	24	43	32	39	45	25
259	**62**	**121**	**136**	**125**	**144**	**140**	**138**
31	1	2	10	5	6	7	7
43	5	14	12	4	5	7	5
139	24	29	49	17	21	29	49
13		5	3	6	4	2	4
33	32	71	62	93	108	95	73
6323	**1215**	**1725**	**1915**	**1078**	**1815**	**2128**	**1171**
149	19	51	54	15	22	15	7
2785	536	958	1114	499	580	641	485
36	2	3	12	3	2		
48	14	14	26	8	10	22	40
1750	250	261	264	292	350	498	537
1555	394	438	445	261	851	952	102

1-13 续表 3

行业大类	2008年	2009年	2010年	2011年
总　计	**7814**	**10138**	**13725**	**13341**
农、林、牧、渔业	**175**	**182**	**302**	**252**
农业	1		2	
林业	1			1
畜牧业				1
渔业				
农、林、牧、渔专业及辅助性活动	173	182	300	250
采矿业	**133**	**129**	**167**	**133**
煤炭开采和洗选业	8	14	3	6
石油和天然气开采业				
黑色金属矿采选业	19	8	26	13
有色金属矿采选业	22	17	20	13
非金属矿采选业	76	86	110	90
开采专业及辅助性活动	2	2	1	
其他采矿业	6	2	7	11
制造业	**1566**	**2108**	**2653**	**2751**
农副食品加工业	136	180	159	144
食品制造业	48	60	49	54
酒、饮料和精制茶制造业	32	54	49	63
烟草制品业		1	1	
纺织业	27	43	65	89
纺织服装、服饰业	77	121	264	280
皮革、毛皮、羽毛及其制品和制鞋业	22	49	84	89
木材加工和木、竹、藤、棕、草制品业	78	113	105	93
家具制造业	43	83	87	93
造纸和纸制品业	29	41	45	52
印刷和记录媒介复制业	38	51	62	50
文教、工美、体育和娱乐用品制造业	33	61	72	85
石油、煤炭及其他燃料加工业	6	13	8	6
化学原料和化学制品制造业	136	144	189	216
医药制造业	28	48	49	55
化学纤维制造业	1	1	5	6
橡胶和塑料制品业	63	83	98	102
非金属矿物制品业	252	348	443	434
黑色金属冶炼和压延加工业	12	10	12	12
有色金属冶炼和压延加工业	61	57	52	56
金属制品业	65	104	122	146
通用设备制造业	77	81	121	105
专用设备制造业	59	86	120	98

2012年	2013年	2014年	2015年	2016年	2017年	2018年	无开业年份
16885	**20168**	**30348**	**39118**	**56935**	**76727**	**74610**	**745**
335	**565**	**698**	**701**	**972**	**1063**	**819**	**6**
2	1	3	2				
1							
332	564	695	699	972	1063	819	6
172	**165**	**172**	**231**	**307**	**250**	**236**	**4**
4	4	6	12	8	12	6	
				2			
11	9	16	11	23	15	15	1
18	14	15	23	26	20	13	
123	119	116	155	208	178	167	1
1	2		5	3	2	9	1
15	17	19	25	37	23	26	1
3256	**3575**	**4879**	**5654**	**7220**	**10347**	**8223**	**89**
200	310	268	342	391	368	281	9
72	83	111	158	180	178	108	3
81	106	121	139	157	152	92	1
		1		2			
78	104	123	221	322	497	338	4
307	347	482	697	811	1132	957	7
65	93	136	185	283	342	361	4
113	111	191	245	360	505	549	7
226	180	466	332	489	1076	476	4
61	55	89	105	126	168	136	1
68	50	68	82	96	140	118	2
88	92	167	201	202	256	257	5
13	15	18	22	55	57	60	2
203	192	205	293	320	395	256	1
55	47	78	105	111	123	89	1
5	3	5	6	9	14	10	
122	122	165	174	222	291	231	7
566	583	729	727	879	1277	1150	5
20	14	10	23	30	34	34	
69	61	79	60	116	177	124	
176	203	269	299	364	635	522	3
111	120	147	170	224	372	260	2
110	123	195	200	265	408	334	5

1-13 续表 4

行业大类	2008年	2009年	2010年	2011年
汽车制造业	32	35	40	44
铁路、船舶、航空航天和其他运输设备制造业	19	13	18	23
电气机械和器材制造业	66	94	138	129
计算机、通信和其他电子设备制造业	53	65	102	122
仪器仪表制造业	8	12	19	21
其他制造业	17	17	35	39
废弃资源综合利用业	24	13	18	28
金属制品、机械和设备修理业	24	27	22	17
电力、热力、燃气及水生产和供应业	**172**	**151**	**204**	**131**
电力、热力生产和供应业	122	85	124	82
燃气生产和供应业	13	15	15	15
水的生产和供应业	37	51	65	34
建筑业	**252**	**459**	**638**	**727**
房屋建筑业	69	172	246	217
土木工程建筑业	58	96	145	189
建筑安装业	48	67	89	109
建筑装饰、装修和其他建筑业	77	124	158	212
批发和零售业	**1618**	**2530**	**3213**	**3635**
批发业	959	1484	1860	2027
零售业	659	1046	1353	1608
交通运输、仓储和邮政业	**291**	**527**	**651**	**654**
铁路运输业		2		
道路运输业	244	432	499	531
水上运输业	7	16	15	11
航空运输业		1	1	1
管道运输业			1	1
多式联运和运输代理业	6	13	12	12
装卸搬运和仓储业	25	38	39	55
邮政业	9	25	84	43
住宿和餐饮业	**126**	**165**	**212**	**217**
住宿业	70	92	117	104
餐饮业	56	73	95	113
信息传输、软件和信息技术服务业	**109**	**130**	**189**	**184**
电信、广播电视和卫星传输服务	19	10	28	15
互联网和相关服务	10	30	33	30
软件和信息技术服务业	80	90	128	139
金融业	**94**	**53**	**77**	**92**
货币金融服务	20	26	47	59
资本市场服务	1	6	6	11
保险业	64	17	21	14
其他金融业	9	4	3	8

2012年	2013年	2014年	2015年	2016年	2017年	2018年	无开业年份
52	67	81	89	123	171	115	
17	24	46	57	66	67	62	
134	155	217	230	323	421	323	
124	155	178	220	312	558	476	6
29	29	39	57	72	85	61	
48	73	109	123	178	268	265	6
24	37	41	40	75	105	97	1
19	21	45	52	57	75	81	3
184	**200**	**245**	**328**	**806**	**2443**	**663**	**2**
116	127	183	237	723	2333	583	1
13	18	13	11	16	17	14	
55	55	49	80	67	93	66	1
782	**1151**	**2047**	**2077**	**3809**	**6488**	**6772**	**58**
256	369	584	436	928	1874	1958	23
192	256	426	404	816	1395	1451	4
112	154	268	316	520	687	688	6
222	372	769	921	1545	2532	2675	25
4966	**6202**	**9749**	**12711**	**18654**	**23519**	**23472**	**295**
2726	3518	5284	6054	8904	11864	12081	124
2240	2684	4465	6657	9750	11655	11391	171
687	**933**	**1366**	**1746**	**2429**	**3342**	**2563**	**20**
	1						
567	804	1149	1439	2062	2921	2270	16
19	7	12	21	12	34	24	
		2	1	5	5	4	
	1					1	
12	15	26	41	64	98	66	
57	51	100	141	126	159	132	4
32	54	77	103	160	125	66	
316	**302**	**468**	**712**	**1037**	**1216**	**1115**	**11**
174	153	209	259	360	351	331	5
142	149	259	453	677	865	784	6
295	**352**	**883**	**1506**	**2401**	**4076**	**4507**	**48**
23	13	32	37	42	42	29	1
39	35	144	254	415	589	650	9
233	304	707	1215	1944	3445	3828	38
76	**78**	**127**	**188**	**182**	**163**	**105**	
45	36	52	63	68	46	29	
8	17	38	69	73	77	36	
17	16	15	17	22	19	17	
6	9	22	39	19	21	23	

1-13 续表 5

行业大类	2008年	2009年	2010年	2011年
房地产业	**280**	**363**	**625**	**628**
房地产业	280	363	625	628
租赁和商务服务业	**477**	**701**	**915**	**1131**
租赁业	37	68	118	146
商务服务业	440	633	797	985
科学研究和技术服务业	**218**	**283**	**442**	**445**
研究和试验发展	13	13	18	33
专业技术服务业	150	194	261	265
科技推广和应用服务业	55	76	163	147
水利、环境和公共设施管理业	**46**	**72**	**85**	**116**
水利管理业	8	11	4	51
生态保护和环境治理业	7	12	7	9
公共设施管理业	29	48	69	53
土地管理业	2	1	5	3
居民服务、修理和其他服务业	**95**	**133**	**213**	**200**
居民服务业	27	43	61	59
机动车、电子产品和日用产品修理业	41	61	87	89
其他服务业	27	29	65	52
教育	**506**	**523**	**648**	**511**
教育	506	523	648	511
卫生和社会工作	**190**	**151**	**223**	**184**
卫生	133	117	174	134
社会工作	57	34	49	50
文化、体育和娱乐业	**177**	**372**	**314**	**271**
新闻和出版业	5	1	8	2
广播、电视、电影和录音制作业	4	11	21	26
文化艺术业	34	45	54	62
体育	7	11	9	21
娱乐业	127	304	222	160
公共管理、社会保障和社会组织	**1289**	**1106**	**1954**	**1079**
中国共产党机关	14	20	25	24
国家机构	493	445	863	485
人民政协、民主党派	2		3	3
社会保障	12	13	13	15
群众团体、社会团体和其他成员组织	442	348	424	414
基层群众自治组织	326	280	626	138

2012年	2013年	2014年	2015年	2016年	2017年	2018年	无开业年份
629	**951**	**941**	**874**	**1228**	**1986**	**2189**	**26**
629	951	941	874	1228	1986	2189	26
1436	**1999**	**3823**	**5473**	**7631**	**10462**	**11419**	**115**
178	246	398	445	677	921	1210	18
1258	1753	3425	5028	6954	9541	10209	97
496	**594**	**1040**	**1370**	**2125**	**3228**	**3562**	**24**
26	36	56	93	142	333	283	2
304	371	692	859	1261	1733	1914	13
166	187	292	418	722	1162	1365	9
128	**106**	**205**	**263**	**379**	**536**	**424**	**6**
15	9	19	37	33	27	13	1
11	8	18	31	55	81	71	
95	85	164	188	286	414	322	5
7	4	4	7	5	14	18	
281	**343**	**562**	**852**	**1306**	**1630**	**1704**	**5**
111	125	185	317	480	711	740	2
98	151	242	343	580	617	578	2
72	67	135	192	246	302	386	1
808	**1074**	**1102**	**1206**	**2055**	**1715**	**1589**	**12**
808	1074	1102	1206	2055	1715	1589	12
348	**188**	**244**	**321**	**632**	**608**	**399**	**4**
151	112	193	227	468	432	285	1
197	76	51	94	164	176	114	3
389	**355**	**560**	**1233**	**1647**	**1813**	**1826**	**10**
18	2	7	6	9	10	5	1
26	39	60	92	95	137	178	3
134	95	165	260	420	672	694	4
19	25	44	70	138	193	181	
192	194	284	805	985	801	768	2
1301	**1035**	**1237**	**1672**	**2115**	**1842**	**3023**	**10**
14	10	12	9	85	32	24	
589	390	284	782	857	629	389	
8	8		4	10	2	1	
17	3	5	6	19	15	3	
439	434	701	656	965	946	490	9
234	190	235	215	179	218	2116	1

1-14 按行业(大类)、开业(成立)

行业大类	从业人员数(人)	1949年以前	1950-1977年	1978-1991年
总 计	**9421645**	**192658**	**677312**	**699446**
农、林、牧、渔业	**41989**		**2612**	**1097**
农业				
林业				
畜牧业				
渔业				
农、林、牧、渔专业及辅助性活动	41989		2612	1097
采矿业	**104502**	**1160**	**7505**	**3175**
煤炭开采和洗选业	28180	90	5121	533
石油和天然气开采业	5			
黑色金属矿采选业	5824		142	4
有色金属矿采选业	27741	1070	1072	2135
非金属矿采选业	40164		1170	487
开采专业及辅助性活动	190			
其他采矿业	2398			16
制造业	**2992512**	**916**	**19792**	**124205**
农副食品加工业	116343	6	801	361
食品制造业	54744		436	889
酒、饮料和精制茶制造业	39794		268	293
烟草制品业	5820			
纺织业	113439		3	469
纺织服装、服饰业	260224		51	927
皮革、毛皮、羽毛及其制品和制鞋业	127833		171	76
木材加工和木、竹、藤、棕、草制品业	71898		449	1282
家具制造业	123852			49
造纸和纸制品业	40038		724	419
印刷和记录媒介复制业	34648	807	161	1965
文教、工美、体育和娱乐用品制造业	81675		5	73
石油、煤炭及其他燃料加工业	18259			9627
化学原料和化学制品制造业	213669	103	2407	2159
医药制造业	102054		970	2590
化学纤维制造业	6349			
橡胶和塑料制品业	73709		240	259
非金属矿物制品业	335501		784	2795
黑色金属冶炼和压延加工业	52623		5960	21324
有色金属冶炼和压延加工业	121506		598	26344
金属制品业	88237		1213	635
通用设备制造业	89742		2919	1349
专用设备制造业	79418		249	5450
汽车制造业	119448		810	43908

时间分组的法人单位从业人员数

1992-2000年	2001年	2002年	2003年	2004年	2005年	2006年	2007年
783727	**243223**	**305054**	**274622**	**253235**	**289615**	**314041**	**257757**
937	**390**	**220**	**366**	**237**	**424**	**451**	**623**
937	390	220	366	237	424	451	623
16731	**2663**	**6602**	**7817**	**5988**	**4430**	**2889**	**3734**
11037	739	4342	1102	356	138	198	419
419	341	334	122	120	402	277	462
3235	505	980	3627	3768	2170	1230	1558
1986	1006	919	2716	1714	1697	1041	1270
5		3			17		
49	72	24	250	30	6	143	25
200771	**72549**	**82471**	**98077**	**137716**	**124074**	**156546**	**128058**
18676	2655	5374	4462	5118	6252	7197	5127
9543	2927	3421	3185	3965	2976	3409	2190
4854	1592	1219	1987	1295	4186	2026	1416
		18		5108			
3159	3589	5339	4353	5921	4765	7053	5428
7935	3505	4251	5869	14884	5339	12123	7624
798	312	1776	1542	4237	9903	8430	5835
4295	1615	2657	2801	3429	3436	3113	2379
2115	591	310	875	583	1181	1904	3755
2441	36	3463	2804	1834	514	2054	1246
2650	716	1213	3233	1436	1636	1968	1233
5780	1183	2568	2096	2630	8590	2598	4555
2291		48	47	106	53	121	395
17239	9755	6975	7570	9930	11964	19282	12334
24782	10821	9157	5163	4835	7689	2773	3238
276	147	971	25	296	369	803	15
5461	1001	2104	3138	4149	3298	5835	2725
18007	8996	11124	16765	8135	7898	13397	21917
542	120	173	1641	5993	910	1059	451
6783	2654	1287	2180	3216	3932	4822	8479
8549	1829	1265	3796	3643	3876	4706	3217
13455	3488	5371	5678	3159	3760	3026	6529
6766	851	4747	2363	3251	3179	3215	1467
4772	3489	1622	2216	1712	3214	8080	2119

1-14 续表 1

行业大类	从业人员数（人）			
		1949年以前	1950-1977年	1978-1991年
铁路、船舶、航空航天和其他运输设备制造业	20739		419	40
电气机械和器材制造业	206007		115	345
计算机、通信和其他电子设备制造业	326106		26	444
仪器仪表制造业	24009		10	11
其他制造业	24279			48
废弃资源综合利用业	15385			32
金属制品、机械和设备修理业	5164		3	42
电力、热力、燃气及水生产和供应业	**135867**		**8019**	**8723**
电力、热力生产和供应业	99925		825	4312
燃气生产和供应业	8821			95
水的生产和供应业	27121		7194	4316
建筑业	**1686043**	**465**	**261013**	**157524**
房屋建筑业	1162484	465	217504	144663
土木工程建筑业	335596		33398	9688
建筑安装业	55717		10090	2151
建筑装饰、装修和其他建筑业	132246		21	1022
批发和零售业	**923980**	**479**	**4253**	**17962**
批发业	484842	256	3169	15126
零售业	439138	223	1084	2836
交通运输、仓储和邮政业	**396813**	**75**	**9346**	**5485**
铁路运输业	198			
道路运输业	324809	61	8303	1804
水上运输业	8690		29	911
航空运输业	4582			
管道运输业	264			
多式联运和运输代理业	3981			112
装卸搬运和仓储业	22190	14	999	2643
邮政业	32099		15	15
住宿和餐饮业	**125633**		**1873**	**1909**
住宿业	65444		1689	1335
餐饮业	60189		184	574
信息传输、软件和信息技术服务业	**149001**	**2**	**248**	**445**
电信、广播电视和卫星传输服务	41381	2	185	418
互联网和相关服务	17240		1	
软件和信息技术服务业	90380		62	27
金融业	**6640**		**6**	**60**
货币金融服务	2851		6	13
资本市场服务	1876			
保险业	133			
其他金融业	1780			47

1992-2000年	2001年	2002年	2003年	2004年	2005年	2006年	2007年
90	198	185	89	4693	855	806	1061
13115	7584	4269	7554	4759	7466	15365	10114
14909	535	898	5116	25993	13961	19912	11586
410	1134	334	575	1926	1791	622	481
503	986	210	357	1096	594	245	557
17	126	42	401	225	341	353	352
558	114	80	196	159	146	249	233
56407	**2230**	**2145**	**4374**	**3086**	**3293**	**3213**	**6318**
54455	1394	1782	2046	2795	1705	2459	3942
353	231	44	1732	56	228	407	1688
1599	605	319	596	235	1360	347	688
212715	**92035**	**105296**	**51471**	**35533**	**67780**	**59573**	**42819**
126661	75479	78856	33907	18968	54927	44126	30870
66701	12976	22643	9869	12186	9041	10582	8743
5503	1180	716	1517	1190	1544	1079	1488
13850	2400	3081	6178	3189	2268	3786	1718
32569	**7143**	**14010**	**11087**	**15322**	**24234**	**19253**	**19375**
19020	4421	3838	4913	7315	14905	8728	7546
13549	2722	10172	6174	8007	9329	10525	11829
35740	**8282**	**8770**	**5005**	**7262**	**10584**	**6988**	**8495**
				198			
17526	6949	7612	3967	6017	6161	5684	7151
335	145	236	219	255	260	681	298
2920					183	24	560
94	5	38	47	66	156	109	96
2844	497	250	772	714	490	471	274
12021	686	634		12	3334	19	116
7497	**678**	**1307**	**2953**	**2296**	**4252**	**4037**	**4446**
4311	447	862	1583	1631	3393	2837	3266
3186	231	445	1370	665	859	1200	1180
9391	**10348**	**10851**	**12182**	**869**	**821**	**704**	**2813**
3467	9464	10200	11288	264	39	217	2145
91	69	40	25	252	248	29	98
5833	815	611	869	353	534	458	570
92	**31**	**99**	**80**	**87**	**27**	**73**	**67**
44	2	54	75	25	23	57	43
30		45	5		4	14	20
							3
18	29			62		2	1

1-14 续表 2

行业大类	从业人员数(人)	1949年以前	1950-1977年	1978-1991年
房地产业	**246110**		**1411**	**2387**
房地产业	246110		1411	2387
租赁和商务服务业	**435584**	**1030**	**846**	**10918**
租赁业	37473	2	4	32
商务服务业	398111	1028	842	10886
科学研究和技术服务业	**173908**	**179**	**15782**	**10993**
研究和试验发展	11988	126	1945	1511
专业技术服务业	125322	38	12693	7614
科技推广和应用服务业	36598	15	1144	1868
水利、环境和公共设施管理业	**67280**	**141**	**2170**	**3019**
水利管理业	2782		634	298
生态保护和环境治理业	4634	93	141	384
公共设施管理业	58596	48	1395	2336
土地管理业	1268			1
居民服务、修理和其他服务业	**76258**	**3**	**65**	**538**
居民服务业	31054	3	22	316
机动车、电子产品和日用产品修理业	23466		10	189
其他服务业	21738		33	33
教育	**697289**	**69534**	**144677**	**94706**
教育	697289	69534	144677	94706
卫生和社会工作	**309972**	**65670**	**75875**	**51381**
卫生	293954	65642	74221	48964
社会工作	16018	28	1654	2417
文化、体育和娱乐业	**96155**	**683**	**3651**	**5693**
新闻和出版业	6677	514	994	1074
广播、电视、电影和录音制作业	14267		328	1300
文化艺术业	28953	132	2267	2973
体育	7122			155
娱乐业	39136	37	62	191
公共管理、社会保障和社会组织	**756109**	**52321**	**118168**	**199226**
中国共产党机关	22477	3581	4312	7345
国家机构	555703	44152	93561	135396
人民政协、民主党派	3415	285	1203	1172
社会保障	4808	12	3	1696
群众团体、社会团体和其他成员组织	47414	1773	3506	6474
基层群众自治组织	122292	2518	15583	47143
国际组织				
国际组织				

1992-2000年	2001年	2002年	2003年	2004年	2005年	2006年	2007年
15309	**3583**	**7139**	**11362**	**6887**	**7409**	**7922**	**8298**
15309	3583	7139	11362	6887	7409	7922	8298
11824	**5850**	**5100**	**3888**	**4028**	**4178**	**13247**	**5030**
193	22	204	239	92	143	295	204
11631	5828	4896	3649	3936	4035	12952	4826
18111	**3492**	**3790**	**4854**	**2349**	**2587**	**2973**	**2440**
704	249	91	92	33	158	71	103
16308	2957	3484	4050	2166	2216	2502	2112
1099	286	215	712	150	213	400	225
6434	**1542**	**754**	**1407**	**2804**	**1298**	**1534**	**1795**
372	5	54	53	25	20	181	29
54	36	70	138	241	295	148	29
5848	1449	542	1126	2478	932	1189	1665
160	52	88	90	60	51	16	72
1163	**539**	**684**	**816**	**893**	**729**	**1139**	**1102**
682	242	286	544	218	317	296	720
431	213	378	192	317	207	738	310
50	84	20	80	358	205	105	72
51784	**14172**	**27254**	**27162**	**13123**	**12299**	**10492**	**9540**
51784	14172	27254	27162	13123	12299	10492	9540
14771	**2542**	**5451**	**5657**	**2510**	**6124**	**4784**	**3871**
13581	2429	5313	5218	2375	5880	4284	3727
1190	113	138	439	135	244	500	144
3924	**423**	**827**	**902**	**917**	**1656**	**2160**	**1042**
549	3	40	144	43	805	1278	136
1383	97	152	241	212	58	207	79
1190	175	177	194	126	152	120	299
374		29		52	5	33	46
428	148	429	323	484	636	522	482
87557	**14731**	**22284**	**25162**	**11328**	**13416**	**16063**	**7891**
1695	307	763	835	134	157	166	139
68938	11139	17359	20330	8456	6959	8222	5633
273	42	10	54	32	4		
710	240	227	251	34	61	58	225
6839	843	981	863	1051	1486	1604	1273
9102	2160	2944	2829	1621	4749	6013	621

1-14 续表 3

行业大类	2008年	2009年	2010年	2011年
总 计	**274949**	**375989**	**419756**	**340744**
农、林、牧、渔业	**1147**	**1069**	**1743**	**1367**
农业				
林业				
畜牧业				
渔业				
农、林、牧、渔专业及辅助性活动	1147	1069	1743	1367
采矿业	**3289**	**5287**	**3961**	**3871**
煤炭开采和洗选业	174	1244	141	271
石油和天然气开采业				
黑色金属矿采选业	781	118	585	308
有色金属矿采选业	748	1535	626	1235
非金属矿采选业	1533	2363	2563	1916
开采专业及辅助性活动	9	11	2	
其他采矿业	44	16	44	141
制造业	**116390**	**148504**	**181839**	**171256**
农副食品加工业	4776	6822	6623	6940
食品制造业	1849	2021	2808	1321
酒、饮料和精制茶制造业	1436	1527	1478	1686
烟草制品业		650	8	
纺织业	4051	2663	7935	6551
纺织服装、服饰业	4000	10440	19645	15078
皮革、毛皮、羽毛及其制品和制鞋业	2959	16932	14685	8305
木材加工和木、竹、藤、棕、草制品业	2781	3281	2212	2744
家具制造业	960	4300	3706	5357
造纸和纸制品业	1178	1926	2617	3041
印刷和记录媒介复制业	1558	2612	1632	1905
文教、工美、体育和娱乐用品制造业	6232	2864	5554	6933
石油、煤炭及其他燃料加工业	104	1450	361	30
化学原料和化学制品制造业	8068	7654	10393	16237
医药制造业	2718	2772	3656	3164
化学纤维制造业	26	7	306	368
橡胶和塑料制品业	2977	4213	5954	3630
非金属矿物制品业	20130	26583	32885	15656
黑色金属冶炼和压延加工业	802	964	688	511
有色金属冶炼和压延加工业	8277	8640	5681	6904
金属制品业	2479	3820	5179	5291
通用设备制造业	3359	2314	4841	4686
专用设备制造业	2893	3240	5728	4883
汽车制造业	7157	2505	2824	3922

2012年	2013年	2014年	2015年	2016年	2017年	2018年	无开业年份
364916	**360890**	**451128**	**523385**	**646902**	**797125**	**574536**	**635**
1834	**3089**	**3644**	**4359**	**5829**	**6213**	**4332**	**6**
1834	3089	3644	4359	5829	6213	4332	6
3718	**3134**	**2865**	**5205**	**4656**	**3575**	**2247**	
57	295	64	1358	361	105	35	
				5			
254	133	144	99	128	536	115	
425	213	200	341	625	366	77	
2874	2327	2245	3092	3252	2240	1753	
	14		45	7	13	64	
108	152	212	270	278	315	203	
174135	**155047**	**180243**	**175064**	**186550**	**239223**	**118964**	**122**
5495	5959	4768	6437	5465	4391	2621	17
1653	1597	2396	2191	2547	2375	1042	3
1791	2973	3783	1566	1861	1904	653	
		6		30			
4956	5586	3506	6896	9604	15334	6276	2
12483	17716	18240	20332	25958	33358	20466	
7582	3316	5684	7900	9451	10537	7400	2
2737	2348	3802	5867	5704	8667	6294	5
13130	7834	16749	9064	18515	26891	5983	
2486	1299	2482	2337	2723	2897	1505	12
1622	904	1690	1270	2090	1457	890	
3191	4230	4749	4149	4979	4849	3866	1
382	293	322	626	875	531	592	5
10872	10567	8874	12844	11366	11627	5449	
3946	2203	3615	2737	2498	1991	736	
304	59	319	1271	142	301	344	
5621	4360	3565	4016	4018	4982	2154	9
19585	19326	20068	20652	15629	21429	13730	10
8225	483	276	729	579	948	245	
7696	4712	3637	2727	4931	5989	2017	
4460	4155	7222	5363	4884	8340	4314	1
4376	3080	2720	3057	4380	5100	3095	
2388	4367	4013	3875	5511	7674	3307	1
4469	8528	4175	5203	4203	2890	1630	

1-14 续表 4

行业大类	2008年	2009年	2010年	2011年
铁路、船舶、航空航天和其他运输设备制造业	497	386	389	597
电气机械和器材制造业	10327	12058	14039	17168
计算机、通信和其他电子设备制造业	13170	13390	15729	23304
仪器仪表制造业	430	1545	2245	1202
其他制造业	184	665	986	912
废弃资源综合利用业	838	94	785	2801
金属制品、机械和设备修理业	174	166	267	129
电力、热力、燃气及水生产和供应业	**4725**	**2241**	**3451**	**2983**
电力、热力生产和供应业	3389	734	1814	1484
燃气生产和供应业	869	646	321	780
水的生产和供应业	467	861	1316	719
建筑业	**53612**	**115639**	**84613**	**39282**
房屋建筑业	42395	95999	59967	21250
土木工程建筑业	9297	15807	18757	13045
建筑安装业	1043	1015	1700	1191
建筑装饰、装修和其他建筑业	877	2818	4189	3796
批发和零售业	**27190**	**27890**	**33600**	**34963**
批发业	17511	15134	17061	16288
零售业	9679	12756	16539	18675
交通运输、仓储和邮政业	**13870**	**18599**	**21754**	**14838**
铁路运输业				
道路运输业	11757	13795	17426	12541
水上运输业	1034	698	1361	227
航空运输业		8		5
管道运输业			223	13
多式联运和运输代理业	79	203	395	111
装卸搬运和仓储业	363	882	537	1331
邮政业	637	3013	1812	610
住宿和餐饮业	**3024**	**5326**	**7780**	**5064**
住宿业	2042	3177	5101	2569
餐饮业	982	2149	2679	2495
信息传输、软件和信息技术服务业	**3216**	**1342**	**2810**	**2351**
电信、广播电视和卫星传输服务	997	132	263	63
互联网和相关服务	64	334	273	759
软件和信息技术服务业	2155	876	2274	1529
金融业	**192**	**156**	**247**	**463**
货币金融服务	80	104	186	341
资本市场服务	24	44	25	76
保险业	8		23	
其他金融业	80	8	13	46

2012年	2013年	2014年	2015年	2016年	2017年	2018年	无开业年份
1589	952	1994	1672	1233	1607	1387	
12030	11640	19080	10187	12584	10788	5420	
27606	21606	25979	26073	18469	34817	12558	25
1500	1080	2738	2217	1632	1342	784	
1253	1801	2017	2200	2996	3999	2649	21
537	1858	1369	1266	1254	1717	977	
170	215	405	340	439	491	580	8
2340	**1939**	**2537**	**3244**	**4367**	**7296**	**2934**	**2**
942	855	1574	1917	3548	6004	1949	
273	328	165	194	172	124	115	
1125	756	798	1133	647	1168	870	2
36150	**32388**	**42656**	**22396**	**44017**	**71509**	**57526**	**31**
19166	16934	19803	5618	13388	23364	18152	22
12768	9226	11888	6095	10950	16854	15082	
1387	1492	3599	2428	3698	6762	4939	5
2829	4736	7366	8255	15981	24529	19353	4
42249	**45835**	**70729**	**90678**	**119849**	**144721**	**120357**	**232**
20940	24101	35542	43683	61490	78370	65328	157
21309	21734	35187	46995	58359	66351	55029	75
20215	**20697**	**23843**	**37353**	**46832**	**48431**	**24329**	**20**
17967	18620	19527	33624	42804	43868	21625	20
1012	37	88	153	96	446	169	
		661	3	95	40	83	
	10					18	
93	140	256	224	530	762	465	
734	875	1102	1284	1615	2291	1208	
409	1015	2209	2065	1692	1024	761	
7002	**7258**	**7761**	**11816**	**14078**	**14475**	**10787**	**14**
4049	3402	4200	5148	5746	5042	3605	9
2953	3856	3561	6668	8332	9433	7182	5
2435	**3002**	**6219**	**13176**	**16099**	**25764**	**23856**	**57**
139	108	496	833	271	230	156	4
280	228	1006	2964	2826	4016	3636	1
2016	2666	4717	9379	13002	21518	20064	52
342	**316**	**602**	**990**	**1131**	**1020**	**559**	
273	206	258	285	430	229	117	
48	26	154	231	428	429	273	
			36	15	16	32	
21	84	190	438	258	346	137	

1-14 续表 5

行业大类	2008年	2009年	2010年	2011年
房地产业	**7279**	**8503**	**14438**	**17115**
房地产业	7279	8503	14438	17115
租赁和商务服务业	**4928**	**6123**	**9136**	**11369**
租赁业	332	540	1201	1322
商务服务业	4596	5583	7935	10047
科学研究和技术服务业	**3982**	**3142**	**4409**	**4677**
研究和试验发展	59	204	285	280
专业技术服务业	3419	2547	3038	3474
科技推广和应用服务业	504	391	1086	923
水利、环境和公共设施管理业	**1287**	**1415**	**1613**	**993**
水利管理业	16	109	13	67
生态保护和环境治理业	30	245	93	103
公共设施管理业	1229	1048	1472	810
土地管理业	12	13	35	13
居民服务、修理和其他服务业	**1588**	**1452**	**2528**	**3020**
居民服务业	847	389	681	1750
机动车、电子产品和日用产品修理业	279	593	731	691
其他服务业	462	470	1116	579
教育	**12602**	**13407**	**15177**	**10308**
教育	12602	13407	15177	10308
卫生和社会工作	**4899**	**3721**	**4481**	**5635**
卫生	4528	3223	4080	5327
社会工作	371	498	401	308
文化、体育和娱乐业	**1184**	**2530**	**2389**	**2652**
新闻和出版业	15	11	254	106
广播、电视、电影和录音制作业	42	193	310	413
文化艺术业	327	293	408	480
体育	188	84	117	550
娱乐业	612	1949	1300	1103
公共管理、社会保障和社会组织	**10545**	**9643**	**23787**	**8537**
中国共产党机关	126	48	141	121
国家机构	7159	6692	18674	6281
人民政协、民主党派	57		9	7
社会保障	141	126	130	106
群众团体、社会团体和其他成员组织	1263	1123	1314	1229
基层群众自治组织	1799	1654	3519	793

2012年	2013年	2014年	2015年	2016年	2017年	2018年	无开业年份
13268	**19277**	**15691**	**13796**	**19148**	**25579**	**20297**	**12**
13268	19277	15691	13796	19148	25579	20297	12
13993	**22597**	**31339**	**51302**	**61321**	**87002**	**70464**	**71**
1662	1651	2953	4202	6379	7279	8520	2
12331	20946	28386	47100	54942	79723	61944	69
3992	**4830**	**8990**	**10825**	**17271**	**23591**	**20630**	**19**
280	261	441	718	1071	1793	1513	
2669	3157	6452	7488	11038	13820	12071	9
1043	1412	2097	2619	5162	7978	7046	10
1870	**1943**	**2429**	**5166**	**3771**	**14608**	**9281**	**6**
24	88	117	130	210	261	76	
140	153	206	275	522	569	669	
1679	1690	2048	4706	2991	13634	8275	6
27	12	58	55	48	144	261	
3342	**3137**	**7449**	**8468**	**10406**	**12786**	**14407**	**4**
1257	1300	3719	3228	4024	5530	4683	
740	1117	2026	2711	4072	4206	3311	4
1345	720	1704	2529	2310	3050	6413	
17144	**21010**	**20914**	**25544**	**37371**	**27251**	**21800**	**18**
17144	21010	20914	25544	37371	27251	21800	18
3831	**4778**	**5786**	**7444**	**14316**	**10647**	**5796**	**2**
2669	4248	5291	6546	12383	8914	5109	2
1162	530	495	898	1933	1733	687	
7848	**3747**	**7367**	**9781**	**12206**	**11899**	**12662**	**12**
133	6	157	26	114	137	138	
2642	654	1245	1135	993	1070	1508	5
3102	1343	1773	2000	3271	3696	4455	
158	259	433	598	1188	1542	1311	
1813	1485	3759	6022	6640	5454	5250	7
9208	**6866**	**10064**	**26778**	**27684**	**21535**	**33308**	**7**
63	87	82	17	1649	494	215	
6343	4099	6143	23422	21142	16012	19591	
11	14			211		31	
144	28		41	280	244	51	
1306	1497	2480	1990	3330	3511	1677	1
1341	1141	1359	1308	1072	1274	11743	6

1-15 按地区、从业人员

地　区	法人单位数（个）	7人及以下	8-19人	20-49人	50-99人
全　省	**454387**	**287779**	**93708**	**43148**	**15649**
南 昌 市	71507	47527	12099	7283	2263
景德镇市	15204	7600	5004	1687	470
萍 乡 市	12618	7431	2305	1308	768
九 江 市	52897	29954	13410	6195	1680
新 余 市	28081	17111	8340	1851	398
鹰 潭 市	16358	11271	3120	1173	413
赣 州 市	78123	48674	17538	7048	2774
吉 安 市	43193	28451	7751	3893	1560
宜 春 市	48043	29340	9550	5081	2221
抚 州 市	32726	22519	4831	2954	1316
上 饶 市	55637	37901	9760	4675	1786

1-16 按地区、从业人员组距

地　区	从业人员数（人）	7人及以下	8-19人	20-49人	50-99人
全　省	**9421645**	**885927**	**1099499**	**1275191**	**1073877**
南 昌 市	2090020	131422	143851	216092	153846
景德镇市	304236	28793	59487	49087	31616
萍 乡 市	364543	24193	27232	40358	53186
九 江 市	1030337	102357	157312	178662	114539
新 余 市	361324	46433	97126	49578	26512
鹰 潭 市	274811	33524	35294	34766	28139
赣 州 市	1357233	185315	203222	210493	190541
吉 安 市	881896	88319	91012	116139	107165
宜 春 市	1090357	81916	114136	152953	153906
抚 州 市	633288	57714	57422	88460	90835
上 饶 市	979279	105941	113405	138603	123592

注：分地区从业人员数不含数据处理地在“江西省直”的单位。

组距分组的法人单位数

100-299人	300-499人	500-999人	1000-4999人	5000-9999人	10000人及以上
10238	**1916**	**1166**	**696**	**66**	**21**
1519	336	231	199	37	13
329	54	38	20	2	
607	112	53	32	2	
1221	239	130	66	2	
261	48	48	23		1
285	52	29	13		2
1582	271	155	78	3	
1130	216	126	61	4	1
1372	225	157	88	8	1
844	144	75	38	2	3
1088	219	124	78	6	

分组的法人单位从业人员数

100-299人	300-499人	500-999人	1000-4999人	5000-9999人	10000人及以上
1652100	**696738**	**737437**	**1087632**	**410193**	**503051**
247483	121472	142602	372840	241112	319300
53770	18563	20496	25101	17323	
96911	38526	32826	37403	13908	
201702	87345	85129	97539	5752	
41551	16530	30872	32005		20717
45067	17838	16827	18758		44598
254391	97422	100472	115377		
183726	79881	82778	94998	21819	16059
223132	84139	99309	117311	48748	14807
130304	53668	44133	59198	14940	36614
174063	80906	80156	116022	46591	

1-17 按行业(大类)、从业

行业大类	法人单位数(个)			
		7人及以下	8-19人	20-49人
总 计	**454387**	**287779**	**93708**	**43148**
农、林、牧、渔业	**6779**	**5353**	**1162**	**208**
农业	12	12		
林业	9	9		
畜牧业	2	2		
渔业	1	1		
农、林、牧、渔专业及辅助性活动	6755	5329	1162	208
采矿业	**2998**	**1318**	**768**	**521**
煤炭开采和洗选业	242	82	33	40
石油和天然气开采业	2	2		
黑色金属矿采选业	264	142	76	18
有色金属矿采选业	411	169	79	68
非金属矿采选业	1811	758	511	366
开采专业及辅助性活动	33	23	10	
其他采矿业	235	142	59	29
制造业	**63136**	**23042**	**16036**	**12853**
农副食品加工业	3778	1703	1022	594
食品制造业	1446	586	365	286
酒、饮料和精制茶制造业	1391	668	453	154
烟草制品业	8	2	4	
纺织业	2209	738	466	537
纺织服装、服饰业	6029	1512	1794	1595
皮革、毛皮、羽毛及其制品和制鞋业	1857	568	409	491
木材加工和木、竹、藤、棕、草制品业	3024	1173	909	616
家具制造业	3797	1088	1122	862
造纸和纸制品业	1107	412	325	204
印刷和记录媒介复制业	1287	612	354	177
文教、工美、体育和娱乐用品制造业	1806	692	481	352
石油、煤炭及其他燃料加工业	308	146	81	48
化学原料和化学制品制造业	3616	1059	629	664
医药制造业	1108	358	198	202
化学纤维制造业	78	22	16	16
橡胶和塑料制品业	2077	760	536	428
非金属矿物制品业	8813	3158	2318	2012
黑色金属冶炼和压延加工业	295	109	73	47
有色金属冶炼和压延加工业	1180	357	184	204
金属制品业	3389	1557	920	562
通用设备制造业	2355	995	593	450
专用设备制造业	2414	1022	633	468

人员组距分组的法人单位数

50-99人	100-299人	300-499人	500-999人	1000-4999人	5000-9999人	10000人及以上
15649	**10238**	**1916**	**1166**	**696**	**66**	**21**
37	**18**			**1**		
37	18			1		
201	**140**	**25**	**14**	**10**	**1**	
41	33	5	2	5	1	
11	15	2				
33	37	10	11	4		
112	54	8	1	1		
4	1					
5415	**4319**	**809**	**419**	**216**	**23**	**4**
254	160	23	14	7	1	
98	72	22	15	2		
48	47	12	5	4		
			1		1	
199	196	46	19	8		
595	432	64	22	15		
160	158	35	24	9	3	
216	95	12	1	2		
527	166	21	8	3		
71	76	10	7	2		
70	56	13	4	1		
109	130	21	12	9		
26	3	1	1	1	1	
612	561	62	22	7		
125	164	40	10	9	2	
11	9	1	2	1		
170	149	24	8	2		
698	444	95	63	25		
28	23	9	2		3	1
161	204	40	23	6		1
181	135	19	10	5		
147	125	26	13	5	1	
136	115	27	8	4	1	

1-17 续表 1

行业大类	法人单位数(个)	7人及以下	8-19人	20-49人
汽车制造业	1076	361	218	222
铁路、船舶、航空航天和其他运输设备制造业	467	152	112	125
电气机械和器材制造业	2630	945	558	467
计算机、通信和其他电子设备制造业	2618	802	574	546
仪器仪表制造业	516	210	109	99
其他制造业	1278	610	324	250
废弃资源综合利用业	554	232	143	103
金属制品、机械和设备修理业	625	433	113	72
电力、热力、燃气及水生产和供应业	**7566**	**6094**	**863**	**332**
电力、热力生产和供应业	6426	5474	619	206
燃气生产和供应业	212	86	40	49
水的生产和供应业	928	534	204	77
建筑业	**27569**	**15901**	**6570**	**2478**
房屋建筑业	8024	3841	1892	869
土木工程建筑业	6027	3071	1488	675
建筑安装业	3376	2195	773	280
建筑装饰、装修和其他建筑业	10142	6794	2417	654
批发和零售业	**119751**	**91100**	**21373**	**5682**
批发业	62225	46466	11768	3290
零售业	57526	44634	9605	2392
交通运输、仓储和邮政业	**17144**	**8824**	**4285**	**2407**
铁路运输业	6		2	
道路运输业	14176	7214	3515	2039
水上运输业	273	134	53	36
航空运输业	26	11	6	3
管道运输业	4		3	
多式联运和运输代理业	424	256	112	50
装卸搬运和仓储业	1391	751	377	166
邮政业	844	458	217	113
住宿和餐饮业	**6697**	**3087**	**2108**	**965**
住宿业	2719	1109	841	438
餐饮业	3978	1978	1267	527
信息传输、软件和信息技术服务业	**15310**	**11387**	**3014**	**687**
电信、广播电视和卫星传输服务	519	346	69	43
互联网和相关服务	2302	1689	489	95
软件和信息技术服务业	12489	9352	2456	549
金融业	**1649**	**615**	**312**	**164**
货币金融服务	728	258	116	95
资本市场服务	355	205	126	19
保险业	387	48	24	29
其他金融业	179	104	46	21

50-99人	100-299人	300-499人	500-999人	1000-4999人	5000-9999人	10000人及以上
121	109	24	13	6	1	1
47	21	6	3	1		
225	290	74	45	25	1	
223	283	73	54	54	8	1
53	33	4	5	3		
54	36	1	3			
45	25	4	2			
5	2					
146	**97**	**16**	**13**	**3**	**1**	**1**
71	35	8	10	2		1
21	12	1	2	1		
54	50	7	1		1	
847	**871**	**355**	**300**	**207**	**25**	**15**
349	442	237	217	143	20	14
303	279	88	67	51	4	1
65	41	14	5	2	1	
130	109	16	11	11		
1077	**397**	**55**	**37**	**28**	**2**	
455	186	24	23	11	2	
622	211	31	14	17		
1087	**431**	**47**	**33**	**27**	**2**	**1**
1	2					1
944	384	41	22	15	2	
33	12	4	1			
1	2		2	1		
	1					
4	2					
70	23	1	3			
34	5	1	5	11		
332	**186**	**17**		**2**		
190	128	13				
142	58	4		2		
127	**51**	**14**	**15**	**14**	**1**	
14	18	9	8	11	1	
16	10	2	1			
97	23	3	6	3		
94	**201**	**76**	**90**	**89**	**8**	
45	114	42	41	17		
1	2			2		
44	82	34	48	70	8	
4	3		1			

1-17 续表 2

行业大类	法人单位数（个）	7人及以下	8-19人	20-49人
房地产业	**13547**	**6421**	**3668**	**2519**
房地产业	13547	6421	3668	2519
租赁和商务服务业	**48714**	**34542**	**10520**	**2931**
租赁业	4599	3154	1046	343
商务服务业	44115	31388	9474	2588
科学研究和技术服务业	**16779**	**11307**	**3789**	**1222**
研究和试验发展	1250	873	226	105
专业技术服务业	9884	6216	2476	832
科技推广和应用服务业	5645	4218	1087	285
水利、环境和公共设施管理业	**3033**	**1883**	**620**	**288**
水利管理业	402	335	38	13
生态保护和环境治理业	385	246	79	41
公共设施管理业	2132	1229	487	212
土地管理业	114	73	16	22
居民服务、修理和其他服务业	**7990**	**5351**	**1975**	**493**
居民服务业	3100	2049	758	215
机动车、电子产品和日用产品修理业	3216	2200	822	168
其他服务业	1674	1102	395	110
教育	**19188**	**7170**	**5327**	**3166**
教育	19188	7170	5327	3166
卫生和社会工作	**8524**	**4864**	**1235**	**1396**
卫生	6353	3171	907	1291
社会工作	2171	1693	328	105
文化、体育和娱乐业	**10752**	**7422**	**2337**	**757**
新闻和出版业	177	78	36	37
广播、电视、电影和录音制作业	889	438	273	133
文化艺术业	3475	2334	811	264
体育	773	485	207	63
娱乐业	5438	4087	1010	260
公共管理、社会保障和社会组织	**57261**	**42098**	**7746**	**4079**
中国共产党机关	1428	668	402	252
国家机构	21076	11298	3210	3382
人民政协、民主党派	253	141	26	78
社会保障	375	188	71	109
群众团体、社会团体和其他成员组织	13104	11576	1345	160
基层群众自治组织	21025	18227	2692	98

50-99人	100-299人	300-499人	500-999人	1000-4999人	5000-9999人	10000人及以上
703	**194**	**29**	**8**	**5**		
703	194	29	8	5		
471	**178**	**32**	**28**	**9**	**3**	
44	11	1				
427	167	31	28	9	3	
297	**123**	**21**	**17**	**3**		
32	14					
222	98	20	17	3		
43	11	1				
143	**65**	**18**	**7**	**9**		
12	4					
13	5	1				
115	56	17	7	9		
3						
125	**32**	**8**	**3**	**3**		
61	11	3	1	2		
23	3					
41	18	5	2	1		
1747	**1532**	**181**	**42**	**23**		
1747	1532	181	42	23		
547	**264**	**90**	**95**	**33**		
511	255	90	95	33		
36	9					
176	**49**	**6**	**3**	**2**		
11	12		2	1		
36	5	3		1		
52	12	2				
13	5					
64	15	1	1			
2077	**1090**	**117**	**42**	**12**		
88	18					
1953	1063	116	42	12		
7	1					
5	2					
16	6	1				
8						

1-18 按行业(大类)、从业人员组距

行业大类	从业人员数(人)			
		7人及以下	8-19人	20-49人
总　计	**9421645**	**885927**	**1099499**	**1275191**
农、林、牧、渔业	**41989**	**16448**	**13474**	**5827**
农业				
林业				
畜牧业				
渔业				
农、林、牧、渔专业及辅助性活动	41989	16448	13474	5827
采矿业	**104502**	**3415**	**9404**	**15621**
煤炭开采和洗选业	28180	116	416	1188
石油和天然气开采业	5	5		
黑色金属矿采选业	5824	281	947	478
有色金属矿采选业	27741	322	983	1963
非金属矿采选业	40164	2238	6229	11128
开采专业及辅助性活动	190	69	121	
其他采矿业	2398	384	708	864
制造业	**2992512**	**68231**	**200556**	**382859**
农副食品加工业	116343	5687	12409	17346
食品制造业	54744	1826	4533	8406
酒、饮料和精制茶制造业	39794	2269	5911	4552
烟草制品业	5820	6	56	
纺织业	113439	1555	5881	16583
纺织服装、服饰业	260224	4458	22841	47379
皮革、毛皮、羽毛及其制品和制鞋业	127833	1196	5416	14570
木材加工和木、竹、藤、棕、草制品业	71898	3525	11339	18088
家具制造业	123852	3715	13928	24932
造纸和纸制品业	40038	1387	3890	6193
印刷和记录媒介复制业	34648	2197	4320	5001
文教、工美、体育和娱乐用品制造业	81675	2015	5915	10528
石油、煤炭及其他燃料加工业	18259	415	1021	1475
化学原料和化学制品制造业	213669	3025	7847	21297
医药制造业	102054	933	2510	6173
化学纤维制造业	6349	69	220	485
橡胶和塑料制品业	73709	2272	6753	12596
非金属矿物制品业	335501	10108	28814	60528
黑色金属冶炼和压延加工业	52623	274	965	1504
有色金属冶炼和压延加工业	121506	880	2224	6274
金属制品业	88237	4746	11326	16400
通用设备制造业	89742	2789	7435	13049
专用设备制造业	79418	3163	7869	13885
汽车制造业	119448	742	2766	6449

分组的法人单位从业人员数

50-99人	100-299人	300-499人	500-999人	1000-4999人	5000-9999人	10000人及以上
1073877	**1652100**	**696738**	**737437**	**1087632**	**410193**	**503051**
2535	**2564**			**1141**		
2535	2564			1141		
13825	**23358**	**9087**	**9495**	**13865**	**6432**	
2915	5294	1856	1422	8541	6432	
768	2701	649				
2215	6724	3756	7573	4205		
7687	8437	2826	500	1119		
240	202					
383788	**723387**	**303836**	**288764**	**378410**	**156426**	**106255**
18145	26628	9036	10162	11130	5800	
6992	11983	8196	9814	2994		
3346	8292	4467	3149	7808		
			650		5108	
14257	33468	17528	13127	11040		
41860	72070	24661	15750	31205		
11083	26471	13534	17319	14691	23553	
14952	15827	4391	700	3076		
38759	25291	7370	5796	4061		
5024	12075	3686	4883	2900		
4889	9448	4941	2757	1095		
7527	22442	7293	8729	17226		
1837	680	383	573	2264	9611	
44064	90323	22662	14250	10201		
8926	28502	15693	6910	17203	15204	
801	1513	369	1739	1153		
12196	23565	8705	5329	2293		
48131	75240	35700	42435	34545		
2042	3475	3370	1088		19188	20717
11547	35487	14495	14770	9887		25942
12767	22773	7177	7028	6020		
10455	21180	9331	8550	9241	7712	
9554	18347	10228	5069	6230	5073	
8671	18511	9551	9147	15043	5031	43537

1-18 续表 1

行业大类	从业人员数(人)			
		7人及以下	8-19人	20-49人
铁路、船舶、航空航天和其他运输设备制造业	20739	418	1404	3791
电气机械和器材制造业	206007	2499	6937	13798
计算机、通信和其他电子设备制造业	326106	1978	7513	16413
仪器仪表制造业	24009	589	1373	2944
其他制造业	24279	1708	3989	7213
废弃资源综合利用业	15385	605	1816	3038
金属制品、机械和设备修理业	5164	1182	1335	1969
电力、热力、燃气及水生产和供应业	**135867**	**14093**	**10144**	**9683**
电力、热力生产和供应业	99925	11903	7197	5952
燃气生产和供应业	8821	320	496	1591
水的生产和供应业	27121	1870	2451	2140
建筑业	**1686043**	**52181**	**76007**	**71497**
房屋建筑业	1162484	12696	22235	25298
土木工程建筑业	335596	10124	17645	19922
建筑安装业	55717	7137	8783	7898
建筑装饰、装修和其他建筑业	132246	22224	27344	18379
批发和零售业	**923980**	**286087**	**242744**	**158316**
批发业	484842	145876	134820	90537
零售业	439138	140211	107924	67779
交通运输、仓储和邮政业	**396813**	**28242**	**51479**	**71337**
铁路运输业	198			
道路运输业	324809	23105	42306	60709
水上运输业	8690	375	645	1126
航空运输业	4582	40	65	99
管道运输业	264		41	
多式联运和运输代理业	3981	744	1306	1337
装卸搬运和仓储业	22190	2333	4596	4864
邮政业	32099	1645	2520	3202
住宿和餐饮业	**125633**	**10784**	**25205**	**28348**
住宿业	65444	3885	10110	13102
餐饮业	60189	6899	15095	15246
信息传输、软件和信息技术服务业	**149001**	**33359**	**34301**	**19502**
电信、广播电视和卫星传输服务	41381	895	803	1235
互联网和相关服务	17240	4934	5528	2753
软件和信息技术服务业	90380	27530	27970	15514
金融业	**6640**	**1531**	**2621**	**1708**
货币金融服务	2851	870	985	795
资本市场服务	1876	293	1038	364
保险业	133	41	92	
其他金融业	1780	327	506	549

50-99人	100-299人	300-499人	500-999人	1000-4999人	5000-9999人	10000人及以上
3174	3546	2163	2013	4230		
16196	51026	28249	31321	47553	8428	
15754	49339	27457	38446	101429	51718	16059
3649	6082	1499	3981	3892		
3786	5509	312	1762			
3089	3931	1389	1517			
315	363					
10284	**16602**	**5999**	**8924**	**3762**	**5420**	**50956**
5065	6313	2917	7009	2613		50956
1331	2305	309	1320	1149		
3888	7984	2773	595		5420	
59143	**153302**	**138336**	**204814**	**401040**	**183883**	**345840**
25138	78607	91811	149270	277383	144206	335840
20457	49201	34704	45323	97390	30830	10000
4574	7561	5449	3252	2216	8847	
8974	17933	6372	6969	24051		
71583	**61757**	**20573**	**26814**	**41918**	**14188**	
29920	29802	9103	17512	13084	14188	
41663	31955	11470	9302	28834		
73686	**66503**	**17281**	**22077**	**51874**	**14334**	
	198					
64170	59263	14824	15277	30821	14334	
2238	1852	1495	959			
59	395		1216	2708		
	223					
237	357					
4678	3528	498	1693			
2304	687	464	2932	18345		
22812	**28834**	**6654**		**2996**		
13226	20011	5110				
9586	8823	1544		2996		
8200	**9039**	**5706**	**10962**	**21471**	**6461**	
933	3472	3857	6528	17197	6461	
910	1768	650	697			
6357	3799	1199	3737	4274		
438	**342**					
201						
60	121					
177	221					

1-18 续表 2

行业大类	从业人员数(人)			
		7人及以下	8-19人	20-49人
房地产业	**246110**	**20129**	**45068**	**74734**
房地产业	246110	20129	45068	74734
租赁和商务服务业	**435584**	**99401**	**119323**	**85966**
租赁业	37473	9846	12077	10230
商务服务业	398111	89555	107246	75736
科学研究和技术服务业	**173908**	**32388**	**44432**	**35601**
研究和试验发展	11988	2102	2668	3015
专业技术服务业	125322	19273	29083	24528
科技推广和应用服务业	36598	11013	12681	8058
水利、环境和公共设施管理业	**67280**	**5336**	**7126**	**8428**
水利管理业	2782	618	452	421
生态保护和环境治理业	4634	743	908	1194
公共设施管理业	58596	3795	5586	6136
土地管理业	1268	180	180	677
居民服务、修理和其他服务业	**76258**	**17557**	**23107**	**13485**
居民服务业	31054	6475	8975	5996
机动车、电子产品和日用产品修理业	23466	7591	9520	4361
其他服务业	21738	3491	4612	3128
教育	**697289**	**25898**	**63809**	**98135**
教育	697289	25898	63809	98135
卫生和社会工作	**309972**	**12432**	**15451**	**44026**
卫生	293954	6897	11845	40884
社会工作	16018	5535	3606	3142
文化、体育和娱乐业	**96155**	**21981**	**27305**	**21516**
新闻和出版业	6677	152	471	1144
广播、电视、电影和录音制作业	14267	1312	3321	3887
文化艺术业	28953	6393	9442	7354
体育	7122	1497	2449	1661
娱乐业	39136	12627	11622	7470
公共管理、社会保障和社会组织	**756109**	**136434**	**87943**	**128602**
中国共产党机关	22477	1335	5152	7349
国家机构	555703	15628	40468	108989
人民政协、民主党派	3415	267	387	2210
社会保障	4808	158	958	3089
群众团体、社会团体和其他成员组织	47414	25763	15058	4335
基层群众自治组织	122292	93283	25920	2630

50-99人	100-299人	300-499人	500-999人	1000-4999人	5000-9999人	10000人及以上
46675	**32225**	**10899**	**5625**	**10755**		
46675	32225	10899	5625	10755		
31336	**28224**	**11883**	**19786**	**16616**	**23049**	
3315	1693	312				
28021	26531	11571	19786	16616	23049	
19049	**19813**	**7949**	**10862**	**3814**		
2020	2183					
14298	15875	7589	10862	3814		
2731	1755	360				
9605	**10044**	**6957**	**5220**	**14564**		
793	498					
886	589	314				
7695	8957	6643	5220	14564		
231						
7898	**4978**	**2817**	**1735**	**4681**		
3808	1537	1058	600	2605		
1459	535					
2631	2906	1759	1135	2076		
123002	**250706**	**66140**	**27132**	**42467**		
123002	250706	66140	27132	42467		
36872	**44076**	**35589**	**65030**	**56496**		
34458	42755	35589	65030	56496		
2414	1321					
10867	**7509**	**2080**	**2075**	**2822**		
817	1635		1307	1151		
2115	942	1019		1671		
3277	1757	730				
709	806					
3949	2369	331	768			
142279	**168837**	**44952**	**28122**	**18940**		
6108	2533					
133939	165088	44529	28122	18940		
425	126					
297	306					
1051	784	423				
459						

1-19　按行业门类分组的个体经营户数和从业人员数

行业门类	个体经营户数 (个)	从业人员数 (人)
总　计	**1604454**	**4089087**
#采矿业	1125	6859
制造业	121887	541423
电力、热力、燃气及水生产和供应业	926	2456
建筑业	175219	422502
批发和零售业	801831	1764456
交通运输、仓储和邮政业	104095	198558
住宿和餐饮业	178111	553488
信息传输、软件和信息技术服务业	11529	23483
金融业		
房地产业	7014	14712
租赁和商务服务业	21189	51865
科学研究和技术服务业	3027	7715
水利、环境和公共设施管理业	640	211789
居民服务、修理和其他服务业	127000	153544
教育	8806	40782
卫生和社会工作	18736	35841
文化、体育和娱乐业	12490	40408
公共管理、社会保障和社会组织		

注：本表合计数含从事农、林、牧、渔专业及辅助性活动的个体经营户数据。

第2篇

企业篇

2-01 按地区分组的企业法人单位数及从业人员数

地区	企业法人单位数（个）	单产业法人单位	多产业法人单位	企业从业人员数（人）	#女性
全省	**354445**	**347791**	**6654**	**7564854**	**2740292**
南昌市	62137	60913	1224	1786711	534336
景德镇市	11366	11127	239	231283	79704
萍乡市	9308	9006	302	285342	109648
九江市	41595	41096	499	843726	340867
新余市	25165	25031	134	308756	101458
鹰潭市	12676	12454	222	217127	68073
赣州市	61090	59541	1549	1035072	429142
吉安市	30133	29316	817	687039	312585
宜春市	36794	36195	599	889724	333752
抚州市	21182	20672	510	470863	151643
上饶市	42999	42440	559	754890	264375

注：分地区从业人员数不含数据处理地在“江西省直”的单位。

2-02 按控股情况、运营状态、开业(成立)时间分组的企业法人单位数及从业人员数

分 组	企业法人单位数(个)	单产业法人单位	多产业法人单位	企业从业人员数(人)	#女性
总 计	**354445**	**347791**	**6654**	**7564854**	**2740292**
按企业控股情况分组					
国有控股	7139	6320	819	995030	241451
集体控股	3234	2985	249	170329	37449
私人控股	331283	326193	5090	5756673	2146659
港澳台商控股	913	877	36	220453	140454
外商控股	411	385	26	108425	59789
其他	11465	11031	434	313944	114490
按运营状态分组					
正常运营	303091	296635	6456	7414666	2688030
停业(歇业)	25227	25105	122	68680	24389
筹建	11053	11036	17	33030	10133
当年关闭	4285	4269	16	14863	5367
当年破产	268	266	2	2776	1103
当年注销	5908	5895	13	16277	5897
当年吊销	627	626	1	1225	483
其他	3986	3959	27	13337	4890
按开业(成立)时间分组					
1949年以前	33	25	8	3166	954
1950-1977年	757	649	108	318000	50694
1978-1991年	2821	2489	332	340157	71729
1992-2000年	6511	5979	532	617274	195331
2001年	2366	2211	155	211089	66356
2002年	3114	2898	216	248639	74775
2003年	3788	3564	224	216071	80403
2004年	3831	3648	183	224092	86956
2005年	4416	4201	215	258303	96415
2006年	4994	4786	208	281539	112184
2007年	4700	4512	188	234781	91691
2008年	5425	5198	227	244451	86610
2009年	7836	7561	275	346122	118568
2010年	10232	9834	398	372891	145753
2011年	10967	10645	322	313234	127732
2012年	13764	13438	326	330008	129565
2013年	16796	16367	429	322979	130029
2014年	26797	26265	532	409032	162030
2015年	34834	34359	475	459931	190714
2016年	50660	50111	549	565533	228784
2017年	70024	69497	527	734131	290007
2018年	69057	68832	225	512828	202868
无开业年份	722	722		603	144

2-03 按行业(中类)分组的企业法人单位数及从业人员数

行业中类	企业法人单位数(个)	单产业法人单位	多产业法人单位	企业从业人员数(人)	#女性
总 计	**354445**	**347791**	**6654**	**7564854**	**2740292**
农、林、牧、渔业	**2462**	**2420**	**42**	**19743**	**7141**
农业	11		11		
谷物种植	1		1		
豆类、油料和薯类种植					
棉、麻、糖、烟草种植					
蔬菜、食用菌及园艺作物种植	2		2		
水果种植	2		2		
坚果、含油果、香料和饮料作物种植	4		4		
中药材种植					
草种植及割草					
其他农业	2		2		
林业	5		5		
林木育种和育苗	1		1		
造林和更新					
森林经营、管护和改培	1		1		
木材和竹材采运	2		2		
林产品采集	1		1		
畜牧业	2		2		
牲畜饲养	1		1		
家禽饲养	1		1		
狩猎和捕捉动物					
其他畜牧业					
渔业	1		1		
水产养殖	1		1		
水产捕捞					
农、林、牧、渔专业及辅助性活动	2443	2420	23	19743	7141
农业专业及辅助性活动	1863	1845	18	14301	5309
林业专业及辅助性活动	282	278	4	3490	1212
畜牧专业及辅助性活动	157	157		989	315
渔业专业及辅助性活动	141	140	1	963	305
采矿业	**2998**	**2956**	**42**	**104502**	**20059**
煤炭开采和洗选业	242	235	7	28180	4250
烟煤和无烟煤开采洗选	216	209	7	27198	4085
褐煤开采洗选	4	4		109	18
其他煤炭采选	22	22		873	147
石油和天然气开采业	2	2		5	2
石油开采					
天然气开采	2	2		5	2
黑色金属矿采选业	264	264		5824	911
铁矿采选	243	243		5147	763
锰矿、铬矿采选	5	5		141	14
其他黑色金属矿采选	16	16		536	134
有色金属矿采选业	411	392	19	27741	6248
常用有色金属矿采选	154	151	3	7576	1619
贵金属矿采选	44	42	2	2118	536
稀有稀土金属矿采选	213	199	14	18047	4093

2-03　续表 1

行业中类	企业法人单位数（个）	单产业法人单位	多产业法人单位	企业从业人员数（人）	#女性
非金属矿采选业	1811	1797	14	40164	8013
土砂石开采	1562	1549	13	32943	6324
化学矿开采	12	12		502	67
采盐	2	1	1	1610	580
石棉及其他非金属矿采选	235	235		5109	1042
开采专业及辅助性活动	33	33		190	55
煤炭开采和洗选专业及辅助性活动	11	11		53	13
石油和天然气开采专业及辅助性活动	3	3		16	5
其他开采专业及辅助性活动	19	19		121	37
其他采矿业	235	233	2	2398	580
其他采矿业	235	233	2	2398	580
制造业	**62482**	**61678**	**804**	**2987704**	**1372853**
农副食品加工业	3423	3377	46	114220	42473
谷物磨制	1136	1126	10	29095	7776
饲料加工	324	319	5	26330	6852
植物油加工	320	315	5	10241	4231
制糖业	14	14		241	107
屠宰及肉类加工	430	412	18	19373	7512
水产品加工	51	51		3081	2160
蔬菜、菌类、水果和坚果加工	348	344	4	8884	5363
其他农副食品加工	800	796	4	16975	8472
食品制造业	1435	1413	22	54714	29405
焙烤食品制造	253	245	8	11180	6374
糖果、巧克力及蜜饯制造	68	67	1	3536	2129
方便食品制造	272	271	1	10752	5865
乳制品制造	30	27	3	3727	1729
罐头食品制造	66	65	1	4223	2799
调味品、发酵制品制造	99	99		2125	1073
其他食品制造	647	639	8	19171	9436
酒、饮料和精制茶制造业	1170	1140	30	37536	16455
酒的制造	303	295	8	11636	4732
饮料制造	481	472	9	15556	7038
精制茶加工	386	373	13	10344	4685
烟草制品业	7	6	1	5812	2106
烟叶复烤	2	2		650	384
卷烟制造	4	3	1	5144	1717
其他烟草制品制造	1	1		18	5
纺织业	2209	2202	7	113439	73002
棉纺织及印染精加工	1230	1226	4	70741	45783
毛纺织及染整精加工	36	35	1	766	420
麻纺织及染整精加工	88	88		4849	3053
丝绢纺织及印染精加工	43	43		3439	2428
化纤织造及印染精加工	65	65		4649	3053
针织或钩针编织物及其制品制造	318	317	1	13627	9315
家用纺织制成品制造	256	256		7067	4465
产业用纺织制成品制造	173	172	1	8301	4485
纺织服装、服饰业	6029	6014	15	260224	189300
机织服装制造	2344	2338	6	129564	90946

2-03 续表 2

行业中类	企业法人单位数（个）	单产业法人单位	多产业法人单位	企业从业人员数（人）	#女性
针织或钩针编织服装制造	741	739	2	57674	44732
服饰制造	2944	2937	7	72986	53622
皮革、毛皮、羽毛及其制品和制鞋业	1857	1842	15	127833	92438
皮革鞣制加工	81	80	1	3481	1695
皮革制品制造	666	664	2	29952	20234
毛皮鞣制及制品加工	49	49		1201	874
羽毛(绒)加工及制品制造	100	99	1	5243	2757
制鞋业	961	950	11	87956	66878
木材加工和木、竹、藤、棕、草制品业	2980	2953	27	71638	28482
木材加工	1208	1194	14	19667	6679
人造板制造	293	291	2	15291	5919
木质制品制造	523	521	2	11953	4344
竹、藤、棕、草等制品制造	956	947	9	24727	11540
家具制造业	3797	3435	362	123852	39740
木质家具制造	3125	2772	353	111772	35413
竹、藤家具制造	32	32		636	266
金属家具制造	237	235	2	3782	1398
塑料家具制造	12	12		140	64
其他家具制造	391	384	7	7522	2599
造纸和纸制品业	1106	1103	3	40038	16149
纸浆制造	10	10		150	55
造纸	282	281	1	18819	6652
纸制品制造	814	812	2	21069	9442
印刷和记录媒介复制业	1287	1275	12	34648	16210
印刷	1143	1135	8	33218	15518
装订及印刷相关服务	142	138	4	1419	688
记录媒介复制	2	2		11	4
文教、工美、体育和娱乐用品制造业	1805	1795	10	81674	48317
文教办公用品制造	341	338	3	9191	5511
乐器制造	25	25		338	165
工艺美术及礼仪用品制造	1062	1057	5	36832	20583
体育用品制造	166	164	2	15624	8887
玩具制造	179	179		17844	12670
游艺器材及娱乐用品制造	32	32		1845	501
石油、煤炭及其他燃料加工业	304	304		18239	4575
精炼石油产品制造	47	47		4089	857
煤炭加工	133	133		11649	3053
核燃料加工	3	3			
生物质燃料加工	121	121		2501	665
化学原料和化学制品制造业	3613	3558	55	213652	92574
基础化学原料制造	542	541	1	36581	8826
肥料制造	222	220	2	6868	1557
农药制造	69	69		4593	1554
涂料、油墨、颜料及类似产品制造	467	465	2	14194	4240
合成材料制造	198	198		6226	1930
专用化学产品制造	827	825	2	38755	11945
炸药、火工及焰火产品制造	944	897	47	94063	56436
日用化学产品制造	344	343	1	12372	6086

2-03 续表 3

行业中类	企业法人单位数(个)	单产业法人单位	多产业法人单位	企业从业人员数(人)	#女性
医药制造业	1101	1087	14	102010	48823
化学药品原料药制造	160	159	1	21221	6332
化学药品制剂制造	97	96	1	14541	6441
中药饮片加工	162	160	2	8738	4784
中成药生产	168	162	6	33164	17777
兽用药品制造	75	74	1	3548	1638
生物药品制品制造	84	84		8184	3874
卫生材料及医药用品制造	340	337	3	10635	6750
药用辅料及包装材料	15	15		1979	1227
化学纤维制造业	78	78		6349	2594
纤维素纤维原料及纤维制造	17	17		3821	1358
合成纤维制造	50	50		2415	1204
生物基材料制造	11	11		113	32
橡胶和塑料制品业	2077	2071	6	73709	32807
橡胶制品业	292	292		13210	5340
塑料制品业	1785	1779	6	60499	27467
非金属矿物制品业	8813	8751	62	335501	116835
水泥、石灰和石膏制造	548	535	13	31658	8140
石膏、水泥制品及类似制品制造	1418	1401	17	47949	10653
砖瓦、石材等建筑材料制造	3261	3253	8	61402	17022
玻璃制造	164	162	2	8183	2778
玻璃制品制造	351	351		15447	6171
玻璃纤维和玻璃纤维增强塑料制品制造	134	134		12637	5216
陶瓷制品制造	2023	2011	12	138287	61082
耐火材料制品制造	125	122	3	3654	1026
石墨及其他非金属矿物制品制造	789	782	7	16284	4747
黑色金属冶炼和压延加工业	295	291	4	52623	12592
炼铁	15	14	1	896	245
炼钢	5	5		417	74
钢压延加工	252	249	3	50214	11792
铁合金冶炼	23	23		1096	481
有色金属冶炼和压延加工业	1180	1175	5	121506	31085
常用有色金属冶炼	182	181	1	44846	8360
贵金属冶炼	21	21		1431	501
稀有稀土金属冶炼	168	167	1	16329	5102
有色金属合金制造	168	167	1	5986	1695
有色金属压延加工	641	639	2	52914	15427
金属制品业	3389	3374	15	88237	27886
结构性金属制品制造	1611	1601	10	34439	9110
金属工具制造	203	203		5944	2264
集装箱及金属包装容器制造	73	73		2201	859
金属丝绳及其制品制造	66	66		3431	844
建筑、安全用金属制品制造	403	400	3	16749	5983
金属表面处理及热处理加工	122	122		2637	963
搪瓷制品制造	23	23		493	233
金属制日用品制造	192	192		6954	2855
铸造及其他金属制品制造	696	694	2	15389	4775

2-03 续表 4

行业中类	企业法人单位数(个)	单产业法人单位	多产业法人单位	企业从业人员数(人)	#女性
通用设备制造业	2355	2340	15	89742	27956
锅炉及原动设备制造	77	77		2744	779
金属加工机械制造	404	401	3	9230	2371
物料搬运设备制造	79	79		4801	974
泵、阀门、压缩机及类似机械制造	234	232	2	23762	6527
轴承、齿轮和传动部件制造	123	123		6234	1918
烘炉、风机、包装等设备制造	247	246	1	8411	2863
文化、办公用机械制造	34	33	1	6040	3134
通用零部件制造	848	842	6	22550	7461
其他通用设备制造业	309	307	2	5970	1929
专用设备制造业	2411	2405	6	79385	33845
采矿、冶金、建筑专用设备制造	302	300	2	11090	2694
化工、木材、非金属加工专用设备制造	360	360		9299	3046
食品、饮料、烟草及饲料生产专用设备制造	35	35		1218	378
印刷、制药、日化及日用品生产专用设备制造	95	95		3850	1652
纺织、服装和皮革加工专用设备制造	72	72		2741	773
电子和电工机械专用设备制造	148	148		6286	2752
农、林、牧、渔专用机械制造	224	223	1	4413	1176
医疗仪器设备及器械制造	542	541	1	27202	17322
环保、邮政、社会公共服务及其他专用设备制造	633	631	2	13286	4052
汽车制造业	1076	1071	5	119448	34716
汽车整车制造	49	48	1	57391	11842
汽车用发动机制造	4	4		632	216
改装汽车制造	17	17		1266	276
低速汽车制造	1	1			
电车制造	7	7		126	21
汽车车身、挂车制造	40	39	1	3006	1112
汽车零部件及配件制造	958	955	3	57027	21249
铁路、船舶、航空航天和其他运输设备制造业	467	464	3	20739	3597
铁路运输设备制造	25	25		1081	179
城市轨道交通设备制造	5	5		214	37
船舶及相关装置制造	310	307	3	14941	2054
航空、航天器及设备制造	49	49		1208	273
摩托车制造	23	23		1485	489
自行车和残疾人座车制造	7	7		173	52
助动车制造	34	34		928	349
非公路休闲车及零配件制造	6	6		348	98
潜水救捞及其他未列明运输设备制造	8	8		361	66
电气机械和器材制造业	2630	2602	28	206007	96879
电机制造	138	136	2	19031	8154
输配电及控制设备制造	906	890	16	66789	32148
电线、电缆、光缆及电工器材制造	408	404	4	27456	12592
电池制造	262	260	2	39318	16110
家用电力器具制造	163	161	2	12071	5418
非电力家用器具制造	65	65		486	172
照明器具制造	540	538	2	37327	20645
其他电气机械及器材制造	148	148		3529	1640

2-03　续表 5

行业中类	企业法人单位数（个）	单产业法人单位	多产业法人单位	企业从业人员数（人）	#女性
计算机、通信和其他电子设备制造业	2618	2592	26	326106	182014
计算机制造	143	141	2	26591	17129
通信设备制造	169	167	2	19784	11844
广播电视设备制造	47	47		10949	9285
雷达及配套设备制造	4	4		75	32
非专业视听设备制造	116	115	1	20608	13811
智能消费设备制造	108	107	1	12521	7425
电子器件制造	404	399	5	99690	45653
电子元件及电子专用材料制造	1282	1270	12	110497	61876
其他电子设备制造	345	342	3	25391	14959
仪器仪表制造业	516	515	1	24009	11555
通用仪器仪表制造	201	201		7735	3492
专用仪器仪表制造	70	69	1	2888	1342
钟表与计时仪器制造	21	21		722	326
光学仪器制造	180	180		11244	5764
衡器制造	11	11		675	342
其他仪器仪表制造业	33	33		745	289
其他制造业	1277	1273	4	24267	12387
日用杂品制造	223	221	2	9241	6538
核辐射加工	1	1		6	2
其他未列明制造业	1053	1051	2	15020	5847
废弃资源综合利用业	554	551	3	15385	4396
金属废料和碎屑加工处理	271	269	2	9301	2277
非金属废料和碎屑加工处理	283	282	1	6084	2119
金属制品、机械和设备修理业	623	621	2	5162	1660
金属制品修理	13	13		71	16
通用设备修理	54	54		416	111
专用设备修理	97	97		568	179
铁路、船舶、航空航天等运输设备修理	61	60	1	906	219
电气设备修理	33	32	1	245	67
仪器仪表修理	3	3		26	11
其他机械和设备修理业	362	362		2930	1057
电力、热力、燃气及水生产和供应业	**5134**	**5023**	**111**	**132319**	**38630**
电力、热力生产和供应业	3999	3932	67	96399	25034
电力生产	3726	3666	60	39546	10183
电力供应	206	201	5	55139	14451
热力生产和供应	67	65	2	1714	400
燃气生产和供应业	211	194	17	8807	3022
燃气生产和供应业	197	180	17	8612	2970
生物质燃气生产和供应业	14	14		195	52
水的生产和供应业	924	897	27	27113	10574
自来水生产和供应	746	722	24	24299	9635
污水处理及其再生利用	161	159	2	2664	866
海水淡化处理					
其他水的处理、利用与分配	17	16	1	150	73
建筑业	**27568**	**26214**	**1354**	**1685981**	**272607**

2-03 续表 6

行业中类	企业法人单位数(个)	单产业法人单位	多产业法人单位	企业从业人员数(人)	#女性
房屋建筑业	8024	7247	777	1162484	172157
住宅房屋建筑	6975	6242	733	1106126	161397
体育场馆建筑	24	17	7	16413	3189
其他房屋建筑业	1025	988	37	39945	7571
土木工程建筑业	6026	5625	401	335534	58033
铁路、道路、隧道和桥梁工程建筑	2649	2381	268	228480	37270
水利和水运工程建筑	421	359	62	34745	5889
海洋工程建筑					
工矿工程建筑	79	74	5	4344	768
架线和管道工程建筑	269	262	7	12493	1976
节能环保工程施工	117	115	2	1139	374
电力工程施工	180	173	7	8393	1666
其他土木工程建筑	2311	2261	50	45940	10090
建筑安装业	3376	3311	65	55717	10609
电气安装	767	748	19	13074	3455
管道和设备安装	593	589	4	6394	1545
其他建筑安装业	2016	1974	42	36249	5609
建筑装饰、装修和其他建筑业	10142	10031	111	132246	31808
建筑装饰和装修业	7295	7216	79	76960	19172
建筑物拆除和场地准备活动	330	323	7	3639	780
提供施工设备服务	106	105	1	1672	342
其他未列明建筑业	2411	2387	24	49975	11514
批发和零售业	**115170**	**113714**	**1456**	**888496**	**392461**
批发业	58953	58442	511	459103	177303
农、林、牧、渔产品批发	2722	2677	45	25493	9077
食品、饮料及烟草制品批发	5231	5154	77	55032	23576
纺织、服装及家庭用品批发	6058	6007	51	44146	22717
文化、体育用品及器材批发	1471	1454	17	9179	4169
医药及医疗器材批发	4368	4330	38	61154	26794
矿产品、建材及化工产品批发	19780	19598	182	142832	46145
机械设备、五金产品及电子产品批发	8576	8520	56	56703	20884
贸易经纪与代理	4835	4826	9	27941	10783
其他批发业	5912	5876	36	36623	13158
零售业	56217	55272	945	429393	215158
综合零售	6393	6221	172	83710	54677
食品、饮料及烟草制品专门零售	4587	4513	74	35472	16871
纺织、服装及日用品专门零售	5028	4950	78	31925	18400
文化、体育用品及器材专门零售	2916	2896	20	23500	11321
医药及医疗器材专门零售	5416	5147	269	38970	24568
汽车、摩托车、零配件和燃料及其他动力销售	9024	8856	168	83619	34341
家用电器及电子产品专门零售	5501	5429	72	37939	17826
五金、家具及室内装饰材料专门零售	8219	8188	31	45547	17092
货摊、无店铺及其他零售业	9133	9072	61	48711	20062
交通运输、仓储和邮政业	**17020**	**16605**	**415**	**394400**	**80925**
铁路运输业	6	5	1	198	32
铁路旅客运输	5	4	1		
铁路货物运输	1	1		198	32
铁路运输辅助活动					

2-03　续表 7

行业中类	企业法人单位数（个）	单产业法人单位	多产业法人单位	企业从业人员数（人）	#女性
道路运输业	14101	13908	193	322727	58181
城市公共交通运输	271	257	14	28248	6848
公路旅客运输	328	278	50	22835	7184
道路货物运输	13003	12883	120	248175	34467
道路运输辅助活动	499	490	9	23469	9682
水上运输业	262	258	4	8596	1824
水上旅客运输	24	24		511	136
水上货物运输	190	188	2	6388	1229
水上运输辅助活动	48	46	2	1697	459
航空运输业	25	23	2	4574	1584
航空客货运输	7	7		868	300
通用航空服务	12	11	1	155	41
航空运输辅助活动	6	5	1	3551	1243
管道运输业	4	4		264	67
海底管道运输	1	1		13	2
陆地管道运输	3	3		251	65
多式联运和运输代理业	424	417	7	3981	1305
多式联运	1	1		122	6
运输代理业	423	416	7	3859	1299
装卸搬运和仓储业	1365	1319	46	21983	5443
装卸搬运	708	705	3	9923	1935
通用仓储	90	86	4	1743	506
低温仓储	24	24		957	267
危险品仓储	7	7		66	14
谷物、棉花等农产品仓储	373	337	36	7207	2045
中药材仓储	3	3		14	2
其他仓储业	160	157	3	2073	674
邮政业	833	671	162	32077	12489
邮政基本服务	53	42	11	13354	7417
快递服务	777	626	151	18669	5066
其他寄递服务	3	3		54	6
住宿和餐饮业	**6632**	**6407**	**225**	**124252**	**79751**
住宿业	2688	2601	87	64389	42953
旅游饭店	817	775	42	34846	22840
一般旅馆	1514	1477	37	23645	16156
民宿服务	68	67	1	479	289
露营地服务	2	2		9	6
其他住宿业	287	280	7	5410	3662
餐饮业	3944	3806	138	59863	36798
正餐服务	3322	3213	109	52686	32332
快餐服务	126	115	11	3366	2401
饮料及冷饮服务	89	79	10	745	445
餐饮配送及外卖送餐服务	125	121	4	994	436
其他餐饮业	282	278	4	2072	1184
信息传输、软件和信息技术服务业	**15112**	**15017**	**95**	**147234**	**55853**
电信、广播电视和卫星传输服务	401	357	44	40171	15785

2-03 续表 8

行业中类	企业法人单位数(个)	单产业法人单位	多产业法人单位	企业从业人员数(人)	#女性
电信	342	300	42	32682	13562
广播电视传输服务	56	54	2	7466	2216
卫星传输服务	3	3		23	7
互联网和相关服务	2281	2271	10	17091	6844
互联网接入及相关服务	248	248		1139	375
互联网信息服务	1172	1168	4	8515	3444
互联网平台	125	124	1	2457	1281
互联网安全服务	11	11		123	19
互联网数据服务	29	28	1	594	158
其他互联网服务	696	692	4	4263	1567
软件和信息技术服务业	12430	12389	41	89972	33224
软件开发	6273	6250	23	44741	15775
集成电路设计	45	45		490	196
信息系统集成和物联网技术服务	760	756	4	7468	2567
运行维护服务	63	61	2	2544	496
信息处理和存储支持服务	64	64		737	353
信息技术咨询服务	3982	3972	10	23548	9064
数字内容服务	203	202	1	1452	504
其他信息技术服务业	1040	1039	1	8992	4269
金融业	**1618**	**1080**	**538**	**6567**	**2588**
货币金融服务	706	434	272	2797	1122
中央银行服务					
货币银行服务	363	95	268	94	45
非货币银行服务	343	339	4	2703	1077
银行理财服务					
银行监管服务					
资本市场服务	354	346	8	1876	698
证券市场服务	4	2	2	125	58
公开募集证券投资基金	1	1			
非公开募集证券投资基金	140	136	4		
期货市场服务	2	1	1		
证券期货监管服务					
资本投资服务	143	142	1	1284	473
其他资本市场服务	64	64		467	167
保险业	387	139	248	133	54
人身保险	163	33	130		
财产保险	165	54	111		
再保险					
商业养老金	7	7			
保险中介服务	23	16	7		
保险资产管理					
保险监管服务					
其他保险活动	29	29		133	54
其他金融业	171	161	10	1761	714
金融信托与管理服务	21	21		187	71
控股公司服务	9	7	2	102	41
非金融机构支付服务	2	1	1		

2-03　续表 9

行业中类	企业法人单位数(个)	单产业法人单位	多产业法人单位	企业从业人员数(人)	#女性
金融信息服务	53	50	3	636	268
金融资产管理公司	1	1			
其他未列明金融业	85	81	4	836	334
房地产业	**13463**	**12858**	**605**	**244990**	**100080**
房地产业	13463	12858	605	244990	100080
房地产开发经营	5135	4854	281	114278	43146
物业管理	3962	3857	105	83604	35767
房地产中介服务	3313	3119	194	33458	15932
房地产租赁经营	822	799	23	11421	4364
其他房地产业	231	229	2	2229	871
租赁和商务服务业	**46838**	**46410**	**428**	**419442**	**141866**
租赁业	4528	4511	17	37076	9273
机械设备经营租赁	4448	4432	16	36559	9053
文体设备和用品出租	74	73	1	476	206
日用品出租	6	6		41	14
商务服务业	42310	41899	411	382366	132593
组织管理服务	8941	8877	64	65508	22419
综合管理服务	712	705	7	8140	3857
法律服务	232	230	2	1911	683
咨询与调查	13427	13325	102	84180	36444
广告业	8131	8103	28	55934	21113
人力资源服务	4045	4007	38	87691	23881
安全保护服务	549	526	23	32875	3842
会议、展览及相关服务	910	908	2	6022	2341
其他商务服务业	5363	5218	145	40105	18013
科学研究和技术服务业	**14113**	**13869**	**244**	**140479**	**43081**
研究和试验发展	1035	1030	5	7340	2646
自然科学研究和试验发展	39	38	1	373	162
工程和技术研究和试验发展	513	511	2	3722	1186
农业科学研究和试验发展	102	101	1	978	374
医学研究和试验发展	370	369	1	2189	896
社会人文科学研究	11	11		78	28
专业技术服务业	8648	8436	212	102712	29230
气象服务	33	30	3	207	69
地震服务	3	3		19	6
海洋服务					
测绘地理信息服务	416	400	16	4130	1125
质检技术服务	875	858	17	11786	3995
环境与生态监测检测服务	217	212	5	2626	1074
地质勘查	204	198	6	3347	681
工程技术与设计服务	4768	4613	155	65342	17234
工业与专业设计及其他专业技术服务	2132	2122	10	15255	5046
科技推广和应用服务业	4430	4403	27	30427	11205
技术推广服务	3309	3291	18	22844	8325
知识产权服务	217	214	3	1312	558
科技中介服务	181	178	3	1307	499
创业空间服务	49	49		514	225
其他科技推广服务业	674	671	3	4450	1598

2-03 续表 10

行业中类	企业法人单位数(个)	单产业法人单位	多产业法人单位	企业从业人员数(人)	#女性
水利、环境和公共设施管理业	**2380**	**2345**	**35**	**51855**	**21974**
水利管理业	101	100	1	761	211
防洪除涝设施管理	8	8		34	9
水资源管理	39	39		284	65
天然水收集与分配	3	3		3	1
水文服务	4	4		25	14
其他水利管理业	47	46	1	415	122
生态保护和环境治理业	339	336	3	3642	1114
生态保护	37	36	1	389	153
环境治理业	302	300	2	3253	961
公共设施管理业	1842	1813	29	46330	20345
市政设施管理	222	219	3	2225	738
环境卫生管理	329	325	4	21987	10011
城乡市容管理	42	41	1	307	114
绿化管理	640	634	6	7075	2981
城市公园管理	14	14		285	126
游览景区管理	595	580	15	14451	6375
土地管理业	98	96	2	1122	304
土地整治服务	38	36	2	465	90
土地调查评估服务	16	16		103	36
土地登记服务	3	3		9	4
土地登记代理服务	6	6		68	20
其他土地管理服务	35	35		477	154
居民服务、修理和其他服务业	**7714**	**7632**	**82**	**73877**	**35825**
居民服务业	2879	2843	36	29290	17741
家庭服务	833	827	6	11053	7906
托儿所服务	16	16		70	45
洗染服务	124	123	1	1341	755
理发及美容服务	431	415	16	3786	2577
洗浴和保健养生服务	408	404	4	4537	2921
摄影扩印服务	231	229	2	1415	706
婚姻服务	230	227	3	1333	690
殡葬服务	118	118		1550	443
其他居民服务业	488	484	4	4205	1698
机动车、电子产品和日用产品修理业	3205	3169	36	23242	6315
汽车、摩托车等修理与维护	2603	2571	32	20188	5264
计算机和办公设备维修	286	282	4	1284	443
家用电器修理	252	252		1436	494
其他日用产品修理业	64	64		334	114
其他服务业	1630	1620	10	21345	11769
清洁服务	1156	1149	7	18208	10427
宠物服务	26	26		127	70
其他未列明服务业	448	445	3	3010	1272
教育	**3553**	**3479**	**74**	**37173**	**18614**
教育	3553	3479	74	37173	18614
学前教育	422	421	1	4214	3831

2-03 续表 11

行业中类	企业法人单位数(个)	单产业法人单位	多产业法人单位	企业从业人员数(人)	#女性
初等教育	32	30	2	363	256
中等教育	12	12		1215	510
高等教育					
特殊教育					
技能培训、教育辅助及其他教育	3087	3016	71	31381	14017
卫生和社会工作	**1099**	**1085**	**14**	**31931**	**21001**
卫生	890	881	9	29852	19653
医院	288	287	1	21763	14462
基层医疗卫生服务	474	467	7	3786	2349
专业公共卫生服务	40	39	1	1050	746
其他卫生活动	88	88		3253	2096
社会工作	209	204	5	2079	1348
提供住宿社会工作	187	182	5	1916	1246
不提供住宿社会工作	22	22		163	102
文化、体育和娱乐业	**9089**	**8999**	**90**	**73909**	**34983**
新闻和出版业	83	82	1	2268	1114
新闻业	7	7		50	20
出版业	76	75	1	2218	1094
广播、电视、电影和录音制作业	757	746	11	9037	4720
广播	24	24		477	288
电视	7	7		65	31
影视节目制作	310	310		2053	922
广播电视集成播控					
电影和广播电视节目发行	18	18		268	98
电影放映	357	346	11	6038	3328
录音制作	41	41		136	53
文化艺术业	2304	2292	12	18654	8681
文艺创作与表演	750	745	5	8419	4235
艺术表演场馆	15	15		305	138
图书馆与档案馆	45	45		374	214
文物及非物质文化遗产保护	31	31		359	96
博物馆	7	7		56	15
烈士陵园、纪念馆	1	1		4	2
群众文体活动	185	183	2	1192	573
其他文化艺术业	1270	1265	5	7945	3408
体育	637	618	19	5945	2405
体育组织	124	122	2	632	199
体育场地设施管理	46	46		727	292
健身休闲活动	438	421	17	4404	1837
其他体育	29	29		182	77
娱乐业	5308	5261	47	38005	18063
室内娱乐活动	3547	3512	35	20300	9803
游乐园	105	105		2671	1316
休闲观光活动	529	524	5	7607	3563
彩票活动	10	10		41	16
文化体育娱乐活动与经纪代理服务	1049	1043	6	6559	2979
其他娱乐业	68	67	1	827	386

2-04 按行业(大类)、地区

行业大类	企业法人单位数(个)	南昌市	景德镇市	萍乡市
总 计	**354445**	**62137**	**11366**	**9308**
农、林、牧、渔业	**2462**	**190**	**50**	**37**
农业	11	2		
林业	5	1		1
畜牧业	2			
渔业	1			
农、林、牧、渔专业及辅助性活动	2443	187	50	36
采矿业	**2998**	**35**	**55**	**128**
煤炭开采和洗选业	242		3	61
石油和天然气开采业	2			
黑色金属矿采选业	264			6
有色金属矿采选业	411	1	7	
非金属矿采选业	1811	28	43	58
开采专业及辅助性活动	33	1		1
其他采矿业	235	5	2	2
制造业	**62482**	**8450**	**2730**	**2158**
农副食品加工业	3423	557	91	54
食品制造业	1435	322	28	23
酒、饮料和精制茶制造业	1170	106	73	36
烟草制品业	7	1		
纺织业	2209	262	19	14
纺织服装、服饰业	6029	1053	56	50
皮革、毛皮、羽毛及其制品和制鞋业	1857	62	10	87
木材加工和木、竹、藤、棕、草制品业	2980	157	45	34
家具制造业	3797	226	30	25
造纸和纸制品业	1106	153	45	56
印刷和记录媒介复制业	1287	316	46	63
文教、工美、体育和娱乐用品制造业	1805	280	21	32
石油、煤炭及其他燃料加工业	304	12	9	12
化学原料和化学制品制造业	3613	322	105	527
医药制造业	1101	198	22	11
化学纤维制造业	78	5	2	4
橡胶和塑料制品业	2077	377	47	57
非金属矿物制品业	8813	732	1487	554
黑色金属冶炼和压延加工业	295	33	2	8
有色金属冶炼和压延加工业	1180	118	5	11

分组的企业法人单位数

九江市	新余市	鹰潭市	赣州市	吉安市	宜春市	抚州市	上饶市
41595	**25165**	**12676**	**61090**	**30133**	**36794**	**21182**	**42999**
387	**168**	**220**	**460**	**323**	**204**	**219**	**204**
3	2	1	1			1	1
			2		1		
				1		1	
							1
384	166	219	457	322	203	217	202
376	**321**	**57**	**684**	**272**	**469**	**208**	**393**
5	56		23	17	58	1	18
							2
20	133	2	26	32	19	11	15
48	12	4	233	16	14	15	61
265	105	41	351	193	335	161	231
3	2	2	10	4	5	4	1
35	13	8	41	10	38	16	65
8013	**2914**	**1873**	**10781**	**6326**	**7754**	**4489**	**6994**
283	88	85	521	509	540	284	411
124	55	54	212	149	234	99	135
135	36	24	157	171	144	94	194
	2		2	1			1
457	129	93	159	165	448	137	326
1383	179	139	1455	357	366	325	666
199	123	44	274	447	310	96	205
286	85	87	479	540	574	347	346
223	51	36	2056	175	157	409	409
122	37	16	206	113	172	85	101
145	61	37	176	148	146	79	70
217	64	131	264	171	171	174	280
48	42	6	38	41	34	39	23
366	105	72	315	360	784	349	308
95	27	16	63	271	228	87	83
19	1	1	6	4	23	7	6
227	88	56	257	202	312	259	195
1222	334	146	1066	761	1172	530	809
33	113	5	33	11	23	7	27
91	36	124	345	72	123	68	187

2-04 续表 1

行业大类	企业法人单位数（个）	南昌市	景德镇市	萍乡市
金属制品业	3389	698	100	91
通用设备制造业	2355	514	83	89
专用设备制造业	2411	569	59	73
汽车制造业	1076	338	79	22
铁路、船舶、航空航天和其他运输设备制造业	467	40	38	4
电气机械和器材制造业	2630	354	61	87
计算机、通信和其他电子设备制造业	2618	294	61	64
仪器仪表制造业	516	84	9	3
其他制造业	1277	112	64	31
废弃资源综合利用业	554	31	14	30
金属制品、机械和设备修理业	623	124	19	6
电力、热力、燃气及水生产和供应业	**5134**	**150**	**93**	**236**
电力、热力生产和供应业	3999	66	69	183
燃气生产和供应业	211	24	5	11
水的生产和供应业	924	60	19	42
建筑业	**27568**	**5752**	**740**	**833**
房屋建筑业	8024	1385	172	243
土木工程建筑业	6026	1149	149	166
建筑安装业	3376	917	97	111
建筑装饰、装修和其他建筑业	10142	2301	322	313
批发和零售业	**115170**	**19768**	**3737**	**2712**
批发业	58953	13767	871	1573
零售业	56217	6001	2866	1139
交通运输、仓储和邮政业	**17020**	**1665**	**497**	**242**
铁路运输业	6	5		
道路运输业	14101	1127	411	177
水上运输业	262	35	3	
航空运输业	25	13	2	
管道运输业	4	1		
多式联运和运输代理业	424	106	7	8
装卸搬运和仓储业	1365	277	49	23
邮政业	833	101	25	34
住宿和餐饮业	**6632**	**1106**	**258**	**163**
住宿业	2688	479	119	56
餐饮业	3944	627	139	107
信息传输、软件和信息技术服务业	**15112**	**4173**	**271**	**336**
电信、广播电视和卫星传输服务	401	98	8	14
互联网和相关服务	2281	372	67	72
软件和信息技术服务业	12430	3703	196	250

九江市	新余市	鹰潭市	赣州市	吉安市	宜春市	抚州市	上饶市
411	252	106	498	230	363	200	440
364	216	106	215	137	243	102	286
245	173	150	341	214	264	105	218
116	65	22	69	48	50	114	153
291	9	6	14	15	16	7	27
360	172	128	438	291	304	169	266
191	176	77	733	520	178	123	201
58	26	21	42	38	34	13	188
161	99	32	200	68	176	107	227
38	40	39	88	52	96	44	82
103	30	14	59	45	69	30	124
674	**158**	**111**	**1235**	**680**	**568**	**574**	**655**
504	125	81	1024	586	433	458	470
30	13	7	23	19	26	22	31
140	20	23	188	75	109	94	154
2706	**1197**	**845**	**5943**	**2545**	**2046**	**1483**	**3478**
567	354	189	2108	858	678	455	1015
579	252	145	1563	501	332	366	824
424	203	108	442	295	243	115	421
1136	388	403	1830	891	793	547	1218
14330	**9245**	**3794**	**21822**	**8911**	**10474**	**6564**	**13813**
7712	5779	1737	9645	3610	5423	2902	5934
6618	3466	2057	12177	5301	5051	3662	7879
1514	**712**	**960**	**1716**	**1531**	**4760**	**1515**	**1908**
	1						
981	544	817	1389	1260	4494	1238	1663
117	6	5	8	30	12	23	23
2	1			4	1		2
		2					1
98	40	17	59	27	24	12	26
224	91	87	145	118	146	124	81
92	29	32	115	92	83	118	112
944	**222**	**277**	**1129**	**818**	**542**	**312**	**861**
379	68	103	399	326	207	146	406
565	154	174	730	492	335	166	455
1453	**934**	**474**	**2427**	**1063**	**1129**	**599**	**2253**
77	38	9	44	24	24	19	46
207	243	70	418	207	186	117	322
1169	653	395	1965	832	919	463	1885

2-04 续表 2

行业大类	企业法人单位数（个）	南昌市	景德镇市	萍乡市
金融业	**1618**	**404**	**65**	**63**
货币金融服务	706	127	19	38
资本市场服务	354	127	18	3
保险业	387	94	22	21
其他金融业	171	56	6	1
房地产业	**13463**	**2965**	**497**	**292**
房地产业	13463	2965	497	292
租赁和商务服务业	**46838**	**9671**	**949**	**1075**
租赁业	4528	931	114	103
商务服务业	42310	8740	835	972
科学研究和技术服务业	**14113**	**3418**	**364**	**304**
研究和试验发展	1035	281	11	15
专业技术服务业	8648	2041	269	223
科技推广和应用服务业	4430	1096	84	66
水利、环境和公共设施管理业	**2380**	**343**	**114**	**49**
水利管理业	101	14	2	3
生态保护和环境治理业	339	45	14	7
公共设施管理业	1842	268	94	37
土地管理业	98	16	4	2
居民服务、修理和其他服务业	**7714**	**1640**	**263**	**192**
居民服务业	2879	496	103	100
机动车、电子产品和日用产品修理业	3205	795	96	72
其他服务业	1630	349	64	20
教育	**3553**	**524**	**129**	**142**
教育	3553	524	129	142
卫生和社会工作	**1099**	**260**	**55**	**36**
卫生	890	234	36	28
社会工作	209	26	19	8
文化、体育和娱乐业	**9089**	**1623**	**499**	**310**
新闻和出版业	83	54	4	4
广播、电视、电影和录音制作业	757	174	25	43
文化艺术业	2304	312	234	107
体育	637	159	17	20
娱乐业	5308	924	219	136

九江市	新余市	鹰潭市	赣州市	吉安市	宜春市	抚州市	上饶市
150	**149**	**86**	**197**	**135**	**114**	**105**	**150**
77	32	37	92	84	56	63	81
22	87	23	34	10	6	9	15
36	28	19	36	32	39	24	36
15	2	7	35	9	13	9	18
1637	**540**	**405**	**2112**	**1236**	**1225**	**882**	**1672**
1637	540	405	2112	1236	1225	882	1672
4997	**6764**	**2211**	**6077**	**3218**	**4511**	**2075**	**5290**
511	183	249	746	300	265	264	862
4486	6581	1962	5331	2918	4246	1811	4428
1540	**772**	**417**	**2565**	**1063**	**1074**	**599**	**1997**
107	45	28	130	78	86	38	216
989	399	229	1676	562	624	367	1269
444	328	160	759	423	364	194	512
351	**108**	**111**	**377**	**189**	**197**	**153**	**388**
13	5	2	14	13	9	7	19
53	25	7	57	37	32	21	41
273	76	98	300	134	150	118	294
12	2	4	6	5	6	7	34
926	**379**	**282**	**1294**	**634**	**570**	**504**	**1030**
374	161	103	534	232	233	171	372
342	153	134	494	243	240	223	413
210	65	45	266	159	97	110	245
451	**132**	**147**	**614**	**428**	**325**	**255**	**406**
451	132	147	614	428	325	255	406
124	**37**	**29**	**199**	**43**	**92**	**60**	**164**
93	20	21	172	30	72	46	138
31	17	8	27	13	20	14	26
1022	**413**	**377**	**1458**	**718**	**740**	**586**	**1343**
4	6	1	3	1	3	2	1
73	33	24	125	63	58	43	96
355	106	102	399	176	109	133	271
90	29	27	117	54	23	37	64
500	239	223	814	424	547	371	911

2-05 按行业大类、地区分组的

行业大类	企业从业人员数（人）	南昌市	景德镇市	萍乡市
总　计	**7564854**	**1786711**	**231283**	**285342**
农、林、牧、渔业	**19743**	**1917**	**593**	**184**
农业				
林业				
畜牧业				
渔业				
农、林、牧、渔专业及辅助性活动	19743	1917	593	184
采矿业	**104502**	**424**	**4286**	**14579**
煤炭开采和洗选业	28180		2819	12386
石油和天然气开采业	5			
黑色金属矿采选业	5824			430
有色金属矿采选业	27741		229	
非金属矿采选业	40164	403	1215	1751
开采专业及辅助性活动	190			7
其他采矿业	2398	21	23	5
制造业	**2987704**	**464921**	**107960**	**158114**
农副食品加工业	114220	30387	1529	3388
食品制造业	54714	9371	1303	2661
酒、饮料和精制茶制造业	37536	6681	1868	890
烟草制品业	5812	5108		
纺织业	113439	10465	334	558
纺织服装、服饰业	260224	54460	2083	2543
皮革、毛皮、羽毛及其制品和制鞋业	127833	5917	336	8507
木材加工和木、竹、藤、棕、草制品业	71638	2610	665	529
家具制造业	123852	3009	707	211
造纸和纸制品业	40038	4898	1719	2016
印刷和记录媒介复制业	34648	7685	1225	2378
文教、工美、体育和娱乐用品制造业	81674	6245	361	678
石油、煤炭及其他燃料加工业	18239	177	9750	269
化学原料和化学制品制造业	213652	11881	9139	48863
医药制造业	102010	22291	5494	1538
化学纤维制造业	6349	142	67	99
橡胶和塑料制品业	73709	8704	1535	1559
非金属矿物制品业	335501	19845	39177	45874
黑色金属冶炼和压延加工业	52623	7299	44	8052
有色金属冶炼和压延加工业	121506	12107	88	255

注：分地区从业人员数不含数据处理地在“江西省直”的单位。

企业法人单位从业人员数

九江市	新余市	鹰潭市	赣州市	吉安市	宜春市	抚州市	上饶市
843726	**308756**	**217127**	**1035072**	**687039**	**889724**	**470863**	**754890**
3156	**1290**	**1440**	**3510**	**2305**	**1567**	**1380**	**2401**
3156	1290	1440	3510	2305	1567	1380	2401
12301	**6890**	**739**	**24114**	**6341**	**20829**	**3165**	**10834**
173	2099		379	749	9245	4	326
							5
559	3159	11	254	741	281	79	310
3660	473	451	14844	1072	2553	701	3758
7386	1018	228	8224	3724	7974	2217	6024
7	12	7	97	8	45	7	
516	129	42	316	47	731	157	411
387555	**100469**	**92714**	**459150**	**381600**	**406273**	**172910**	**256038**
9498	1834	1874	14586	18837	15533	7732	9022
4999	1128	1011	7202	6473	13265	3154	4147
5125	619	534	5061	4489	7130	1744	3395
	30		668				6
34898	4005	1460	6919	12636	18352	7963	15849
61877	3490	4846	56034	20015	14233	14988	25655
11928	1156	1962	21263	28076	31472	5721	11495
8651	1204	1809	11161	12778	17028	6827	8376
4555	770	352	90241	4705	3718	7061	8523
6666	644	183	6629	5776	4060	3685	3762
5287	1206	287	5109	3714	3917	1656	2184
15432	2340	2937	22736	10727	5902	5207	9109
3580	318	159	946	642	1072	811	515
23803	4999	3200	9202	22000	53255	15480	11830
10791	911	1907	4906	15520	27304	6503	4845
3838	25	6	133	19	1370	212	438
9534	2131	972	8765	8635	12982	13481	5411
45496	8147	4049	29859	29783	76103	14676	22492
7063	24926	60	1999	289	820	31	2040
8521	493	34602	26766	5467	10988	7559	14660

2-05 续表 1

行业大类	企业从业人员数（人）			
		南昌市	景德镇市	萍乡市
金属制品业	88237	18799	1571	1975
通用设备制造业	89742	15450	9960	5132
专用设备制造业	79385	23642	1665	3599
汽车制造业	119448	68636	7958	3554
铁路、船舶、航空航天和其他运输设备制造业	20739	1395	1788	68
电气机械和器材制造业	206007	22938	3058	5607
计算机、通信和其他电子设备制造业	326106	78929	3087	5371
仪器仪表制造业	24009	2017	131	9
其他制造业	24267	1730	893	760
废弃资源综合利用业	15385	1229	103	1137
金属制品、机械和设备修理业	5162	874	322	34
电力、热力、燃气及水生产和供应业	**132319**	**12087**	**3691**	**3805**
电力、热力生产和供应业	96399	2149	2034	2201
燃气生产和供应业	8807	2555	709	553
水的生产和供应业	27113	7383	948	1051
建筑业	**1685981**	**712750**	**19335**	**43098**
房屋建筑业	1162484	550484	9377	25495
土木工程建筑业	335534	97501	3935	8606
建筑安装业	55717	22202	2583	1772
建筑装饰、装修和其他建筑业	132246	42563	3440	7225
批发和零售业	**888496**	**174896**	**36644**	**20787**
批发业	459103	102341	9724	10875
零售业	429393	72555	26920	9912
交通运输、仓储和邮政业	**394400**	**69546**	**11240**	**7253**
铁路运输业	198			
道路运输业	322727	49269	9560	5758
水上运输业	8596	609	32	
航空运输业	4574	4285	51	
管道运输业	264	223		
多式联运和运输代理业	3981	1032	90	61
装卸搬运和仓储业	21983	5473	736	286
邮政业	32077	8655	771	1148
住宿和餐饮业	**124252**	**25345**	**5983**	**3231**
住宿业	64389	13365	3722	1271
餐饮业	59863	11980	2261	1960
信息传输、软件和信息技术服务业	**147234**	**52348**	**3425**	**4032**
电信、广播电视和卫星传输服务	40171	14563	1287	1328
互联网和相关服务	17091	4126	569	542
软件和信息技术服务业	89972	33659	1569	2162

九江市	新余市	鹰潭市	赣州市	吉安市	宜春市	抚州市	上饶市
15730	4479	1595	8340	5191	12148	5818	12591
12208	3959	4329	5132	6788	10670	2770	13344
7820	5600	5534	7133	6987	7698	4168	5539
7565	1649	678	3490	2898	1866	9291	11863
14600	113	40	258	494	480	545	958
24726	10338	12117	34478	28584	29927	13353	20881
12316	10953	3209	60872	115428	17918	9032	8991
4178	543	1889	909	998	2000	754	10581
4157	805	370	5689	2140	1683	1859	4181
1629	1380	571	2122	1290	2997	579	2348
1084	274	172	542	221	382	250	1007
11600	**3756**	**2159**	**11302**	**8608**	**8236**	**5594**	**10525**
6955	2746	1476	7191	6019	4772	3098	6802
1372	398	218	591	494	1067	298	552
3273	612	465	3520	2095	2397	2198	3171
108103	**48180**	**37693**	**146970**	**84023**	**117163**	**144448**	**224218**
65665	31543	26651	79974	56881	91491	96024	128899
25341	10086	6571	41157	18343	14571	41366	68057
5355	2872	1451	5210	2547	3885	1985	5855
11742	3679	3020	20629	6252	7216	5073	21407
135218	**51049**	**26101**	**158208**	**65170**	**100963**	**37358**	**82102**
75582	34290	13356	68304	27398	63459	18221	35553
59636	16759	12745	89904	37772	37504	19137	46549
29259	**10647**	**13557**	**34741**	**38311**	**117134**	**34831**	**26801**
	198						
18301	7885	10966	26365	31775	111143	29382	22323
3968	94	23	128	1259	687	1369	427
13	17			199			9
		31					10
1058	346	49	535	324	303	51	132
3577	1079	1340	2486	1790	2713	1372	1131
2342	1028	1148	5227	2964	2288	2657	2769
16784	**4194**	**4264**	**20619**	**13773**	**10906**	**5642**	**13511**
8108	1166	2661	9594	6790	5660	3196	8856
8676	3028	1603	11025	6983	5246	2446	4655
15517	**8527**	**3381**	**19082**	**9203**	**9256**	**5453**	**14725**
3455	1162	1124	4607	2939	2610	2043	2768
1649	1690	323	2587	1410	1031	834	2330
10413	5675	1934	11888	4854	5615	2576	9627

2-05 续表 2

行业大类	企业从业人员数(人)	南昌市	景德镇市	萍乡市
金融业	**6567**	**1725**	**164**	**139**
货币金融服务	2797	654	23	117
资本市场服务	1876	286	107	
保险业	133	29		
其他金融业	1761	756	34	22
房地产业	**244990**	**67938**	**8754**	**7318**
房地产业	244990	67938	8754	7318
租赁和商务服务业	**419442**	**107893**	**9693**	**9954**
租赁业	37076	8520	935	658
商务服务业	382366	99373	8758	9296
科学研究和技术服务业	**140479**	**44423**	**3866**	**3259**
研究和试验发展	7340	2062	84	55
专业技术服务业	102712	36642	3123	2674
科技推广和应用服务业	30427	5719	659	530
水利、环境和公共设施管理业	**51855**	**5303**	**5433**	**989**
水利管理业	761	177	56	14
生态保护和环境治理业	3642	652	164	68
公共设施管理业	46330	4318	5186	883
土地管理业	1122	156	27	24
居民服务、修理和其他服务业	**73877**	**16022**	**2617**	**2027**
居民服务业	29290	6081	978	1170
机动车、电子产品和日用产品修理业	23242	4860	888	458
其他服务业	21345	5081	751	399
教育	**37173**	**6429**	**1745**	**1820**
教育	37173	6429	1745	1820
卫生和社会工作	**31931**	**7672**	**1102**	**2784**
卫生	29852	7384	1010	2668
社会工作	2079	288	92	116
文化、体育和娱乐业	**73909**	**15072**	**4752**	**1969**
新闻和出版业	2268	1845	136	25
广播、电视、电影和录音制作业	9037	1942	389	342
文化艺术业	18654	2275	2266	300
体育	5945	1382	168	154
娱乐业	38005	7628	1793	1148

九江市	新余市	鹰潭市	赣州市	吉安市	宜春市	抚州市	上饶市
595	**942**	**399**	**997**	**487**	**340**	**402**	**377**
287	84	144	516	386	118	254	214
100	802	165	251	26	61	61	17
32	18	7	2	3	39		3
176	38	83	228	72	122	87	143
28029	**8377**	**5422**	**38381**	**17807**	**21910**	**16522**	**24532**
28029	8377	5422	38381	17807	21910	16522	24532
47724	**45048**	**17194**	**47129**	**26127**	**47614**	**20423**	**40643**
3696	1542	2903	4610	1731	2493	2015	7973
44028	43506	14291	42519	24396	45121	18408	32670
16775	**8171**	**3759**	**25833**	**8481**	**8709**	**4771**	**12432**
1219	468	148	1413	337	593	198	763
11683	4093	2412	18574	5401	5653	3441	9016
3873	3610	1199	5846	2743	2463	1132	2653
6193	**972**	**1945**	**11058**	**6404**	**2708**	**5276**	**5574**
56	38	12	106	84	43	37	138
463	153	36	596	367	262	482	399
5474	778	1804	10310	5860	2299	4657	4761
200	3	93	46	93	104	100	276
8523	**4266**	**1630**	**12658**	**7464**	**4507**	**4517**	**9646**
3718	1885	514	5959	2940	1419	1439	3187
2776	1632	841	3747	1966	1952	1572	2550
2029	749	275	2952	2558	1136	1506	3909
5629	**1057**	**1008**	**6154**	**4433**	**3343**	**2039**	**3516**
5629	1057	1008	6154	4433	3343	2039	3516
2200	**282**	**490**	**4235**	**850**	**2462**	**1895**	**7959**
1877	159	479	3803	680	2197	1810	7785
323	123	11	432	170	265	85	174
8565	**4639**	**3232**	**10931**	**5652**	**5804**	**4237**	**9056**
142	57	3	19	7	21	13	
928	608	224	1174	1225	656	691	858
2099	1145	1309	2882	1428	828	1523	2599
1235	375	297	984	408	293	213	436
4161	2454	1399	5872	2584	4006	1797	5163

2-06 按地区、登记注册

地　区	企业法人单位数(个)	内资企业	国有企业	集体企业	股份合作企业	联营企业	国有联营企业
全　省	**354445**	**352875**	**3529**	**2144**	**370**	**189**	**35**
南昌市	62137	61763	576	376	130	13	3
景德镇市	11366	11313	180	103	9	6	1
萍乡市	9308	9266	186	81	47	8	2
九江市	41595	41410	625	398	29	47	5
新余市	25165	25125	108	77	8	9	2
鹰潭市	12676	12635	135	65	5	4	
赣州市	61090	60720	280	227	43	27	4
吉安市	30133	29968	523	263	20	19	1
宜春市	36794	36663	271	155	22	24	10
抚州市	21182	21107	323	184	19	12	1
上饶市	42999	42905	322	215	38	20	6

2-06 续表

地　区	私营合伙企业	私营有限责任公司	私营股份有限公司	其他企业	港、澳、台商投资企业	合资经营企业(港或澳、台资)	合作经营企业(港或澳、台资)
全　省	**12192**	**244341**	**6377**	**17**	**939**	**248**	**17**
南昌市	235	42282	1241	2	201	85	3
景德镇市	131	7959	185		23	6	1
萍乡市	446	6141	161		26	5	
九江市	1595	29344	804	10	108	21	2
新余市	3751	16189	533		25	13	
鹰潭市	335	9330	212		24	9	1
赣州市	1624	42388	1262		259	41	5
吉安市	781	20773	416	1	103	21	1
宜春市	1802	26226	592	3	75	26	1
抚州市	745	13283	316		46	8	1
上饶市	747	30426	655	1	49	13	2

类型分组的企业法人单位数

集体联营企业	国有与集体联营企业	其他联营企业	有限责任公司	国有独资公司	其他有限责任公司	股份有限公司	私营企业	私营独资企业
80	**29**	**45**	**49487**	**1281**	**48206**	**7246**	**289893**	**26983**
6	2	2	14865	312	14553	1327	44474	716
2	2	1	2037	48	1989	223	8755	480
4		2	1022	22	1000	314	7608	860
29	5	8	4856	148	4708	601	34844	3101
5	1	1	3292	56	3236	447	21184	711
2	2		1713	44	1669	191	10522	645
11	4	8	6335	201	6134	1401	52407	7133
7	5	6	2697	88	2609	714	25731	3761
3	2	9	4331	114	4217	667	31190	2570
4	3	4	2896	111	2785	332	17341	2997
7	3	4	5443	137	5306	1029	35837	4009

港、澳、台商独资经营企业	港、澳、台商投资股份有限公司	其他港、澳、台商投资企业	外商投资企业	中外合资经营企业	中外合作经营企业	外资企业	外商投资股份有限公司	其他外商投资
621	**30**	**23**	**631**	**261**	**11**	**263**	**27**	**69**
100	9	4	173	85	5	63	10	10
14	2		30	13		12	3	2
17	3	1	16	6	2	4		4
80	3	2	77	32	2	34	2	7
10		2	15	7	1	5		2
14			17	4		8	2	3
200	6	7	111	33	1	54	4	19
78		3	62	29		29	2	2
44	2	2	56	19		32	1	4
32	5		29	14		8		7
32		2	45	19		14	3	9

2-07 按地区、登记注册类型

地区	企业从业人员数(人)	内资企业	国有企业	集体企业	股份合作企业	联营	国有联营企业	集体联营企业
全省	**7564854**	**7157772**	**184876**	**107233**	**13435**	**3440**	**1129**	**1170**
南昌市	1786711	1657927	57763	23107	4263	185	5	54
景德镇市	231283	224927	4988	4454	265	269	7	225
萍乡市	285342	277123	6632	6046	5258	513	494	15
九江市	843726	806375	17887	22230	382	802	23	285
新余市	308756	303455	2701	3479	151	121	65	45
鹰潭市	217127	213136	23587	1217	53	2		2
赣州市	1035072	954428	14407	8250	374	393	88	140
吉安市	687039	631665	18182	15829	141	149	63	34
宜春市	889724	836510	9283	5509	789	491	322	6
抚州市	470863	462268	15341	11244	878	73	26	22
上饶市	754890	735637	13025	5868	881	442	36	342

注：分地区从业人员数不含数据处理地在“江西省直”的单位。

2-07 续表

地区	私营合伙企业	私营有限责任公司	私营股份有限公司	其他企业	港澳台商投资企业	合资经营企业(港或澳、台资)	合作经营企业(港或澳、台资)	港澳台商独资企业
全省	**96614**	**3793207**	**213379**	**729**	**278945**	**94936**	**1652**	**176497**
南昌市	1504	644332	90844		90579	70293	555	18786
景德镇市	1448	111235	3392		2644	993	561	1007
萍乡市	10626	125033	4510		5469	934		3161
九江市	12985	483321	17086	24	22293	5026	11	17094
新余市	19487	162444	7554		2977	1450		1510
鹰潭市	2309	89935	2455		1504	378		1126
赣州市	14375	633484	19091		58310	6991	285	50183
吉安市	7000	388515	16042	2	40094	2891	3	35876
宜春市	15873	514558	20824	3	34122	5002	40	28763
抚州市	6416	206687	11267		5131	183	3	4498
上饶市	4591	433663	20314	700	15822	795	194	14493

分组的企业法人单位从业人员数

国有与集体联营企业	其他联营企业	有限责任公司	国有独资公司	其他有限责任公司	股份有限公司	私营企业	私营独资企业
775	**366**	**2169567**	**265203**	**1904364**	**349792**	**4328700**	**225500**
76	50	727772	111171	616601	102824	742013	5333
14	23	75420	6646	68774	18895	120636	4561
	4	71510	7149	64361	17106	170058	29889
444	50	186125	7100	179025	38744	540181	26789
	11	90527	24948	65579	12124	194352	4867
		82220	28288	53932	8181	97876	3177
119	46	181927	7803	174124	31934	717143	50193
21	31	113104	2117	110987	41788	442470	30913
42	121	209460	7808	201652	31017	579958	28703
	25	175943	2737	173206	16189	242600	18230
59	5	203234	8480	194754	30074	481413	22845

港澳台商投资股份有限公司	其他港澳台商投资企业	外商投资企业	中外合资经营企业	中外合作经营企业	外资企业	外商投资股份有限公司	其他外商投资
3295	**2565**	**128137**	**43494**	**3451**	**67794**	**5715**	**7683**
373	572	38205	15298	959	16270	331	5347
83		3712	654		923	1629	506
1371	3	2750	280	1065	1382		23
150	12	15058	5689	74	8733	530	32
	17	2324	771	3	1535		15
		2487	31		1383	462	611
717	134	22334	6546	1350	14146	69	223
	1324	15280	7966		5685	1302	327
154	163	19092	3501		15416		175
447		3464	1685		1441		338
	340	3431	1073		880	1392	86

2-08 按行业(大类)、登记注册

行业大类	企业法人单位数(个)	内资企业	国有企业	集体企业
总 计	**354445**	**352875**	**3529**	**2144**
农、林、牧、渔业	**2462**	**2458**	**92**	**35**
农业	11	11		
林业	5	5	2	1
畜牧业	2	2		
渔业	1	1		
农、林、牧、渔专业及辅助性活动	2443	2439	90	34
采矿业	**2998**	**2989**	**22**	**45**
煤炭开采和洗选业	242	242	9	23
石油和天然气开采业	2	2		
黑色金属矿采选业	264	264		1
有色金属矿采选业	411	407	7	7
非金属矿采选业	1811	1808	5	14
开采专业及辅助性活动	33	33		
其他采矿业	235	233	1	
制造业	**62482**	**61492**	**285**	**362**
农副食品加工业	3423	3386	51	15
食品制造业	1435	1410	12	3
酒、饮料和精制茶制造业	1170	1149	13	9
烟草制品业	7	7	1	
纺织业	2209	2177	7	13
纺织服装、服饰业	6029	5918	6	18
皮革、毛皮、羽毛及其制品和制鞋业	1857	1786	5	5
木材加工和木、竹、藤、棕、草制品业	2980	2969	33	21
家具制造业	3797	3788	3	4
造纸和纸制品业	1106	1091	9	8
印刷和记录媒介复制业	1287	1273	28	76
文教、工美、体育和娱乐用品制造业	1805	1748	4	11
石油、煤炭及其他燃料加工业	304	302	2	3
化学原料和化学制品制造业	3613	3535	5	15
医药制造业	1101	1078	5	
化学纤维制造业	78	72		
橡胶和塑料制品业	2077	2045	7	10
非金属矿物制品业	8813	8774	22	35
黑色金属冶炼和压延加工业	295	293		2
有色金属冶炼和压延加工业	1180	1163	4	2
金属制品业	3389	3354	9	20

类型分组的企业法人单位数

股份合作企业	联营企业				
		国有联营企业	集体联营企业	国有与集体联营企业	其他联营企业
370	**189**	**35**	**80**	**29**	**45**
2	**4**		**2**		**2**
2	4		2		2
9	**2**			**2**	
4					
	1			1	
2					
3	1			1	
135	**24**	**4**	**12**	**4**	**4**
10	3	1	1		1
1					
3	1	1			
	1		1		
6					
4	4		2	1	1
7	5	2	2	1	
3					
1					
19					
1					
5					
25	9		5	2	2
2					
13					

2-08 续表 1

行业大类	企业法人单位数(个)	内资企业	国有企业	集体企业
通用设备制造业	2355	2325	14	27
专用设备制造业	2411	2371	12	9
汽车制造业	1076	1054	3	6
铁路、船舶、航空航天和其他运输设备制造业	467	462	2	6
电气机械和器材制造业	2630	2539	9	12
计算机、通信和其他电子设备制造业	2618	2480	3	2
仪器仪表制造业	516	509	2	5
其他制造业	1277	1264	4	3
废弃资源综合利用业	554	553	1	5
金属制品、机械和设备修理业	623	617	9	17
电力、热力、燃气及水生产和供应业	**5134**	**5076**	**202**	**279**
电力、热力生产和供应业	3999	3978	122	224
燃气生产和供应业	211	192	3	
水的生产和供应业	924	906	77	55
建筑业	**27568**	**27542**	**119**	**202**
房屋建筑业	8024	8021	47	138
土木工程建筑业	6026	6018	46	34
建筑安装业	3376	3367	18	19
建筑装饰、装修和其他建筑业	10142	10136	8	11
批发和零售业	**115170**	**115035**	**864**	**648**
批发业	58953	58885	613	334
零售业	56217	56150	251	314
交通运输、仓储和邮政业	**17020**	**17011**	**410**	**118**
铁路运输业	6	6		
道路运输业	14101	14093	63	30
水上运输业	262	262	3	18
航空运输业	25	25	2	
管道运输业	4	4		
多式联运和运输代理业	424	424	5	4
装卸搬运和仓储业	1365	1364	291	66
邮政业	833	833	46	
住宿和餐饮业	**6632**	**6591**	**144**	**35**
住宿业	2688	2669	106	22
餐饮业	3944	3922	38	13
信息传输、软件和信息技术服务业	**15112**	**15082**	**71**	**4**
电信、广播电视和卫星传输服务	401	389	37	2
互联网和相关服务	2281	2279	4	
软件和信息技术服务业	12430	12414	30	2

股份合作企业	联营企业	国有联营企业	集体联营企业	国有与集体联营企业	其他联营企业
9					
6					
3					
1					
8					
1					
1					
3					
3	1		1		
31	**34**	**2**	**20**	**2**	**10**
29	24	1	16	1	6
2	10	1	4	1	4
12	**3**	**1**		**2**	
9	1			1	
1	2	1		1	
2					
79	**59**	**12**	**22**	**10**	**15**
47	29	5	12	6	6
32	30	7	10	4	9
4	**12**	**5**	**6**		**1**
1	3	1	2		
3	7	2	4		1
	2	2			
6	**6**	**2**	**3**		**1**
	5	2	3		
6	1				1
5	**1**			**1**	
2	1			1	
1					
2					

2-08 续表 2

行业大类	企业法人单位数(个)	内资企业	国有企业	集体企业
金融业	**1618**	**1577**	**91**	**12**
货币金融服务	706	689	42	12
资本市场服务	354	353	9	
保险业	387	366	35	
其他金融业	171	169	5	
房地产业	**13463**	**13332**	**232**	**127**
房地产业	13463	13332	232	127
租赁和商务服务业	**46838**	**46794**	**280**	**114**
租赁业	4528	4524	7	3
商务服务业	42310	42270	273	111
科学研究和技术服务业	**14113**	**14093**	**345**	**65**
研究和试验发展	1035	1032	16	1
专业技术服务业	8648	8644	271	40
科技推广和应用服务业	4430	4417	58	24
水利、环境和公共设施管理业	**2380**	**2369**	**63**	**18**
水利管理业	101	101	9	1
生态保护和环境治理业	339	335	11	2
公共设施管理业	1842	1835	29	14
土地管理业	98	98	14	1
居民服务、修理和其他服务业	**7714**	**7710**	**30**	**42**
居民服务业	2879	2875	11	15
机动车、电子产品和日用产品修理业	3205	3205	13	21
其他服务业	1630	1630	6	6
教育	**3553**	**3547**	**31**	**11**
教育	3553	3547	31	11
卫生和社会工作	**1099**	**1096**	**23**	**10**
卫生	890	887	17	8
社会工作	209	209	6	2
文化、体育和娱乐业	**9089**	**9081**	**225**	**17**
新闻和出版业	83	83	26	
广播、电视、电影和录音制作业	757	755	92	3
文化艺术业	2304	2303	103	9
体育	637	637	1	1
娱乐业	5308	5303	3	4

股份合作企　业	联营企业				
		国有联营企　业	集体联营企　业	国有与集体联营企业	其他联营企　业
7					
5					
2					
4	**6**	**2**	**4**		
4	6	2	4		
28	**14**	**4**	**3**	**5**	**2**
28	14	4	3	5	2
19	**11**	**2**	**4**	**3**	**2**
2	1		1		
16	8	2	2	2	2
1	2		1	1	
2	**2**		**1**		**1**
2	2		1		1
8	**3**	**1**	**2**		
1	1		1		
6	2	1	1		
1					
8	**2**				**2**
8	2				2
7	**3**		**1**		**2**
7	3		1		2
4	**3**				**3**
1					
1	1				1
1	1				1
1	1				1

2-08 续表 3

行业大类	有限责任公司	国有独资公司	其他有限责任公司	股份有限公司
总　计	**49487**	**1281**	**48206**	**7246**
农、林、牧、渔业	**239**	**8**	**231**	**39**
农业	1		1	1
林业	1		1	
畜牧业	1		1	
渔业				
农、林、牧、渔专业及辅助性活动	236	8	228	38
采矿业	**351**	**17**	**334**	**68**
煤炭开采和洗选业	25	5	20	6
石油和天然气开采业				
黑色金属矿采选业	39	1	38	3
有色金属矿采选业	67	4	63	12
非金属矿采选业	177	7	170	40
开采专业及辅助性活动	5		5	2
其他采矿业	38		38	5
制造业	**7935**	**94**	**7841**	**1044**
农副食品加工业	372	10	362	72
食品制造业	190	3	187	24
酒、饮料和精制茶制造业	124	4	120	25
烟草制品业	3	1	2	
纺织业	281	1	280	28
纺织服装、服饰业	693	7	686	68
皮革、毛皮、羽毛及其制品和制鞋业	187	1	186	24
木材加工和木、竹、藤、棕、草制品业	230	2	228	46
家具制造业	188		188	48
造纸和纸制品业	140	1	139	13
印刷和记录媒介复制业	167	4	163	22
文教、工美、体育和娱乐用品制造业	201	2	199	19
石油、煤炭及其他燃料加工业	31		31	8
化学原料和化学制品制造业	400	4	396	79
医药制造业	212	2	210	32
化学纤维制造业	16		16	3
橡胶和塑料制品业	274		274	31
非金属矿物制品业	1088	16	1072	150
黑色金属冶炼和压延加工业	37	1	36	8
有色金属冶炼和压延加工业	224	5	219	36
金属制品业	468	4	464	65

私营企业					其他企业
	私营独资企　业	私营合伙企　业	私营有限责任公司	私营股份有限公司	
289893	**26983**	**12192**	**244341**	**6377**	**17**
2047	**334**	**50**	**1613**	**50**	
9			9		
1			1		
1			1		
1			1		
2035	334	50	1601	50	
2492	**470**	**305**	**1636**	**81**	
175	39	70	59	7	
2			2		
220	20	16	176	8	
312	24	27	235	26	
1568	371	188	973	36	
26	2		24		
189	14	4	167	4	
51706	**6088**	**1498**	**43007**	**1113**	**1**
2863	675	155	1967	66	
1180	158	32	964	26	
974	164	50	735	25	
3	1		2		
1847	144	20	1645	38	
5127	670	133	4226	98	
1565	249	28	1271	17	
2630	668	128	1782	52	1
3545	167	41	3274	63	
921	105	25	772	19	
968	168	35	739	26	
1510	242	30	1216	22	
257	23	7	222	5	
3017	513	131	2293	80	
828	17	3	773	35	
53	1		51	1	
1718	150	36	1493	39	
7445	1046	412	5813	174	
246	15	8	214	9	
895	37	10	820	28	
2779	187	56	2491	45	

2-08 续表 4

行业大类	有限责任公司	国有独资公司	其他有限责任公司	股份有限公司
通用设备制造业	380	6	374	36
专用设备制造业	344	2	342	46
汽车制造业	256	6	250	20
铁路、船舶、航空航天和其他运输设备制造业	75	1	74	3
电气机械和器材制造业	460	6	454	56
计算机、通信和其他电子设备制造业	434	2	432	39
仪器仪表制造业	91	2	89	10
其他制造业	143	1	142	16
废弃资源综合利用业	98		98	8
金属制品、机械和设备修理业	128		128	9
电力、热力、燃气及水生产和供应业	**744**	**61**	**683**	**123**
电力、热力生产和供应业	497	40	457	91
燃气生产和供应业	80	4	76	7
水的生产和供应业	167	17	150	25
建筑业	**4655**	**106**	**4549**	**587**
房屋建筑业	1447	21	1426	188
土木工程建筑业	1249	58	1191	143
建筑安装业	519	13	506	64
建筑装饰、装修和其他建筑业	1440	14	1426	192
批发和零售业	**13723**	**102**	**13621**	**1902**
批发业	7435	65	7370	1034
零售业	6288	37	6251	868
交通运输、仓储和邮政业	**2060**	**58**	**2002**	**359**
铁路运输业	5		5	1
道路运输业	1638	33	1605	298
水上运输业	53	3	50	8
航空运输业	10	2	8	
管道运输业	1	1		
多式联运和运输代理业	83	1	82	8
装卸搬运和仓储业	167	17	150	17
邮政业	103	1	102	27
住宿和餐饮业	**1001**	**24**	**977**	**158**
住宿业	440	13	427	83
餐饮业	561	11	550	75
信息传输、软件和信息技术服务业	**2253**	**23**	**2230**	**318**
电信、广播电视和卫星传输服务	85	13	72	50
互联网和相关服务	285	2	283	49
软件和信息技术服务业	1883	8	1875	219

私营企业	私营独资企业	私营合伙企业	私营有限责任公司	私营股份有限公司	其他企业
1859	146	31	1651	31	
1954	110	21	1776	47	
766	22	3	726	15	
375	7	2	362	4	
1994	74	25	1834	61	
2001	141	18	1800	42	
400	16	3	372	9	
1095	93	31	958	13	
441	25	9	399	8	
450	54	15	366	15	
3662	**1108**	**1014**	**1467**	**73**	**1**
2990	874	949	1103	64	1
102	15	7	79	1	
570	219	58	285	8	
21964	**204**	**67**	**21127**	**566**	
6191	58	18	5910	205	
4543	47	6	4368	122	
2745	30	9	2646	60	
8485	69	34	8203	179	
97756	**11011**	**2667**	**81879**	**2199**	**4**
49389	4458	959	42614	1358	4
48367	6553	1708	39265	841	
14048	**454**	**61**	**13265**	**268**	
12060	370	45	11424	221	
180	3		171	6	
13			13		
3			3		
324	18	3	296	7	
813	54	11	731	17	
655	9	2	627	17	
5241	**776**	**455**	**3878**	**132**	
2013	325	184	1459	45	
3228	451	271	2419	87	
12430	**489**	**169**	**11560**	**212**	
212	23	6	178	5	
1940	135	23	1735	47	
10278	331	140	9647	160	

2-08 续表 5

行业大类	有限责任公司	国有独资公司	其他有限责任公司	股份有限公司
金融业	**371**	**36**	**335**	**603**
货币金融服务	144	7	137	335
资本市场服务	103	10	93	8
保险业	48	5	43	252
其他金融业	76	14	62	8
房地产业	**3466**	**136**	**3330**	**375**
房地产业	3466	136	3330	375
租赁和商务服务业	**7204**	**374**	**6830**	**870**
租赁业	594	11	583	93
商务服务业	6610	363	6247	777
科学研究和技术服务业	**2336**	**97**	**2239**	**323**
研究和试验发展	171	3	168	17
专业技术服务业	1490	82	1408	199
科技推广和应用服务业	675	12	663	107
水利、环境和公共设施管理业	**579**	**88**	**491**	**63**
水利管理业	33	9	24	5
生态保护和环境治理业	73	2	71	10
公共设施管理业	437	61	376	47
土地管理业	36	16	20	1
居民服务、修理和其他服务业	**1001**	**16**	**985**	**165**
居民服务业	368	7	361	72
机动车、电子产品和日用产品修理业	405	4	401	69
其他服务业	228	5	223	24
教育	**367**	**2**	**365**	**78**
教育	367	2	365	78
卫生和社会工作	**181**	**3**	**178**	**22**
卫生	143	2	141	16
社会工作	38	1	37	6
文化、体育和娱乐业	**1021**	**36**	**985**	**149**
新闻和出版业	35	5	30	1
广播、电视、电影和录音制作业	133	4	129	25
文化艺术业	281	18	263	44
体育	107	2	105	12
娱乐业	465	7	458	67

私营企业	私营独资企业	私营合伙企业	私营有限责任公司	私营股份有限公司	其他企业
492	**10**	**120**	**337**	**25**	**1**
151	6	9	120	16	
233	3	109	115	6	
28	1		26	1	1
80		2	76	2	
9122	**199**	**38**	**8626**	**259**	
9122	199	38	8626	259	
38283	**1543**	**4777**	**31297**	**666**	**1**
3827	124	14	3631	58	
34456	1419	4763	27666	608	1
10994	**278**	**139**	**10257**	**320**	
824	20	8	782	14	
6620	112	55	6282	171	
3550	146	76	3193	135	
1642	**28**	**14**	**1560**	**40**	
53	2	5	45	1	
239	2	2	228	7	
1304	23	5	1244	32	
46	1	2	43		
6461	**652**	**264**	**5392**	**153**	
2407	205	122	2032	48	
2689	369	111	2137	72	
1365	78	31	1223	33	
3050	**410**	**185**	**2385**	**70**	
3050	410	185	2385	70	
842	**295**	**60**	**469**	**18**	**8**
685	275	56	338	16	8
157	20	4	131	2	
7661	**2634**	**309**	**4586**	**132**	**1**
21	1		19	1	
501	18	5	465	13	
1864	233	58	1539	34	
514	30	11	462	11	
4761	2352	235	2101	73	1

2-08 续表 6

行业大类	港、澳、台商投资企业	合资经营企业(港或澳、台资)	合作经营企业(港或澳、台资)	港澳台商独资经营企业
总 计	**939**	**248**	**17**	**621**
农、林、牧、渔业	**3**	**1**		**2**
农业				
林业				
畜牧业				
渔业				
农、林、牧、渔专业及辅助性活动	3	1		2
采矿业	**5**	**1**		**4**
煤炭开采和洗选业				
石油和天然气开采业				
黑色金属矿采选业				
有色金属矿采选业	3	1		2
非金属矿采选业	1			1
开采专业及辅助性活动				
其他采矿业	1			1
制造业	**608**	**131**	**6**	**447**
农副食品加工业	20	11		9
食品制造业	9	4		5
酒、饮料和精制茶制造业	8	3		5
烟草制品业				
纺织业	27	5		21
纺织服装、服饰业	84	6	2	69
皮革、毛皮、羽毛及其制品和制鞋业	54	7	1	45
木材加工和木、竹、藤、棕、草制品业	7	2		5
家具制造业	4	1		3
造纸和纸制品业	11	3		6
印刷和记录媒介复制业	12	5		6
文教、工美、体育和娱乐用品制造业	36	3		33
石油、煤炭及其他燃料加工业	1	1		
化学原料和化学制品制造业	47	20	1	22
医药制造业	15	5		10
化学纤维制造业	3	1		2
橡胶和塑料制品业	22	4		17
非金属矿物制品业	19	5		13
黑色金属冶炼和压延加工业	1	1		
有色金属冶炼和压延加工业	5	2	1	2
金属制品业	18	4	1	12

港澳台商投资股份有限公司	其他港澳台投资企业	外商投资企业	中外合资经营企业	中外合作经营企业	外资企业	外商投资股份有限公司	其他外商投资
30	**23**	**631**	**261**	**11**	**263**	**27**	**69**
		1			**1**		
		1			1		
		4	**2**		**1**		**1**
		1	1				
		2			1		1
		1	1				
13	**11**	**382**	**158**	**5**	**190**	**14**	**15**
		17	14	1	2		
		16	4		11	1	
		13	8		2	1	2
1		5	3		2		
4	3	27	6		17	3	1
1		17	2		15		
		4	1		3		
		5	4				1
1	1	4	3				1
	1	2	1		1		
		21	7	1	13		
		1	1				
3	1	31	14		14	2	1
		8	5	1	2		
		3			3		
1		10	2		7		1
	1	20	8		10	1	1
		1			1		
		12	9		2		1
	1	17	7		9		1

2-08 续表 7

行业大类	港、澳、台商投资企业	合资经营企业(港或澳、台资)	合作经营企业(港或澳、台资)	港澳台商独资经营企业
通用设备制造业	13	5		8
专用设备制造业	26	4		20
汽车制造业	12	6		6
铁路、船舶、航空航天和其他运输设备制造业	2	1		1
电气机械和器材制造业	54	11		43
计算机、通信和其他电子设备制造业	81	8		70
仪器仪表制造业	2	1		1
其他制造业	10	2		8
废弃资源综合利用业				
金属制品、机械和设备修理业	5			5
电力、热力、燃气及水生产和供应业	**35**	**20**	**3**	**11**
电力、热力生产和供应业	11	8		3
燃气生产和供应业	13	6	2	4
水的生产和供应业	11	6	1	4
建筑业	**13**	**6**	**1**	**3**
房屋建筑业	2	2		
土木工程建筑业	4	1	1	
建筑安装业	3	1		2
建筑装饰、装修和其他建筑业	4	2		1
批发和零售业	**71**	**15**	**2**	**45**
批发业	33	5	1	22
零售业	38	10	1	23
交通运输、仓储和邮政业	**5**	**2**		**1**
铁路运输业				
道路运输业	4	2		
水上运输业				
航空运输业				
管道运输业				
多式联运和运输代理业				
装卸搬运和仓储业	1			1
邮政业				
住宿和餐饮业	**26**	**5**		**21**
住宿业	13	2		11
餐饮业	13	3		10
信息传输、软件和信息技术服务业	**10**	**2**		**4**
电信、广播电视和卫星传输服务	7	2		1
互联网和相关服务				
软件和信息技术服务业	3			3

港澳台商投资股份有限公司	其他港澳台投资企业	外商投资企业	中外合资经营企业	中外合作经营企业	外资企业	外商投资股份有限公司	其他外商投资
		17	8	1	6	1	1
1	1	14	6	1	6	1	
		10	4		6		
		3	3				
		37	18		17	2	
1	2	57	18		36	2	1
		5	1		4		
		3	1		1		1
		1					1
		1					1
1		**23**	**13**	**2**	**6**		**2**
		10	6	1	2		1
1		6	5	1			
		7	2		4		1
3		**13**	**7**			**1**	**5**
		1					1
2		4	2				2
		6	4			1	1
1		2	1				1
5	**4**	**64**	**19**	**2**	**17**	**3**	**23**
2	3	35	9	1	10	2	13
3	1	29	10	1	7	1	10
2		**4**		**1**			**3**
2		4		1			3
		15	**3**		**10**	**1**	**1**
		6	2		3		1
		9	1		7	1	
1	**3**	**20**	**3**		**9**	**2**	**6**
1	3	5			2	2	1
		2			1		1
		13	3		6		4

2-08 续表 8

行业大类	港、澳、台商投资企业	合资经营企业(港或澳、台资)	合作经营企业(港或澳、台资)	港澳台商独资经营企业
金融业	**9**	**5**		**3**
货币金融服务	8	5		3
资本市场服务				
保险业	1			
其他金融业				
房地产业	**97**	**41**		**54**
房地产业	97	41		54
租赁和商务服务业	**27**	**12**	**2**	**9**
租赁业	2	1		1
商务服务业	25	11	2	8
科学研究和技术服务业	**10**	**1**		**7**
研究和试验发展	1			1
专业技术服务业	3			2
科技推广和应用服务业	6	1		4
水利、环境和公共设施管理业	**5**	**2**	**2**	**1**
水利管理业				
生态保护和环境治理业				
公共设施管理业	5	2	2	1
土地管理业				
居民服务、修理和其他服务业	**4**	**1**		**3**
居民服务业	4	1		3
机动车、电子产品和日用产品修理业				
其他服务业				
教育	**3**	**1**		**2**
教育	3	1		2
卫生和社会工作	**1**	**1**		
卫生	1	1		
社会工作				
文化、体育和娱乐业	**7**	**1**	**1**	**4**
新闻和出版业				
广播、电视、电影和录音制作业	2			2
文化艺术业	1	1		
体育				
娱乐业	4		1	2

港澳台商投资股份有限公司	其他港澳台投资企业	外商投资企业	中外合资经营企业	中外合作经营企业	外资企业	外商投资股份有限公司	其他外商投资
	1	**32**	**28**		**2**	**1**	**1**
		9	6		1	1	1
		1	1				
	1	20	20				
		2	1		1		
2		**34**	**18**		**14**	**1**	**1**
2		34	18		14	1	1
1	**3**	**17**	**3**		**5**	**2**	**7**
		2			1	1	
1	3	15	3		4	1	7
1	**1**	**10**	**3**		**4**		**3**
		2	1		1		
1		1					1
	1	7	2		3		2
		6	**3**		**2**	**1**	
		4	1		2	1	
		2	2				
		3	**1**		**1**		**1**
		3	1		1		1
		2		**1**	**1**		
		2		1	1		
1		**1**				**1**	
1		1				1	

2-09 按行业(大类)、登记注册类型

行业大类	企业从业人员数(人)	内资企业	国有企业	集体企业
总 计	**7564854**	**7157772**	**184876**	**107233**
农、林、牧、渔业	**19743**	**19638**	**2654**	**186**
农业				
林业				
畜牧业				
渔业				
农、林、牧、渔专业及辅助性活动	19743	19638	2654	186
采矿业	**104502**	**103855**	**1023**	**2915**
煤炭开采和洗选业	28180	28180	696	2382
石油和天然气开采业	5	5		
黑色金属矿采选业	5824	5824		
有色金属矿采选业	27741	27197	50	286
非金属矿采选业	40164	40073	75	247
开采专业及辅助性活动	190	190		
其他采矿业	2398	2386	202	
制造业	**2987704**	**2675966**	**7207**	**10928**
农副食品加工业	114220	105677	1971	145
食品制造业	54714	48214	184	177
酒、饮料和精制茶制造业	37536	31385	111	130
烟草制品业	5812	5812		
纺织业	113439	100133	29	131
纺织服装、服饰业	260224	233585	796	161
皮革、毛皮、羽毛及其制品和制鞋业	127833	74752	195	115
木材加工和木、竹、藤、棕、草制品业	71638	70045	786	161
家具制造业	123852	123285	17	14
造纸和纸制品业	40038	35757	23	77
印刷和记录媒介复制业	34648	31099	535	801
文教、工美、体育和娱乐用品制造业	81674	56458	7	53
石油、煤炭及其他燃料加工业	18239	17283	14	13
化学原料和化学制品制造业	213652	198529	104	768
医药制造业	102010	98584	116	
化学纤维制造业	6349	3919		
橡胶和塑料制品业	73709	69169	59	192
非金属矿物制品业	335501	328845	341	1278
黑色金属冶炼和压延加工业	52623	52590		53
有色金属冶炼和压延加工业	121506	117503	49	75
金属制品业	88237	82655	245	371

分组的企业法人单位从业人员数

股份合作企业	联营企业	国有联营企业	集体联营企业	国有与集体联营企业	其他联营企业
13435	**3440**	**1129**	**1170**	**775**	**366**
9	**45**		**18**		**27**
9	45		18		27
323	**2**			**2**	
149					
	2			2	
40					
134					
7111	**753**	**14**	**593**	**45**	**101**
462	16	6			10
30					
21	2	2			
	4		4		
165					
22	51		5	23	23
232	23	6	6	11	
181					
6					
2482					
24					
52					
2176	645		566	11	68
56					
73					

2-09 续表 1

行业大类	企业从业人员数(人)	内资企业	国有企业	集体企业
通用设备制造业	89742	84067	725	962
专用设备制造业	79385	74771	570	95
汽车制造业	119448	111051	19	189
铁路、船舶、航空航天和其他运输设备制造业	20739	20582	83	56
电气机械和器材制造业	206007	168452	84	4704
计算机、通信和其他电子设备制造业	326106	265804	17	9
仪器仪表制造业	24009	23580	10	59
其他制造业	24267	22139	63	29
废弃资源综合利用业	15385	15209	5	36
金属制品、机械和设备修理业	5162	5032	49	74
电力、热力、燃气及水生产和供应业	**132319**	**124213**	**8122**	**1014**
电力、热力生产和供应业	96399	94018	3476	722
燃气生产和供应业	8807	5573	61	
水的生产和供应业	27113	24622	4585	292
建筑业	**1685981**	**1623924**	**67236**	**78449**
房屋建筑业	1162484	1101468	55714	72714
土木工程建筑业	335534	335300	10426	5032
建筑安装业	55717	55034	631	534
建筑装饰、装修和其他建筑业	132246	132122	465	169
批发和零售业	**888496**	**877646**	**21228**	**4673**
批发业	459103	457558	18315	2370
零售业	429393	420088	2913	2303
交通运输、仓储和邮政业	**394400**	**394160**	**32114**	**3054**
铁路运输业	198	198		
道路运输业	322727	322496	8656	1228
水上运输业	8596	8596	112	666
航空运输业	4574	4574	2891	
管道运输业	264	264		
多式联运和运输代理业	3981	3981	49	30
装卸搬运和仓储业	21983	21974	5920	1130
邮政业	32077	32077	14486	
住宿和餐饮业	**124252**	**120003**	**5753**	**431**
住宿业	64389	62560	4485	216
餐饮业	59863	57443	1268	215
信息传输、软件和信息技术服务业	**147234**	**142682**	**451**	**281**
电信、广播电视和卫星传输服务	40171	36261	264	270
互联网和相关服务	17091	17084	28	
软件和信息技术服务业	89972	89337	159	11

股份合作企业	联营企业	国有联营企业	集体联营企业	国有与集体联营企业	其他联营企业
501					
40					
124					
264					
142					
24					
25					
9	12		12		
188	**440**	**251**	**87**	**9**	**93**
183	341	248	69	3	21
5	99	3	18	6	72
3566	**78**	**72**		**6**	
3470	3			3	
6	75	72		3	
90					
616	**668**	**147**	**335**	**103**	**83**
273	475	67	301	93	14
343	193	80	34	10	69
15	**71**	**59**	**12**		
4	61	55	6		
11	6		6		
	4	4			
170	**60**	**28**	**22**		**10**
	50	28	22		
170	10				10
50	**433**			**433**	
6	433			433	
5					
39					

2-09 续表 2

行业大类	企业从业人员数(人)	内资企业	国有企业	集体企业
金融业	**6567**	**6496**	**87**	**39**
货币金融服务	2797	2735	18	39
资本市场服务	1876	1876	28	
保险业	133	133		
其他金融业	1761	1752	41	
房地产业	**244990**	**242042**	**5176**	**1069**
房地产业	244990	242042	5176	1069
租赁和商务服务业	**419442**	**418845**	**14952**	**2556**
租赁业	37076	36894	160	38
商务服务业	382366	381951	14792	2518
科学研究和技术服务业	**140479**	**140171**	**11556**	**567**
研究和试验发展	7340	7267	582	2
专业技术服务业	102712	102637	10268	471
科技推广和应用服务业	30427	30267	706	94
水利、环境和公共设施管理业	**51855**	**51616**	**1478**	**303**
水利管理业	761	761	41	3
生态保护和环境治理业	3642	3546	88	12
公共设施管理业	46330	46187	1166	288
土地管理业	1122	1122	183	
居民服务、修理和其他服务业	**73877**	**73868**	**181**	**331**
居民服务业	29290	29281	88	129
机动车、电子产品和日用产品修理业	23242	23242	75	173
其他服务业	21345	21345	18	29
教育	**37173**	**37105**	**546**	**219**
教育	37173	37105	546	219
卫生和社会工作	**31931**	**31827**	**2569**	**49**
卫生	29852	29748	2490	35
社会工作	2079	2079	79	14
文化、体育和娱乐业	**73909**	**73715**	**2543**	**169**
新闻和出版业	2268	2268	409	
广播、电视、电影和录音制作业	9037	8951	1220	28
文化艺术业	18654	18597	849	99
体育	5945	5945	15	34
娱乐业	38005	37954	50	8

股份合作企业	联营企业	国有联营企业	集体联营企业	国有与集体联营企业	其他联营企业
27					
27					
30	**525**	**491**	**34**		
30	525	491	34		
257	**124**	**29**	**16**	**67**	**12**
257	124	29	16	67	12
399	**177**	**36**	**27**	**110**	**4**
6	15		15		
388	161	36	11	110	4
5	1		1		
58	**19**		**19**		
58	19		19		
48	**7**	**2**	**5**		
16	3		3		
32	4	2	2		
181	**9**				**9**
181	9				9
365	**16**		**2**		**14**
365	16		2		14
22	**13**				**13**
9					
6	9				9
7					
	4				4

2-09 续表 3

行业大类	有限责任公司	国有独资公司	其他有限责任公司	股份有限公司
总　计	**2169567**	**265203**	**1904364**	**349792**
农、林、牧、渔业	**2167**	**50**	**2117**	**476**
农业				
林业				
畜牧业				
渔业				
农、林、牧、渔专业及辅助性活动	2167	50	2117	476
采矿业	**37614**	**10599**	**27015**	**3505**
煤炭开采和洗选业	16522	9655	6867	223
石油和天然气开采业				
黑色金属矿采选业	1223	142	1081	90
有色金属矿采选业	12256	643	11613	2379
非金属矿采选业	7234	159	7075	769
开采专业及辅助性活动	37		37	11
其他采矿业	342		342	33
制造业	**757771**	**117375**	**640396**	**166166**
农副食品加工业	22292	106	22186	10049
食品制造业	13555	511	13044	3015
酒、饮料和精制茶制造业	8057	463	7594	2849
烟草制品业	5764	5108	656	
纺织业	17878		17878	1861
纺织服装、服饰业	57661	7428	50233	5767
皮革、毛皮、羽毛及其制品和制鞋业	10154	128	10026	1202
木材加工和木、竹、藤、棕、草制品业	8781	153	8628	2060
家具制造业	7586		7586	1030
造纸和纸制品业	8997	724	8273	654
印刷和记录媒介复制业	7626	1500	6126	1271
文教、工美、体育和娱乐用品制造业	11255	54	11201	1931
石油、煤炭及其他燃料加工业	10810		10810	2363
化学原料和化学制品制造业	26225	551	25674	10837
医药制造业	24142	2449	21693	15800
化学纤维制造业	745		745	1174
橡胶和塑料制品业	18154		18154	2565
非金属矿物制品业	88171	1611	86560	15177
黑色金属冶炼和压延加工业	30546	20717	9829	11989
有色金属冶炼和压延加工业	53857	26528	27329	8089
金属制品业	21301	919	20382	4192

私营企业	私营独资企　业	私营合伙企　业	私营有限责任公司	私营股份有限公司	其他企业
4328700	**225500**	**96614**	**3793207**	**213379**	**729**
14101	**1482**	**314**	**11976**	**329**	
14101	1482	314	11976	329	
58473	**7541**	**6742**	**41943**	**2247**	
8208	821	3711	3648	28	
5			5		
4509	160	184	4050	115	
12186	108	179	11069	830	
31614	6329	2606	21433	1246	
142	12		130		
1809	111	62	1608	28	
1725330	**113730**	**27961**	**1523779**	**59860**	**700**
70742	7033	1760	59277	2672	
31253	1767	438	27341	1707	
20215	1365	1405	17114	331	
48	18		30		
80230	1764	390	75485	2591	
169035	11501	2851	151037	3646	
63086	6859	768	55124	335	
57484	10616	1787	41910	3171	700
114638	1967	349	110919	1403	
26006	1360	230	23932	484	
20611	1380	381	18484	366	
43031	3939	464	38304	324	
4077	265	76	3571	165	
158113	34034	8605	111035	4439	
58502	279	23	54542	3658	
2000	11		1989		
48147	2133	442	43312	2260	
221057	14950	5679	193253	7175	
10002	171	54	8942	835	
55377	295	72	50825	4185	
56473	1822	426	52616	1609	

2-09 续表 4

行业大类	有限责任公司	国有独资公司	其他有限责任公司	股份有限公司
通用设备制造业	29276	3366	25910	10869
专用设备制造业	17009	261	16748	1969
汽车制造业	73937	43552	30385	3570
铁路、船舶、航空航天和其他运输设备制造业	4957	288	4669	16
电气机械和器材制造业	54747	897	53850	11551
计算机、通信和其他电子设备制造业	103953	5	103948	33229
仪器仪表制造业	9994	45	9949	576
其他制造业	3932	11	3921	305
废弃资源综合利用业	5214		5214	142
金属制品、机械和设备修理业	1195		1195	64
电力、热力、燃气及水生产和供应业	**83858**	**61233**	**22625**	**3034**
电力、热力生产和供应业	66654	54394	12260	2212
燃气生产和供应业	3958	276	3682	215
水的生产和供应业	13246	6563	6683	607
建筑业	**644723**	**16026**	**628697**	**77689**
房屋建筑业	440626	2773	437853	55467
土木工程建筑业	148203	11212	136991	18676
建筑安装业	24442	1780	22662	1356
建筑装饰、装修和其他建筑业	31452	261	31191	2190
批发和零售业	**182670**	**3754**	**178916**	**27788**
批发业	96950	2959	93991	13413
零售业	85720	795	84925	14375
交通运输、仓储和邮政业	**101600**	**24982**	**76618**	**13897**
铁路运输业	198		198	
道路运输业	85522	23683	61839	12455
水上运输业	3051	165	2886	600
航空运输业	1525	212	1313	
管道运输业	223	223		
多式联运和运输代理业	1073	28	1045	90
装卸搬运和仓储业	4309	668	3641	354
邮政业	5699	3	5696	398
住宿和餐饮业	**31258**	**1525**	**29733**	**3628**
住宿业	19852	1122	18730	2329
餐饮业	11406	403	11003	1299
信息传输、软件和信息技术服务业	**40442**	**4132**	**36310**	**21252**
电信、广播电视和卫星传输服务	17789	3829	13960	16104
互联网和相关服务	4199	11	4188	458
软件和信息技术服务业	18454	292	18162	4690

私营企业	私营独资企业	私营合伙企业	私营有限责任公司	私营股份有限公司	其他企业
41734	1790	212	38853	879	
55088	1253	199	52623	1013	
33212	337	104	31727	1044	
15206	53		15107	46	
97224	1181	377	89952	5714	
128572	3766	201	115787	8818	
12941	220	29	12245	447	
17785	1038	426	16052	269	
9812	217	113	9347	135	
3629	346	100	3044	139	
27550	**4681**	**4588**	**17429**	**852**	**7**
20423	3243	4015	12462	703	7
1339	76	41	1215	7	
5788	1362	532	3752	142	
752183	**1681**	**582**	**650741**	**99179**	
473474	579	186	388233	84476	
152882	395	154	140855	11478	
27981	180	24	26574	1203	
97846	527	218	95079	2022	
639997	**45764**	**15690**	**560884**	**17659**	**6**
325756	17858	6172	291444	10282	6
314241	27906	9518	269440	7377	
243409	**3275**	**472**	**233390**	**6272**	
214570	2719	342	206012	5497	
4167	9		3822	336	
158			158		
41			41		
2739	171	29	2511	28	
10244	303	97	9686	158	
11490	73	4	11160	253	
78703	**7576**	**4474**	**64722**	**1931**	
35628	2895	1800	30369	564	
43075	4681	2674	34353	1367	
79773	**2646**	**1130**	**72408**	**3589**	
1395	67	70	1245	13	
12394	662	128	11322	282	
65984	1917	932	59841	3294	

2-09 续表 5

行业大类	有限责任公司	国有独资公司	其他有限责任公司	股份有限公司
金融业	**2742**	**423**	**2319**	**586**
货币金融服务	1206	74	1132	408
资本市场服务	634	152	482	117
保险业	5		5	16
其他金融业	897	197	700	45
房地产业	**91538**	**6007**	**85531**	**12026**
房地产业	91538	6007	85531	12026
租赁和商务服务业	**80948**	**10705**	**70243**	**7126**
租赁业	5433	279	5154	703
商务服务业	75515	10426	65089	6423
科学研究和技术服务业	**35898**	**3927**	**31971**	**5019**
研究和试验发展	1547	28	1519	149
专业技术服务业	29668	3798	25870	4091
科技推广和应用服务业	4683	101	4582	779
水利、环境和公共设施管理业	**28186**	**2899**	**25287**	**2091**
水利管理业	383	95	288	65
生态保护和环境治理业	1111	17	1094	76
公共设施管理业	26156	2482	23674	1941
土地管理业	536	305	231	9
居民服务、修理和其他服务业	**17336**	**213**	**17123**	**1471**
居民服务业	7418	71	7347	703
机动车、电子产品和日用产品修理业	3237	41	3196	523
其他服务业	6681	101	6580	245
教育	**6400**	**57**	**6343**	**995**
教育	6400	57	6343	995
卫生和社会工作	**9485**	**128**	**9357**	**441**
卫生	9040	128	8912	340
社会工作	445		445	101
文化、体育和娱乐业	**14931**	**1168**	**13763**	**2602**
新闻和出版业	1609	310	1299	91
广播、电视、电影和录音制作业	1927	50	1877	393
文化艺术业	3603	536	3067	1185
体育	1768	174	1594	91
娱乐业	6024	98	5926	842

私营企业	私营独资企业	私营合伙企业	私营有限责任公司	私营股份有限公司	其他企业
3015	**33**	**691**	**2129**	**162**	
1037	28	32	885	92	
1097	5	651	383	58	
112			109	3	
769		8	752	9	
131678	**1054**	**214**	**125146**	**5264**	
131678	1054	214	125146	5264	
312882	**8120**	**24060**	**273867**	**6835**	
30560	678	86	29494	302	
282322	7442	23974	244373	6533	
86555	**1917**	**941**	**80000**	**3697**	
4966	205	46	4582	133	
57590	865	394	53828	2503	
23999	847	501	21590	1061	
19481	**222**	**52**	**17699**	**1508**	
269	1	23	242	3	
2259	9	2	1891	357	
16559	209	20	15182	1148	
394	3	7	384		
54494	**4615**	**2068**	**46367**	**1444**	
20924	1524	988	18006	406	
19198	2443	778	15299	678	
14372	648	302	13062	360	
28755	**3710**	**2597**	**21647**	**801**	
28755	3710	2597	21647	801	
18888	**4876**	**2062**	**11690**	**260**	**14**
17448	4722	1995	10487	244	14
1440	154	67	1203	16	
53433	**12577**	**1976**	**37390**	**1490**	**2**
159	21		133	5	
5374	542	95	4576	161	
12846	1433	394	10827	192	
4030	186	72	3687	85	
31024	10395	1415	18167	1047	2

2-09 续表 6

行业大类	港澳台商投资企业	合资经营企业(港或澳、台资)	合作经营企业(港或澳、台资)	港、澳、台商独资经营企业
总　计	**278945**	**94936**	**1652**	**176497**
农、林、牧、渔业	**22**			**22**
农业				
林业				
畜牧业				
渔业				
农、林、牧、渔专业及辅助性活动	22			22
采矿业	**629**	**201**		**428**
煤炭开采和洗选业				
石油和天然气开采业				
黑色金属矿采选业				
有色金属矿采选业	544	201		343
非金属矿采选业	73			73
开采专业及辅助性活动				
其他采矿业	12			12
制造业	**199218**	**28182**	**466**	**166665**
农副食品加工业	3776	1703		2073
食品制造业	1902	1825		77
酒、饮料和精制茶制造业	4444	3498		946
烟草制品业				
纺织业	11215	2246		8960
纺织服装、服饰业	18620	775	222	16101
皮革、毛皮、羽毛及其制品和制鞋业	41798	502	48	39885
木材加工和木、竹、藤、棕、草制品业	537	40		497
家具制造业	379	118		261
造纸和纸制品业	2880	2216		571
印刷和记录媒介复制业	3119	894		2062
文教、工美、体育和娱乐用品制造业	16855	421		16434
石油、煤炭及其他燃料加工业	573	573		
化学原料和化学制品制造业	8817	3966	78	4621
医药制造业	1858	882		976
化学纤维制造业	1164	4		1160
橡胶和塑料制品业	2261	64		2101
非金属矿物制品业	2289	391		1834
黑色金属冶炼和压延加工业	17	17		
有色金属冶炼和压延加工业	1213	947	116	150
金属制品业	2028	802	2	1224

港、澳、台商投资股份有限公司	其他港、澳、台商投资企业	外商投资企业	中外合资经营企业	中外合作经营企业	外资企业	外商投资股份有限公司	其他外商投资
3295	**2565**	**128137**	**43494**	**3451**	**67794**	**5715**	**7683**
		83			**83**		
		83			83		
		18			**2**		**16**
		18			2		16
2428	**1477**	**112520**	**38936**	**2236**	**61164**	**3809**	**6375**
		4767	1866	107	2794		
		4598	1476		3094	28	
		1707	980		407		320
9		2091	449		1642		
651	871	8019	324		6492	1016	187
1363		11283	699		10584		
		1056	187		869		
		188	179				9
12	81	1401	1397				4
	163	430	350		80		
		8361	2716	1350	4295		
		383	383				
149	3	6306	1042		3436	1813	15
		1568	793	236	539		
		1266			1266		
96		2279	56		2095		128
	64	4367	2252		1959	154	2
		16			16		
		2790	2340		19		431
		3554	1726		1823		5

2-09 续表 7

行业大类	港澳台商投资企业	合资经营企业(港或澳、台资)	合作经营企业(港或澳、台资)	港、澳、台商独资经营企业
通用设备制造业	1475	396		1079
专用设备制造业	2126	162		1820
汽车制造业	2108	224		1884
铁路、船舶、航空航天和其他运输设备制造业	64	59		5
电气机械和器材制造业	28801	3418		25383
计算机、通信和其他电子设备制造业	36753	1623		34831
仪器仪表制造业	308	283		25
其他制造业	1727	133		1594
废弃资源综合利用业				
金属制品、机械和设备修理业	111			111
电力、热力、燃气及水生产和供应业	**4789**	**2913**	**1092**	**726**
电力、热力生产和供应业	370	328		42
燃气生产和供应业	2635	1687	601	289
水的生产和供应业	1784	898	491	395
建筑业	**61463**	**61230**		**75**
房屋建筑业	60836	60836		
土木工程建筑业	124	11		
建筑安装业	417	342		75
建筑装饰、装修和其他建筑业	86	41		
批发和零售业	**5985**	**354**	**12**	**5321**
批发业	593	195	9	350
零售业	5392	159	3	4971
交通运输、仓储和邮政业	**192**	**56**		**9**
铁路运输业				
道路运输业	183	56		
水上运输业				
航空运输业				
管道运输业				
多式联运和运输代理业				
装卸搬运和仓储业	9			9
邮政业				
住宿和餐饮业	**1874**	**288**		**1586**
住宿业	1313	107		1206
餐饮业	561	181		380
信息传输、软件和信息技术服务业	**1869**	**542**		**54**
电信、广播电视和卫星传输服务	1849	542		34
互联网和相关服务				
软件和信息技术服务业	20			20

港、澳、台商投资股份有限公司	其他港、澳、台商投资企业	外商投资企业	中外合资经营企业	中外合作经营企业	外资企业	外商投资股份有限公司	其他外商投资
		4200	912	505	2410	362	11
132	12	2488	700	38	1529	221	
		6289	5665		624		
		93	93				
		8754	5122		3440	192	
16	283	23549	6950		11511	23	5065
		121	71		50		
		401	208		190		3
		176					176
		19					19
58		**3317**	**2124**	**1117**	**59**		**17**
		2011	949	1062			
58		599	544	55			
		707	631		59		17
158		**594**	**117**			**241**	**236**
		180					180
113		110	94				16
		266	22			241	3
45		38	1				37
273	**25**	**4865**	**1575**	**6**	**2997**	**10**	**277**
14	25	952	358	3	380	6	205
259		3913	1217	3	2617	4	72
127		**48**		**36**			**12**
127		48		36			12
		2375	**143**		**2073**	**47**	**112**
		516	141		263		112
		1859	2		1810	47	
229	**1044**	**2683**	**105**		**607**	**1457**	**514**
229	1044	2061			104	1457	500
		7			4		3
		615	105		499		11

2-09 续表 8

行业大类	港澳台商投资企业	合资经营企业(港或澳、台资)	合作经营企业(港或澳、台资)	港、澳、台商独资经营企业
金融业	**19**	**19**		
货币金融服务	19	19		
资本市场服务				
保险业				
其他金融业				
房地产业	**2069**	**924**		**1134**
房地产业	2069	924		1134
租赁和商务服务业	**353**	**90**	**26**	**221**
租赁业	28	20		8
商务服务业	325	70	26	213
科学研究和技术服务业	**180**	**32**		**140**
研究和试验发展	30			30
专业技术服务业	72			69
科技推广和应用服务业	78	32		41
水利、环境和公共设施管理业	**62**	**6**	**53**	**3**
水利管理业				
生态保护和环境治理业				
公共设施管理业	62	6	53	3
土地管理业				
居民服务、修理和其他服务业	**9**			**9**
居民服务业	9			9
机动车、电子产品和日用产品修理业				
其他服务业				
教育	**14**	**2**		**12**
教育	14	2		12
卫生和社会工作	**40**	**40**		
卫生	40	40		
社会工作				
文化、体育和娱乐业	**158**	**57**	**3**	**92**
新闻和出版业				
广播、电视、电影和录音制作业	86			86
文化艺术业	57	57		
体育				
娱乐业	15		3	6

港、澳、台商投资股份有限公司	其他港、澳、台商投资企业	外商投资企业	中外合资经营企业	中外合作经营企业	外资企业	外商投资股份有限公司	其他外商投资
		52	**12**		**3**	**25**	**12**
		43	6			25	12
		9	6		3		
11		**879**	**331**		**506**	**15**	**27**
11		879	331		506	15	27
2	**14**	**244**	**29**		**121**	**51**	**43**
		154			108	46	
2	14	90	29		13	5	43
3	**5**	**128**	**21**		**90**		**17**
		43	6		37		
3		3					3
	5	82	15		53		14
		177	**100**		**53**	**24**	
		96	19		53	24	
		81	81				
		54	**1**		**28**		**25**
		54	1		28		25
		64		**56**	**8**		
		64		56	8		
6		**36**				**36**	
6		36				36	

2-10 按地区、控股情况分组的企业法人单位数

地 区	企业法人单位数(个)	国有控股	集体控股	私人控股	港澳台商控股	外商控股	其他
全 省	**354445**	**7139**	**3234**	**331283**	**913**	**411**	**11465**
南昌市	62137	1821	613	56350	199	116	3038
景德镇市	11366	363	166	10271	26	19	521
萍乡市	9308	165	142	8704	26	5	266
九江市	41595	980	512	38579	116	48	1360
新余市	25165	240	111	23562	22	9	1221
鹰潭市	12676	267	85	11994	19	12	299
赣州市	61090	732	369	58392	244	80	1273
吉安市	30133	745	376	28098	97	42	775
宜春市	36794	553	236	35097	72	43	793
抚州市	21182	572	229	19715	44	14	608
上饶市	42999	701	395	40521	48	23	1311

2-11 按地区、控股情况分组的企业法人单位从业人员数

地 区	企业从业人员数(人)	国有控股	集体控股	私人控股	港澳台商控股	外商控股	其他
全 省	**7564854**	**995030**	**170329**	**5756673**	**220453**	**108425**	**313944**
南昌市	1786711	510180	37163	1091494	27036	34686	86152
景德镇市	231283	45670	7754	164626	2689	3151	7393
萍乡市	285342	22753	10991	236522	7640	1419	6017
九江市	843726	54402	36033	679592	26588	12498	34613
新余市	308756	39704	4921	239034	1715	2316	21066
鹰潭市	217127	60035	1786	146045	865	2143	6253
赣州市	1035072	52336	12482	855325	59949	18561	36419
吉安市	687039	38901	19289	555558	38053	10625	24613
宜春市	889724	35420	10282	750006	35092	18824	40100
抚州市	470863	40022	18055	375622	5390	1799	29975
上饶市	754890	41734	11573	662849	14988	2403	21343

注：分地区从业人员数不含数据处理地在“江西省直”的单位。

2-12　按行业(大类)、控股情况分组的企业法人单位数

行业大类	企业法人单位数(个)	国有控股	集体控股	私人控股	港澳台商控股	外商控股	其他
总　计	**354445**	**7139**	**3234**	**331283**	**913**	**411**	**11465**
农、林、牧、渔业	**2462**	**104**	**46**	**2246**	**3**	**1**	**62**
农业	11			11			
林业	5	2	1	2			
畜牧业	2			2			
渔业	1			1			
农、林、牧、渔专业及辅助性活动	2443	102	45	2230	3	1	62
采矿业	**2998**	**82**	**58**	**2775**	**5**	**1**	**77**
煤炭开采和洗选业	242	20	26	192			4
石油和天然气开采业	2			2			
黑色金属矿采选业	264	3	1	255			5
有色金属矿采选业	411	31	11	351	3		15
非金属矿采选业	1811	22	19	1723	1	1	45
开采专业及辅助性活动	33			31			2
其他采矿业	235	6	1	221	1		6
制造业	**62482**	**738**	**552**	**58860**	**565**	**283**	**1484**
农副食品加工业	3423	71	27	3226	14	12	73
食品制造业	1435	19	4	1364	7	14	27
酒、饮料和精制茶制造业	1170	27	13	1077	7	11	35
烟草制品业	7	3		4			
纺织业	2209	12	10	2089	31	3	64
纺织服装、服饰业	6029	21	23	5730	80	22	153
皮革、毛皮、羽毛及其制品和制鞋业	1857	6	5	1738	54	15	39
木材加工和木、竹、藤、棕、草制品业	2980	38	30	2840	6	5	61
家具制造业	3797	4	5	3748	2		38
造纸和纸制品业	1106	12	9	1047	14	1	23
印刷和记录媒介复制业	1287	43	83	1124	9	1	27
文教、工美、体育和娱乐用品制造业	1805	7	13	1695	39	16	35
石油、煤炭及其他燃料加工业	304	5	4	287	1		7
化学原料和化学制品制造业	3613	40	37	3405	37	23	71
医药制造业	1101	14	5	1029	12	4	37
化学纤维制造业	78			72	3	3	
橡胶和塑料制品业	2077	15	21	1980	18	7	36
非金属矿物制品业	8813	151	69	8388	23	14	168
黑色金属冶炼和压延加工业	295	4	3	277	1	1	9
有色金属冶炼和压延加工业	1180	48	6	1088	2	5	31

2-12 续表 1

行业大类	企业法人单位数(个)	国有控股	集体控股	私人控股	港澳台商控股	外商控股	其他
金属制品业	3389	25	30	3229	15	11	79
通用设备制造业	2355	29	44	2196	14	10	62
专用设备制造业	2411	22	17	2269	22	10	71
汽车制造业	1076	33	9	967	7	13	47
铁路、船舶、航空航天和其他运输设备制造业	467	7	7	416	2	1	34
电气机械和器材制造业	2630	22	21	2432	53	28	74
计算机、通信和其他电子设备制造业	2618	22	13	2371	76	46	90
仪器仪表制造业	516	6	9	465	2	4	30
其他制造业	1277	10	7	1219	9	2	30
废弃资源综合利用业	554	9	6	525	1	1	12
金属制品、机械和设备修理业	623	13	22	563	4		21
电力、热力、燃气及水生产和供应业	**5134**	**407**	**396**	**4086**	**32**	**12**	**201**
电力、热力生产和供应业	3999	239	330	3279	8	3	140
燃气生产和供应业	211	27	1	154	13	2	14
水的生产和供应业	924	141	65	653	11	7	47
建筑业	**27568**	**424**	**300**	**25931**	**18**	**3**	**892**
房屋建筑业	8024	115	172	7476	3		258
土木工程建筑业	6026	219	68	5521	4	1	213
建筑安装业	3376	44	37	3175	4	1	115
建筑装饰、装修和其他建筑业	10142	46	23	9759	7	1	306
批发和零售业	**115170**	**1204**	**858**	**109724**	**84**	**31**	**3269**
批发业	58953	833	450	55894	39	15	1722
零售业	56217	371	408	53830	45	16	1547
交通运输、仓储和邮政业	**17020**	**615**	**150**	**15778**	**9**	**1**	**467**
铁路运输业	6	6					
道路运输业	14101	192	51	13483	7	1	367
水上运输业	262	12	19	220	1		10
航空运输业	25	7		18			
管道运输业	4	1		3			
多式联运和运输代理业	424	14	5	380			25
装卸搬运和仓储业	1365	331	74	913	1		46
邮政业	833	52	1	761			19
住宿和餐饮业	**6632**	**213**	**54**	**6073**	**27**	**12**	**253**
住宿业	2688	154	34	2382	14	3	101
餐饮业	3944	59	20	3691	13	9	152
信息传输、软件和信息技术服务业	**15112**	**159**	**25**	**14349**	**17**	**17**	**545**
电信、广播电视和卫星传输服务	401	97	5	270	7	6	16
互联网和相关服务	2281	9	3	2191	1	1	76
软件和信息技术服务业	12430	53	17	11888	9	10	453

2-12 续表 2

行业大类	企业法人单位数（个）	国有控股	集体控股	私人控股	港澳台商控股	外商控股	其他
金融业	**1618**	**446**	**45**	**786**	**4**	**4**	**333**
货币金融服务	706	183	42	303	4	2	172
资本市场服务	354	47		285			22
保险业	387	191		69		1	126
其他金融业	171	25	3	129		1	13
房地产业	**13463**	**609**	**240**	**11759**	**90**	**23**	**742**
房地产业	13463	609	240	11759	90	23	742
租赁和商务服务业	**46838**	**951**	**215**	**43865**	**22**	**10**	**1775**
租赁业	4528	28	11	4324	5	2	158
商务服务业	42310	923	204	39541	17	8	1617
科学研究和技术服务业	**14113**	**599**	**112**	**12873**	**13**	**4**	**512**
研究和试验发展	1035	23	7	969	1	1	34
专业技术服务业	8648	481	76	7770	4	1	316
科技推广和应用服务业	4430	95	29	4134	8	2	162
水利、环境和公共设施管理业	**2380**	**227**	**33**	**1979**	**4**	**3**	**134**
水利管理业	101	25	3	66			7
生态保护和环境治理业	339	21	5	300		3	10
公共设施管理业	1842	148	24	1552	4		114
土地管理业	98	33	1	61			3
居民服务、修理和其他服务业	**7714**	**68**	**69**	**7308**	**6**	**1**	**262**
居民服务业	2879	26	30	2729	5		89
机动车、电子产品和日用产品修理业	3205	22	29	3029			125
其他服务业	1630	20	10	1550	1	1	48
教育	**3553**	**39**	**24**	**3389**	**2**	**2**	**97**
教育	3553	39	24	3389	2	2	97
卫生和社会工作	**1099**	**32**	**21**	**986**	**1**	**2**	**57**
卫生	890	24	17	802	1	2	44
社会工作	209	8	4	184			13
文化、体育和娱乐业	**9089**	**222**	**36**	**8516**	**11**	**1**	**303**
新闻和出版业	83	51		29			3
广播、电视、电影和录音制作业	757	80	6	630	2		39
文化艺术业	2304	70	15	2133	2		84
体育	637	4	3	604	1		25
娱乐业	5308	17	12	5120	6	1	152

2-13 按行业(大类)、控股情况分组的企业法人单位从业人员数

行业大类	企业从业人员数(人)	国有控股	集体控股	私人控股	港澳台商控股	外商控股	其他
总　计	**7564854**	**995030**	**170329**	**5756673**	**220453**	**108425**	**313944**
农、林、牧、渔业	**19743**	**2734**	**355**	**15991**	**28**	**83**	**552**
农业							
林业							
畜牧业							
渔业							
农、林、牧、渔专业及辅助性活动	19743	2734	355	15991	28	83	552
采矿业	**104502**	**31907**	**3457**	**66776**	**428**	**2**	**1932**
煤炭开采和洗选业	28180	16604	2340	8950			286
石油和天然气开采业	5			5			
黑色金属矿采选业	5824	276		5516			32
有色金属矿采选业	27741	12267	636	13838	343		657
非金属矿采选业	40164	2540	481	36156	73	2	912
开采专业及辅助性活动	190			177			13
其他采矿业	2398	220		2134	12		32
制造业	**2987704**	**230977**	**23603**	**2331866**	**202557**	**96838**	**101863**
农副食品加工业	114220	2626	601	100203	3471	4458	2861
食品制造业	54714	1491	207	45536	1952	3976	1552
酒、饮料和精制茶制造业	37536	3526	159	28187	1577	1917	2170
烟草制品业	5812	5758		54			
纺织业	113439	272	92	95699	11616	1665	4095
纺织服装、服饰业	260224	10160	461	214936	20112	8466	6089
皮革、毛皮、羽毛及其制品和制鞋业	127833	323	115	70991	43083	10584	2737
木材加工和木、竹、藤、棕、草制品业	71638	1132	217	66172	576	1056	2485
家具制造业	123852	57	21	122700	261		813
造纸和纸制品业	40038	1143	99	33838	4199	18	741
印刷和记录媒介复制业	34648	4159	919	26366	2342	80	782
文教、工美、体育和娱乐用品制造业	81674	337	143	54880	19427	5569	1318
石油、煤炭及其他燃料加工业	18239	11889	28	5286	573		463
化学原料和化学制品制造业	213652	7683	2110	187219	6857	5941	3842
医药制造业	102010	11868	737	82978	1612	1274	3541
化学纤维制造业	6349			3919	1164	1266	
橡胶和塑料制品业	73709	1156	1293	65199	2197	2191	1673
非金属矿物制品业	335501	21159	3514	293314	7057	3162	7295
黑色金属冶炼和压延加工业	52623	21378	67	19186	17	16	11959
有色金属冶炼和压延加工业	121506	36670	725	80055	150	356	3550
金属制品业	88237	4059	594	76719	1486	2444	2935

2-13　续表 1

行业大类	企业从业人员数(人)	国有控股	集体控股	私人控股	港澳台商控股	外商控股	其他
通用设备制造业	89742	15319	2146	63728	1628	3510	3411
专用设备制造业	79385	1636	528	71052	1581	2215	2373
汽车制造业	119448	55279	529	51956	1884	6423	3377
铁路、船舶、航空航天和其他运输设备制造业	20739	775	318	17630	64	659	1293
电气机械和器材制造业	206007	2026	5408	150340	28880	7389	11964
计算机、通信和其他电子设备制造业	326106	5582	1735	246478	36647	20561	15103
仪器仪表制造业	24009	1883	543	18038	308	1068	2169
其他制造业	24267	261	69	21125	1712	398	702
废弃资源综合利用业	15385	1290	100	13377	22	176	420
金属制品、机械和设备修理业	5162	80	125	4705	102		150
电力、热力、燃气及水生产和供应业	**132319**	**86667**	**2100**	**36240**	**3026**	**979**	**3307**
电力、热力生产和供应业	96399	67955	1722	24864	208	7	1643
燃气生产和供应业	8807	3633	21	2966	1607	206	374
水的生产和供应业	27113	15079	357	8410	1211	766	1290
建筑业	**1685981**	**354655**	**112519**	**1152675**	**812**	**255**	**65065**
房屋建筑业	1162484	259613	98137	759631	83		45020
土木工程建筑业	335534	77720	9483	235227	199	11	12894
建筑安装业	55717	12866	4162	35436	421	241	2591
建筑装饰、装修和其他建筑业	132246	4456	737	122381	109	3	4560
批发和零售业	**888496**	**62126**	**9315**	**762115**	**6583**	**3952**	**44405**
批发业	459103	46479	4132	382966	646	442	24438
零售业	429393	15647	5183	379149	5937	3510	19967
交通运输、仓储和邮政业	**394400**	**76924**	**3703**	**298932**	**246**	**36**	**14559**
铁路运输业	198	198					
道路运输业	322727	47902	1626	261795	184	36	11184
水上运输业	8596	1471	731	5736	53		605
航空运输业	4574	4352		222			
管道运输业	264	223		41			
多式联运和运输代理业	3981	262	65	3299			355
装卸搬运和仓储业	21983	8013	1277	11970	9		714
邮政业	32077	14503	4	15869			1701
住宿和餐饮业	**124252**	**11743**	**1119**	**100755**	**1983**	**2219**	**6433**
住宿业	64389	9458	655	48613	1465	360	3838
餐饮业	59863	2285	464	52142	518	1859	2595
信息传输、软件和信息技术服务业	**147234**	**36194**	**476**	**98839**	**1757**	**2853**	**7115**
电信、广播电视和卫星传输服务	40171	33686	315	2017	1700	2327	126
互联网和相关服务	17091	110	11	16410		4	556
软件和信息技术服务业	89972	2398	150	80412	57	522	6433

2-13 续表 2

行业大类	企业从业人员数（人）	国有控股	集体控股	私人控股	港澳台商控股	外商控股	其他
金融业	**6567**	**769**	**73**	**4953**		**28**	**744**
货币金融服务	2797	261	64	2253		25	194
资本市场服务	1876	208		1365			303
保险业	133			128			5
其他金融业	1761	300	9	1207		3	242
房地产业	**244990**	**19912**	**4016**	**191482**	**1999**	**672**	**26909**
房地产业	244990	19912	4016	191482	1999	672	26909
租赁和商务服务业	**419442**	**33759**	**3668**	**360450**	**559**	**207**	**20799**
租赁业	37076	979	114	34728	49	154	1052
商务服务业	382366	32780	3554	325722	510	53	19747
科学研究和技术服务业	**140479**	**25359**	**2555**	**105459**	**193**	**93**	**6820**
研究和试验发展	7340	723	93	6082	30	37	375
专业技术服务业	102712	23638	2347	71453	97	3	5174
科技推广和应用服务业	30427	998	115	27924	66	53	1271
水利、环境和公共设施管理业	**51855**	**10216**	**753**	**37113**	**65**	**77**	**3631**
水利管理业	761	269	46	410			36
生态保护和环境治理业	3642	299	198	2866		77	202
公共设施管理业	46330	9077	509	33315	65		3364
土地管理业	1122	571		522			29
居民服务、修理和其他服务业	**73877**	**1309**	**762**	**67981**	**32**	**2**	**3791**
居民服务业	29290	445	485	26076	20		2264
机动车、电子产品和日用产品修理业	23242	162	203	21691			1186
其他服务业	21345	702	74	20214	12	2	341
教育	**37173**	**743**	**385**	**34669**	**12**	**29**	**1335**
教育	37173	743	385	34669	12	29	1335
卫生和社会工作	**31931**	**2839**	**989**	**26147**	**1**	**64**	**1891**
卫生	29852	2759	949	24406	1	64	1673
社会工作	2079	80	40	1741			218
文化、体育和娱乐业	**73909**	**6197**	**481**	**64230**	**172**	**36**	**2793**
新闻和出版业	2268	1777		360			131
广播、电视、电影和录音制作业	9037	1470	68	6861	86		552
文化艺术业	18654	1862	243	15963	61		525
体育	5945	414	43	5125	5		358
娱乐业	38005	674	127	35921	20	36	1227

2-14　按地区、开业(成立)时间分组的企业法人单位数

年　份	企业法人单位数(个)	南昌市	景德镇市	萍乡市	九江市	新余市	鹰潭市	赣州市	吉安市	宜春市	抚州市	上饶市
总　计	**354445**	**62137**	**11366**	**9308**	**41595**	**25165**	**12676**	**61090**	**30133**	**36794**	**21182**	**42999**
1949年以前	33	3	1	3	7			2	5	4	2	6
1950–1977年	757	158	37	27	100	19	27	68	90	76	86	69
1978–1991年	2821	567	145	71	483	120	96	265	431	151	254	238
1992–2000年	6511	1445	264	265	763	303	211	958	624	604	405	669
2001年	2366	439	116	108	239	130	78	431	189	302	116	218
2002年	3114	700	97	153	269	158	115	410	279	347	251	335
2003年	3788	762	141	165	404	170	119	556	380	362	279	450
2004年	3831	817	123	150	447	205	98	552	324	455	236	424
2005年	4416	906	174	182	499	226	89	625	412	490	289	524
2006年	4994	1041	160	246	535	300	115	814	396	480	336	571
2007年	4700	1111	139	156	460	291	143	652	356	537	310	545
2008年	5425	1105	248	157	563	391	154	788	508	522	409	580
2009年	7836	1507	279	194	830	573	212	1259	756	829	585	812
2010年	10232	1880	332	263	1332	781	301	1722	758	1085	711	1067
2011年	10967	2223	374	287	1331	815	381	1694	827	1076	699	1260
2012年	13764	2257	378	398	1493	966	464	2608	1069	1445	909	1777
2013年	16796	2981	443	380	1894	1109	591	2967	1461	1830	1163	1977
2014年	26797	5050	778	622	2912	1951	1047	4807	2262	2776	1417	3175
2015年	34834	6340	1071	812	4107	2954	1269	6049	2913	3599	1804	3916
2016年	50660	8490	1603	1175	6168	4265	1929	8858	4208	5387	2666	5911
2017年	70024	10715	2229	1834	8681	4803	2454	13161	5683	7821	3998	8645
2018年	69057	11567	2226	1660	7944	4505	2763	11789	6170	6578	4248	9607
无开业年份	722	73	8		134	130	20	55	32	38	9	223

2-15 按地区、开业时间分组的企业法人单位从业人员数

年 份	企业从业人员数(人)	南昌市	景德镇市	萍乡市	九江市	新余市	鹰潭市	赣州市	吉安市	宜春市	抚州市	上饶市
总 计	**7564854**	**1786711**	**231283**	**285342**	**843726**	**308756**	**217127**	**1035072**	**687039**	**889724**	**470863**	**754890**
1949年以前	3166	754	9	157	388			1082	177	114	2	483
1950-1977年	318000	133843	6492	5667	26971	10483	20450	9432	16327	14450	55364	18521
1978-1991年	340157	175584	16386	4985	27227	26060	29732	6842	14775	13375	13160	12031
1992-2000年	617274	217969	20840	30050	43428	17141	9956	47704	35511	67268	33123	43328
2001年	211089	45124	5322	13335	22346	4389	6011	31507	15706	33260	7852	25789
2002年	248639	79303	5199	19815	22361	3657	6696	20446	23325	19101	17932	29883
2003年	216071	55434	5855	16047	24347	4923	4909	25773	25247	22034	8897	22605
2004年	224092	47087	4215	8678	32378	5574	5218	31486	36094	26499	12369	14494
2005年	258303	69251	8941	6544	24261	6626	5731	25681	27128	41996	9091	33053
2006年	281539	82328	5615	15164	29183	9018	8673	25858	17025	41879	13788	33008
2007年	234781	46495	7948	11374	25382	7811	3747	24437	24086	37769	14980	30752

2-15 续表

年份	企业从业人员数（人）											
		南昌市	景德镇市	萍乡市	九江市	新余市	鹰潭市	赣州市	吉安市	宜春市	抚州市	上饶市
2008年	244451	68384	13941	11125	21158	7450	4047	22776	25727	26398	16267	26262
2009年	346122	97053	7662	11937	28473	13006	3424	53212	37057	40418	19868	34012
2010年	372891	83786	9114	13106	41012	11678	7407	50777	32423	64143	26809	32636
2011年	313234	60965	8301	13604	39823	10987	8881	47745	29806	39487	21097	32538
2012年	330008	53184	8306	18951	42390	12757	7117	50005	30498	40340	28167	38293
2013年	322979	49923	7279	9357	36356	11058	8059	53254	35449	41540	26754	43950
2014年	409032	80639	11677	11702	53371	19086	10899	71741	43458	42996	21472	41991
2015年	459931	83148	14746	14133	59391	24512	11185	73361	52445	59826	22602	43502
2016年	565533	85936	17498	13609	74140	34013	16996	109086	49088	76253	32023	56891
2017年	734131	103074	26297	21627	96928	38421	20400	152238	65742	92659	40299	76446
2018年	512828	67355	19620	14375	72105	30101	17589	100564	49930	47901	28938	64350
无开业年份	603	92	20		307	5		65	15	18	9	72

2-16 按行业(大类)、运营状态

行业大类	企业法人单位数(个)	正常运营	停业(歇业)
总 计	**354445**	**303091**	**25227**
农、林、牧、渔业	**2462**	**2068**	**193**
农业	11	10	
林业	5	5	
畜牧业	2	1	
渔业	1	1	
农、林、牧、渔专业及辅助性活动	2443	2051	193
采矿业	**2998**	**2176**	**471**
煤炭开采和洗选业	242	155	32
石油和天然气开采业	2		2
黑色金属矿采选业	264	165	49
有色金属矿采选业	411	279	73
非金属矿采选业	1811	1396	268
开采专业及辅助性活动	33	23	5
其他采矿业	235	158	42
制造业	**62482**	**52544**	**4545**
农副食品加工业	3423	2983	238
食品制造业	1435	1224	104
酒、饮料和精制茶制造业	1170	987	95
烟草制品业	7	5	2
纺织业	2209	1748	228
纺织服装、服饰业	6029	5234	416
皮革、毛皮、羽毛及其制品和制鞋业	1857	1513	176
木材加工和木、竹、藤、棕、草制品业	2980	2471	274
家具制造业	3797	3466	121
造纸和纸制品业	1106	955	84
印刷和记录媒介复制业	1287	1175	61
文教、工美、体育和娱乐用品制造业	1805	1529	123
石油、煤炭及其他燃料加工业	304	231	39
化学原料和化学制品制造业	3613	3057	251
医药制造业	1101	914	84
化学纤维制造业	78	68	2
橡胶和塑料制品业	2077	1738	168
非金属矿物制品业	8813	7433	642
黑色金属冶炼和压延加工业	295	244	28
有色金属冶炼和压延加工业	1180	962	97

分组的企业法人单位数

筹建	当年关闭	当年破产	当年注销	当年吊销	其他
11053	**4285**	**268**	**5908**	**627**	**3986**
97	**28**	**1**	**34**	**11**	**30**
					1
1					
96	28	1	34	11	29
63	**142**	**10**	**79**	**13**	**44**
	36	2	14	1	2
4	19		16	5	6
8	31	3	6	1	10
38	47	4	35	5	18
2			1		2
11	9	1	7	1	6
2642	**939**	**79**	**863**	**140**	**730**
103	36	3	27	4	29
65	23	1	8	1	9
36	18	1	17	2	14
70	37	3	62	3	58
86	90	12	98	15	78
70	34		31	2	31
94	67	8	28	4	34
101	46	3	15	7	38
30	20	1	5		11
24	7		10	3	7
48	29	1	58	3	14
16	6		6		6
180	61	1	31	5	27
72	7		11	3	10
7					1
89	32		25	1	24
337	160	13	110	21	97
5	6		6	2	4
62	23	2	13	4	17

2-16 续表 1

行业大类	企业法人单位数（个）	正常运营	停业(歇业)
金属制品业	3389	2826	250
通用设备制造业	2355	1943	159
专用设备制造业	2411	2030	134
汽车制造业	1076	866	81
铁路、船舶、航空航天和其他运输设备制造业	467	357	42
电气机械和器材制造业	2630	2162	162
计算机、通信和其他电子设备制造业	2618	2102	183
仪器仪表制造业	516	433	41
其他制造业	1277	985	141
废弃资源综合利用业	554	432	53
金属制品、机械和设备修理业	623	471	66
电力、热力、燃气及水生产和供应业	**5134**	**4722**	**164**
电力、热力生产和供应业	3999	3669	136
燃气生产和供应业	211	184	12
水的生产和供应业	924	869	16
建筑业	**27568**	**24244**	**1481**
房屋建筑业	8024	7059	397
土木工程建筑业	6026	5352	309
建筑安装业	3376	2985	190
建筑装饰、装修和其他建筑业	10142	8848	585
批发和零售业	**115170**	**99658**	**7773**
批发业	58953	50672	4320
零售业	56217	48986	3453
交通运输、仓储和邮政业	**17020**	**14634**	**1243**
铁路运输业	6	6	
道路运输业	14101	12053	1086
水上运输业	262	217	28
航空运输业	25	22	1
管道运输业	4	4	
多式联运和运输代理业	424	352	31
装卸搬运和仓储业	1365	1201	72
邮政业	833	779	25
住宿和餐饮业	**6632**	**5818**	**352**
住宿业	2688	2422	116
餐饮业	3944	3396	236
信息传输、软件和信息技术服务业	**15112**	**12635**	**1125**
电信、广播电视和卫星传输服务	401	371	10
互联网和相关服务	2281	1857	189
软件和信息技术服务业	12430	10407	926

筹建	当年关闭	当年破产	当年注销	当年吊销	其他
181	44	6	44	9	29
133	40	4	42	8	26
148	30	4	23	3	39
91	15	1	11	1	10
19	9	1	38		1
193	21	5	35	10	42
230	31	5	38	3	26
24	7		7	1	3
75	16	4	29	9	18
40	12		7	1	9
13	12		28	15	18
138	**38**		**43**	**4**	**25**
106	29		35	3	21
9	2		3		1
23	7		5	1	3
996	**217**	**8**	**351**	**24**	**247**
337	68	2	87	5	69
212	45	1	55	4	48
90	35	1	40	4	31
357	69	4	169	11	99
2739	**1307**	**77**	**1975**	**215**	**1426**
1401	657	40	1055	139	669
1338	650	37	920	76	757
352	**227**	**22**	**322**	**21**	**199**
303	196	19	260	18	166
6	5	1	3		2
1			1		
9	9		19		4
26	11	1	30	2	22
7	6	1	9	1	5
191	**102**	**5**	**98**	**20**	**46**
95	23	1	21	2	8
96	79	4	77	18	38
642	**177**	**4**	**363**	**17**	**149**
4	4		6		6
90	54	1	51	3	36
548	119	3	306	14	107

2-16 续表 2

行业大类	企业法人单位数(个)	正常运营	停业(歇业)
金融业	**1618**	**1524**	**40**
货币金融服务	706	663	20
资本市场服务	354	330	8
保险业	387	381	4
其他金融业	171	150	8
房地产业	**13463**	**11861**	**788**
房地产业	13463	11861	788
租赁和商务服务业	**46838**	**38179**	**4833**
租赁业	4528	3903	300
商务服务业	42310	34276	4533
科学研究和技术服务业	**14113**	**12067**	**874**
研究和试验发展	1035	768	85
专业技术服务业	8648	7720	440
科技推广和应用服务业	4430	3579	349
水利、环境和公共设施管理业	**2380**	**1995**	**167**
水利管理业	101	79	7
生态保护和环境治理业	339	272	27
公共设施管理业	1842	1565	126
土地管理业	98	79	7
居民服务、修理和其他服务业	**7714**	**6775**	**458**
居民服务业	2879	2491	183
机动车、电子产品和日用产品修理业	3205	2891	160
其他服务业	1630	1393	115
教育	**3553**	**3233**	**150**
教育	3553	3233	150
卫生和社会工作	**1099**	**980**	**29**
卫生	890	824	13
社会工作	209	156	16
文化、体育和娱乐业	**9089**	**7978**	**541**
新闻和出版业	83	79	2
广播、电视、电影和录音制作业	757	680	31
文化艺术业	2304	2043	110
体育	637	574	30
娱乐业	5308	4602	368

筹建	当年关闭	当年破产	当年注销	当年吊销	其他
15	**13**	**1**	**9**	**1**	**15**
3	10		4		6
6	1	1	1	1	6
1			1		
5	2		3		3
399	**85**	**5**	**142**	**26**	**157**
399	85	5	142	26	157
1520	**645**	**34**	**986**	**71**	**570**
132	55	2	86	9	41
1388	590	32	900	62	529
584	**109**	**7**	**299**	**25**	**148**
70	11	1	93	2	5
228	49	1	116	12	82
286	49	5	90	11	61
119	**29**	**3**	**30**	**6**	**31**
5	2		4		4
20	6	1	4	2	7
89	21	1	18	4	18
5		1	4		2
169	**79**	**6**	**143**	**17**	**67**
74	43	1	61	6	20
57	19	4	46	4	24
38	17	1	36	7	23
90	**16**	**1**	**32**	**1**	**30**
90	16	1	32	1	30
65	**8**		**9**	**1**	**7**
36	6		7	1	3
29	2		2		4
232	**124**	**5**	**130**	**14**	**65**
1			1		
25	6	1	8	1	5
63	19	2	40	5	22
20	6	2	4	1	
123	93		77	7	38

2-17 按行业(大类)、运营状态

行业大类	企业从业人员数(人)		
		正常运营	停业(歇业)
总　计	**7564854**	**7414666**	**68680**
农、林、牧、渔业	**19743**	**18694**	**364**
农业			
林业			
畜牧业			
渔业			
农、林、牧、渔专业及辅助性活动	19743	18694	364
采矿业	**104502**	**100412**	**2383**
煤炭开采和洗选业	28180	27170	661
石油和天然气开采业	5		5
黑色金属矿采选业	5824	5681	87
有色金属矿采选业	27741	27059	497
非金属矿采选业	40164	38179	1015
开采专业及辅助性活动	190	177	7
其他采矿业	2398	2146	111
制造业	**2987704**	**2930519**	**26398**
农副食品加工业	114220	112510	927
食品制造业	54714	54081	299
酒、饮料和精制茶制造业	37536	36720	281
烟草制品业	5812	5794	18
纺织业	113439	110785	1711
纺织服装、服饰业	260224	254530	2446
皮革、毛皮、羽毛及其制品和制鞋业	127833	126805	485
木材加工和木、竹、藤、棕、草制品业	71638	69765	922
家具制造业	123852	121916	556
造纸和纸制品业	40038	37818	1476
印刷和记录媒介复制业	34648	34391	144
文教、工美、体育和娱乐用品制造业	81674	80525	808
石油、煤炭及其他燃料加工业	18239	18026	121
化学原料和化学制品制造业	213652	208497	2872
医药制造业	102010	100887	463
化学纤维制造业	6349	6244	7
橡胶和塑料制品业	73709	70740	1144
非金属矿物制品业	335501	327552	4286
黑色金属冶炼和压延加工业	52623	52283	253
有色金属冶炼和压延加工业	121506	120197	782

分组的企业法人单位从业人员数

筹建	当年关闭	当年破产	当年注销	当年吊销	其他
33030	**14863**	**2776**	**16277**	**1225**	**13337**
423	**92**	**3**	**127**	**4**	**36**
423	92	3	127	4	36
544	**827**	**63**	**197**	**27**	**49**
	342		7		
15	12		17	12	
133	33	5			14
327	418	47	150	15	13
					6
69	22	11	23		16
14705	**5933**	**2333**	**4409**	**377**	**3030**
434	207	13	23		106
248	36		17	2	31
121	307	43	16		48
273	128	24	414		104
317	543	1187	619	115	467
206	74		122		141
300	234	44	135	17	221
589	286	57	14	11	423
305	375				64
50	17		33	2	11
181	78	2	62		18
64	9		5		14
1124	505	41	350	43	220
407	72		101	8	72
98					
601	942		231		51
1615	1285	81	287	95	300
62	3		13	9	
397	38	18	28	3	43

2-17 续表 1

行业大类	企业从业人员数(人)	正常运营	停业(歇业)
金属制品业	88237	86029	1027
通用设备制造业	89742	87842	869
专用设备制造业	79385	77735	612
汽车制造业	119448	118442	202
铁路、船舶、航空航天和其他运输设备制造业	20739	19399	261
电气机械和器材制造业	206007	202902	654
计算机、通信和其他电子设备制造业	326106	322077	1404
仪器仪表制造业	24009	23393	194
其他制造业	24267	23256	433
废弃资源综合利用业	15385	14606	551
金属制品、机械和设备修理业	5162	4772	190
电力、热力、燃气及水生产和供应业	**132319**	**130933**	**263**
电力、热力生产和供应业	96399	95461	233
燃气生产和供应业	8807	8696	24
水的生产和供应业	27113	26776	6
建筑业	**1685981**	**1673576**	**5505**
房屋建筑业	1162484	1157335	2223
土木工程建筑业	335534	332245	1691
建筑安装业	55717	54456	405
建筑装饰、装修和其他建筑业	132246	129540	1186
批发和零售业	**888496**	**859348**	**13808**
批发业	459103	442947	7997
零售业	429393	416401	5811
交通运输、仓储和邮政业	**394400**	**388411**	**2976**
铁路运输业	198	198	
道路运输业	322727	317672	2621
水上运输业	8596	8463	60
航空运输业	4574	4569	4
管道运输业	264	264	
多式联运和运输代理业	3981	3769	84
装卸搬运和仓储业	21983	21560	152
邮政业	32077	31916	55
住宿和餐饮业	**124252**	**121024**	**1674**
住宿业	64389	62917	779
餐饮业	59863	58107	895
信息传输、软件和信息技术服务业	**147234**	**143372**	**1528**
电信、广播电视和卫星传输服务	40171	40137	2
互联网和相关服务	17091	16371	250
软件和信息技术服务业	89972	86864	1276

筹建	当年关闭	当年破产	当年注销	当年吊销	其他
725	107	8	297		44
542	163	65	84	5	172
709	40		157	13	119
762	19	2	17		4
74	76		926		3
1436	61	581	140	20	213
2101	154	126	187	12	45
394	8		12		8
354	96	41	33	12	42
167	19		37		5
49	51		49	10	41
845	**62**		**94**		**122**
522	45		76		62
87					
236	17		18		60
2270	**1748**	**14**	**1402**	**44**	**1422**
643	1089	5	367	16	806
672	404		307	10	205
259	112	6	376	9	94
696	143	3	352	9	317
4703	**2932**	**189**	**3721**	**367**	**3428**
2868	1611	101	1796	275	1508
1835	1321	88	1925	92	1920
742	**741**	**37**	**791**	**44**	**658**
663	609	25	534	44	559
4		7	62		
1					
10	85		18		15
51	33		129		58
13	14	5	48		26
627	**477**	**9**	**299**	**9**	**133**
369	193	3	102		26
258	284	6	197	9	107
914	**292**	**7**	**730**	**36**	**355**
15	4		3		10
118	66	5	124	17	140
781	222	2	603	19	205

2-17 续表 2

行业大类	企业从业人员数（人）	正常运营	停业(歇业)
金融业	**6567**	**6382**	**44**
货币金融服务	2797	2732	26
资本市场服务	1876	1824	14
保险业	133	133	
其他金融业	1761	1693	4
房地产业	**244990**	**238603**	**2866**
房地产业	244990	238603	2866
租赁和商务服务业	**419442**	**405181**	**7071**
租赁业	37076	35563	774
商务服务业	382366	369618	6297
科学研究和技术服务业	**140479**	**136335**	**1260**
研究和试验发展	7340	7027	90
专业技术服务业	102712	100718	757
科技推广和应用服务业	30427	28590	413
水利、环境和公共设施管理业	**51855**	**50513**	**444**
水利管理业	761	698	
生态保护和环境治理业	3642	3410	24
公共设施管理业	46330	45347	408
土地管理业	1122	1058	12
居民服务、修理和其他服务业	**73877**	**71869**	**815**
居民服务业	29290	28423	324
机动车、电子产品和日用产品修理业	23242	22609	282
其他服务业	21345	20837	209
教育	**37173**	**36378**	**249**
教育	37173	36378	249
卫生和社会工作	**31931**	**31611**	**36**
卫生	29852	29640	21
社会工作	2079	1971	15
文化、体育和娱乐业	**73909**	**71505**	**996**
新闻和出版业	2268	2247	5
广播、电视、电影和录音制作业	9037	8828	89
文化艺术业	18654	18109	182
体育	5945	5844	17
娱乐业	38005	36477	703

筹建	当年关闭	当年破产	当年注销	当年吊销	其他
77	**11**		**24**	**5**	**24**
4	10		10		15
20			13	5	
53	1		1		9
1060	**245**	**22**	**589**	**25**	**1580**
1060	245	22	589	25	1580
2738	**611**	**52**	**2358**	**129**	**1302**
332	62		189	8	148
2406	549	52	2169	121	1154
1538	**315**	**16**	**544**	**79**	**392**
133	21		58	6	5
480	250		219	24	264
925	44	16	267	49	123
606	**62**	**5**	**87**		**138**
59			4		
154	31	5	13		5
389	31		22		133
4			48		
221	**225**	**5**	**515**	**16**	**211**
49	145		243		106
120	29	5	135	6	56
52	51		137	10	49
161	**39**	**5**	**66**		**275**
161	39	5	66		275
224	**8**		**7**	**42**	**3**
134	8		7	42	
90					3
632	**243**	**16**	**317**	**21**	**179**
			16		
52	30		24		14
137	30	3	80	9	104
36	22	13	13		
407	161		184	12	61

2-18 按地区、运营状态分组的企业法人单位数

地区	企业法人单位数（个）	正常运营	停业(歇业)	筹建	当年关闭	当年破产	当年注销	当年吊销	其他
全省	**354445**	**303091**	**25227**	**11053**	**4285**	**268**	**5908**	**627**	**3986**
南昌市	62137	56296	2858	2136	207	8	343	22	267
景德镇市	11366	10300	340	416	102	20	75	17	96
萍乡市	9308	8484	438	159	108	1	73		45
九江市	41595	37514	2038	1000	291	23	393	33	303
新余市	25165	18307	3749	345	362	21	1350	252	779
鹰潭市	12676	9298	1360	483	542	47	610	26	310
赣州市	61090	56648	2236	832	405	72	441	39	417
吉安市	30133	25686	1829	1402	464	24	491	26	211
宜春市	36794	30397	3865	932	558	19	442	29	552
抚州市	21182	17583	1659	951	365	7	380	65	172
上饶市	42999	32578	4855	2397	881	26	1310	118	834

2-19 按地区、运营状态分组的企业法人单位从业人员数

地区	企业从业人员数（人）	正常运营	停业(歇业)	筹建	当年关闭	当年破产	当年注销	当年吊销	其他
全省	**7564854**	**7414666**	**68680**	**33030**	**14863**	**2776**	**16277**	**1225**	**13337**
南昌市	1786711	1773895	5787	3910	1090	32	400	37	1560
景德镇市	231283	222558	3794	1434	1345	295	644	94	1119
萍乡市	285342	279437	2314	605	1045	579	836		526
九江市	843726	820877	10509	4671	1992	102	3474	167	1934
新余市	308756	299245	3850	351	281	134	3279	421	1195
鹰潭市	217127	210047	4159	1324	411	11	640	28	507
赣州市	1035072	1008254	13142	5922	1929	1048	1934	165	2678
吉安市	687039	672915	5919	3641	1532	41	2103	104	784
宜春市	889724	876755	5325	3150	1907	469	917	7	1194
抚州市	470863	460258	3858	3465	1816	15	877	125	449
上饶市	754890	736104	10023	4557	1515	50	1173	77	1391

注：分地区从业人员数不含数据处理地在“江西省直”的单位。

2-20 按地区、单位规模分组的企业法人单位数

地 区	企业法人单位数（个）	大型	中型	小型	微型
全 省	**349277**	**646**	**5910**	**65911**	**276810**
南 昌 市	61052	250	1355	11019	48428
景德镇市	11190	20	185	2987	7998
萍 乡 市	9128	27	219	2240	6642
九 江 市	40955	44	725	9534	30652
新 余 市	24996	19	218	3444	21315
鹰 潭 市	12498	19	162	1995	10322
赣 州 市	60255	66	799	11098	48292
吉 安 市	29520	52	612	5482	23374
宜 春 市	36377	68	690	8160	27459
抚 州 市	20873	34	366	3505	16968
上 饶 市	42433	47	579	6447	35360

注：本表不含无单位规模标识的单位数据。

2-21 按地区、单位规模分组的企业法人单位从业人员数

地 区	企业从业人员数（人）	大型	中型	小型	微型
全 省	**7503488**	**1370605**	**1684423**	**2898497**	**1549963**
南 昌 市	1770957	705538	402022	433623	229774
景德镇市	228577	31843	40337	98392	58005
萍 乡 市	282969	31178	72768	138557	40466
九 江 市	835238	50000	193277	381646	210315
新 余 市	307145	36353	60045	94916	115831
鹰 潭 市	215565	58893	30730	76392	49550
赣 州 市	1026184	72024	185956	464763	303441
吉 安 市	680991	99760	169995	286020	125216
宜 春 市	885509	106250	207118	422920	149221
抚 州 市	467816	65916	107481	206539	87880
上 饶 市	748216	61894	213614	294729	177979

注：本表不含无单位规模标识的单位数据。分地区从业人员数不含数据处理地在“江西省直”的单位。

2-22 按行业(大类)、单位规模分组的企业法人单位数

行业大类	企业法人单位数(个)	大型	中型	小型	微型
总　计	**349277**	**646**	**5910**	**65911**	**276810**
农、林、牧、渔业	**2462**		**226**	**1125**	**1111**
农业	11				11
林业	5				5
畜牧业	2				2
渔业	1				1
农、林、牧、渔专业及辅助性活动	2443		226	1125	1092
采矿业	**2998**	**4**	**45**	**812**	**2137**
煤炭开采和洗选业	242	2	11	105	124
石油和天然气开采业	2				2
黑色金属矿采选业	264		2	42	220
有色金属矿采选业	411	1	24	133	253
非金属矿采选业	1811	1	8	504	1298
开采专业及辅助性活动	33				33
其他采矿业	235			28	207
制造业	**62482**	**193**	**1240**	**20429**	**40620**
农副食品加工业	3423	8	36	932	2447
食品制造业	1435	2	37	409	987
酒、饮料和精制茶制造业	1170	2	18	210	940
烟草制品业	7	1	1		5
纺织业	2209	5	67	868	1269
纺织服装、服饰业	6029	6	92	2133	3798
皮革、毛皮、羽毛及其制品和制鞋业	1857	6	61	641	1149
木材加工和木、竹、藤、棕、草制品业	2980	1	12	811	2156
家具制造业	3797	1	26	1469	2301
造纸和纸制品业	1106	2	16	329	759
印刷和记录媒介复制业	1287	1	17	282	987
文教、工美、体育和娱乐用品制造业	1805	6	35	502	1262
石油、煤炭及其他燃料加工业	304	2	2	74	226
化学原料和化学制品制造业	3613	5	85	1760	1763
医药制造业	1101	11	50	464	576
化学纤维制造业	78	1	3	34	40
橡胶和塑料制品业	2077	2	32	698	1345
非金属矿物制品业	8813	19	160	2931	5703
黑色金属冶炼和压延加工业	295	4	11	96	184
有色金属冶炼和压延加工业	1180	7	63	554	556

注：本表不含无单位规模标识的单位数据。

2-22　续表 1

行业大类	企业法人单位数(个)	大型	中型	小型	微型
金属制品业	3389	5	29	812	2543
通用设备制造业	2355	6	39	670	1640
专用设备制造业	2411	4	35	658	1714
汽车制造业	1076	6	37	416	617
铁路、船舶、航空航天和其他运输设备制造业	467	1	8	170	288
电气机械和器材制造业	2630	21	121	890	1598
计算机、通信和其他电子设备制造业	2618	55	129	929	1505
仪器仪表制造业	516	3	8	164	341
其他制造业	1277		4	289	984
废弃资源综合利用业	554		6	167	381
金属制品、机械和设备修理业	623			67	556
电力、热力、燃气及水生产和供应业	**5134**	**5**	**29**	**502**	**4598**
电力、热力生产和供应业	3999	3	18	256	3722
燃气生产和供应业	211	1	3	79	128
水的生产和供应业	924	1	8	167	748
建筑业	**27568**	**77**	**840**	**5189**	**21462**
房屋建筑业	8024	40	495	2097	5392
土木工程建筑业	6026	32	252	1389	4353
建筑安装业	3376	3	40	519	2814
建筑装饰、装修和其他建筑业	10142	2	53	1184	8903
批发和零售业	**115170**	**96**	**1452**	**12758**	**100864**
批发业	58953	58	650	4978	53267
零售业	56217	38	802	7780	47597
交通运输、仓储和邮政业	**17014**	**20**	**99**	**3732**	**13163**
铁路运输业					
道路运输业	14101	9	65	3243	10784
水上运输业	262		5	75	182
航空运输业	25	1	2	5	17
管道运输业	4			1	3
多式联运和运输代理业	424			50	374
装卸搬运和仓储业	1365		20	213	1132
邮政业	833	10	7	145	671
住宿和餐饮业	**6632**	**4**	**107**	**2533**	**3988**
住宿业	2688	2	76	1154	1456
餐饮业	3944	2	31	1379	2532
信息传输、软件和信息技术服务业	**15112**	**13**	**72**	**2529**	**12498**
电信、广播电视和卫星传输服务	401	4	38	72	287
互联网和相关服务	2281		11	368	1902
软件和信息技术服务业	12430	9	23	2089	10309

2-22 续表 2

行业大类	企业法人单位数(个)	大型	中型	小型	微型
金融业	**1613**	**129**	**13**	**153**	**1318**
货币金融服务	706	129	10	120	447
资本市场服务	349		2	9	338
保险业	387			19	368
其他金融业	171		1	5	165
房地产业	**12641**	**20**	**1522**	**1548**	**9551**
房地产业	12641	20	1522	1548	9551
租赁和商务服务业	**46838**	**2**	**27**	**6271**	**40538**
租赁业	4528			931	3597
商务服务业	42310	2	27	5340	36941
科学研究和技术服务业	**14113**	**25**	**90**	**3559**	**10439**
研究和试验发展	1035		2	225	808
专业技术服务业	8648	24	80	2422	6122
科技推广和应用服务业	4430	1	8	912	3509
水利、环境和公共设施管理业	**2380**	**24**	**44**	**699**	**1613**
水利管理业	101			20	81
生态保护和环境治理业	339	1	3	86	249
公共设施管理业	1842	23	41	561	1217
土地管理业	98			32	66
居民服务、修理和其他服务业	**7714**	**14**	**31**	**1944**	**5725**
居民服务业	2879	6	11	775	2087
机动车、电子产品和日用产品修理业	3205		2	751	2452
其他服务业	1630	8	18	418	1186
教育					
教育					
卫生和社会工作	**317**	**15**	**40**	**106**	**156**
卫生	108	15	39	51	3
社会工作	209		1	55	153
文化、体育和娱乐业	**9089**	**5**	**33**	**2022**	**7029**
新闻和出版业	83		8	34	41
广播、电视、电影和录音制作业	757	1	2	292	462
文化艺术业	2304	2	6	533	1763
体育	637		3	193	441
娱乐业	5308	2	14	970	4322

2-23　按行业(大类)、单位规模分组的企业法人单位从业人员数

行业大类	企业从业人员数(人)	大型	中型	小型	微型
总　计	**7503488**	**1370605**	**1684423**	**2898497**	**1549963**
农、林、牧、渔业	**19743**		**6933**	**9401**	**3409**
农业					
林业					
畜牧业					
渔业					
农、林、牧、渔专业及辅助性活动	19743		6933	9401	3409
采矿业	**104502**	**10858**	**27521**	**51470**	**14653**
煤炭开采和洗选业	28180	8632	9619	9130	799
石油和天然气开采业	5				5
黑色金属矿采选业	5824		649	3898	1277
有色金属矿采选业	27741	1107	14427	10665	1542
非金属矿采选业	40164	1119	2826	26665	9554
开采专业及辅助性活动	190				190
其他采矿业	2398			1112	1286
制造业	**2987704**	**565475**	**645681**	**1436185**	**340363**
农副食品加工业	114220	16930	18836	60265	18189
食品制造业	54714	2994	18010	26004	7706
酒、饮料和精制茶制造业	37536	4806	9616	16099	7015
烟草制品业	5812	5108	650		54
纺织业	113439	6906	34439	62217	9877
纺织服装、服饰业	260224	14622	55122	147839	42641
皮革、毛皮、羽毛及其制品和制鞋业	127833	28434	38697	47656	13046
木材加工和木、竹、藤、棕、草制品业	71638	1423	5988	46382	17845
家具制造业	123852	1013	11135	91602	20102
造纸和纸制品业	40038	2900	7845	22546	6747
印刷和记录媒介复制业	34648	1095	7698	18650	7205
文教、工美、体育和娱乐用品制造业	81674	13453	19489	37675	11057
石油、煤炭及其他燃料加工业	18239	11875	956	3904	1504
化学原料和化学制品制造业	213652	7779	39014	153005	13854
医药制造业	102010	32407	22603	42663	4337
化学纤维制造业	6349	1153	2108	2678	410
橡胶和塑料制品业	73709	2293	14034	46736	10646
非金属矿物制品业	335501	25700	85166	178675	45960
黑色金属冶炼和压延加工业	52623	39905	4458	6918	1342
有色金属冶炼和压延加工业	121506	35829	29265	52732	3680

注：本表不含无单位规模标识的单位数据。

2-23 续表 1

行业大类	企业从业人员数（人）	大型	中型	小型	微型
金属制品业	88237	6020	14205	50057	17955
通用设备制造业	89742	16953	17881	42821	12087
专用设备制造业	79385	9871	16244	40434	12836
汽车制造业	119448	60447	19302	32199	7500
铁路、船舶、航空航天和其他运输设备制造业	20739	4230	3827	10110	2572
电气机械和器材制造业	206007	48904	65473	79025	12605
计算机、通信和其他电子设备制造业	326106	158533	73469	78023	16081
仪器仪表制造业	24009	3892	5171	12257	2689
其他制造业	24267		2074	14800	7393
废弃资源综合利用业	15385		2906	9872	2607
金属制品、机械和设备修理业	5162			2341	2821
电力、热力、燃气及水生产和供应业	**132319**	**60138**	**14923**	**34016**	**23242**
电力、热力生产和供应业	96399	53569	9926	15352	17552
燃气生产和供应业	8807	1149	1629	5126	903
水的生产和供应业	27113	5420	3368	13538	4787
建筑业	**1685981**	**501193**	**635687**	**370410**	**178691**
房屋建筑业	1162484	417824	465941	214884	63835
土木工程建筑业	335534	70820	135259	90154	39301
建筑安装业	55717	9803	10771	16822	18321
建筑装饰、装修和其他建筑业	132246	2746	23716	48550	57234
批发和零售业	**888496**	**88092**	**126421**	**232352**	**441631**
批发业	459103	48533	46714	96243	267613
零售业	429393	39559	79707	136109	174018
交通运输、仓储和邮政业	**394202**	**51127**	**54511**	**203817**	**84747**
铁路运输业					
道路运输业	322727	31154	41673	180895	69005
水上运输业	8596		2454	4940	1202
航空运输业	4574	2708	1216	494	156
管道运输业	264			223	41
多式联运和运输代理业	3981			1773	2208
装卸搬运和仓储业	21983		4692	9503	7788
邮政业	32077	17265	4476	5989	4347
住宿和餐饮业	**124252**	**3727**	**22172**	**76951**	**21402**
住宿业	64389	731	15989	39522	8147
餐饮业	59863	2996	6183	37429	13255
信息传输、软件和信息技术服务业	**147234**	**20722**	**29654**	**49093**	**47765**
电信、广播电视和卫星传输服务	40171	13096	21840	1897	3338
互联网和相关服务	17091		2874	7075	7142
软件和信息技术服务业	89972	7626	4940	40121	37285

2-23　续表 2

行业大类	企业从业人员数（人）	大型	中型	小型	微型
金融业	**6567**		**110**	**257**	**6200**
货币金融服务	2797			84	2713
资本市场服务	1876		48	69	1759
保险业	133				133
其他金融业	1761		62	104	1595
房地产业	**233569**	**14672**	**66980**	**42897**	**109020**
房地产业	233569	14672	66980	42897	109020
租赁和商务服务业	**419442**	**696**	**16890**	**214424**	**187432**
租赁业	37076			22050	15026
商务服务业	382366	696	16890	192374	172406
科学研究和技术服务业	**140479**	**13382**	**14267**	**74675**	**38155**
研究和试验发展	7340		255	4765	2320
专业技术服务业	102712	13022	12773	52720	24197
科技推广和应用服务业	30427	360	1239	17190	11638
水利、环境和公共设施管理业	**51855**	**21304**	**6619**	**18023**	**5909**
水利管理业	761			526	235
生态保护和环境治理业	3642	314	309	2090	929
公共设施管理业	46330	20990	6310	14497	4533
土地管理业	1122			910	212
居民服务、修理和其他服务业	**73877**	**9233**	**4856**	**38009**	**21779**
居民服务业	29290	4263	1537	15816	7674
机动车、电子产品和日用产品修理业	23242		413	13103	9726
其他服务业	21345	4970	2906	9090	4379
教育					
教育					
卫生和社会工作	**19357**	**7830**	**6331**	**4688**	**508**
卫生	17278	7830	6226	3222	
社会工作	2079		105	1466	508
文化、体育和娱乐业	**73909**	**2156**	**4867**	**41829**	**25057**
新闻和出版业	2268		1056	1063	149
广播、电视、电影和录音制作业	9037	327	329	6545	1836
文化艺术业	18654	730	815	10868	6241
体育	5945		506	3762	1677
娱乐业	38005	1099	2161	19591	15154

2-24 按地区、营业收入组距分组的企业法人单位数

地区	企业法人单位数(个)	100万元及以下	100-200万元	200-500万元	500-1000万元	1000-2000万元	2000-5000万元	5000万元-1亿元	1亿元以上
全　省	**354445**	**168546**	**48788**	**63586**	**31137**	**17253**	**11565**	**5370**	**8200**
南昌市	62137	34696	5518	7802	4636	4545	2349	984	1607
景德镇市	11366	3632	1693	3494	1321	551	328	142	205
萍乡市	9308	3573	1115	1840	963	677	582	248	310
九江市	41595	14990	6951	9890	4410	2452	938	690	1274
新余市	25165	8776	4857	7745	2396	563	323	191	314
鹰潭市	12676	5536	1973	3013	962	411	376	161	244
赣州市	61090	28634	10371	10229	6242	2241	1715	625	1033
吉安市	30133	15791	3994	4396	1980	1247	1209	604	912
宜春市	36794	15053	5106	6817	4205	2326	1632	710	945
抚州市	21182	12704	2243	2444	1283	806	757	387	558
上饶市	42999	25161	4967	5916	2739	1434	1356	628	798

2-25　按地区、营业收入组距分组的企业法人单位从业人员数

地　区	企业从业人员数(人)	100万元及以下	100-200万元	200-500万元	500-1000万元	1000-2000万元	2000-5000万元	5000万元-1亿元	1亿元以上
全　省	**7564854**	**612136**	**377351**	**739922**	**626084**	**613828**	**810732**	**574497**	**3210304**
南昌市	1786711	130420	40883	80488	94735	117268	144073	98225	1080619
景德镇市	231283	16669	13606	42363	26241	20290	23564	19537	69013
萍乡市	285342	15308	9934	23524	20667	29877	47736	33036	105260
九江市	843726	66939	56445	117088	83314	79530	57940	66242	316228
新余市	308756	13685	37691	75773	31731	15542	19397	16829	98108
鹰潭市	217127	14151	12185	28277	17877	15202	22904	11541	94990
赣州市	1035072	126440	75585	127744	124950	101648	135694	76692	266319
吉安市	687039	57360	34814	57990	43752	44382	82548	61334	304859
宜春市	889724	40585	35691	77307	89279	100411	126712	78126	341613
抚州市	470863	45390	20179	36508	33543	39596	57298	46678	191671
上饶市	754890	82904	40338	72860	59995	50082	92866	66257	289588

注：分地区从业人员数不含数据处理地在“江西省直”的单位。

2-26 按行业(大类)、营业收入组距

行业大类	企业法人单位数(个)		
		100万元及以下	100-200万元
总　计	**354445**	**168546**	**48788**
农、林、牧、渔业	**2462**	**1509**	**374**
农业	11	11	
林业	5	5	
畜牧业	2	2	
渔业	1	1	
农、林、牧、渔专业及辅助性活动	2443	1490	374
采矿业	**2998**	**1008**	**278**
煤炭开采和洗选业	242	60	11
石油和天然气开采业	2	2	
黑色金属矿采选业	264	114	17
有色金属矿采选业	411	145	23
非金属矿采选业	1811	556	192
开采专业及辅助性活动	33	15	4
其他采矿业	235	116	31
制造业	**62482**	**19012**	**6659**
农副食品加工业	3423	1116	383
食品制造业	1435	502	164
酒、饮料和精制茶制造业	1170	501	183
烟草制品业	7	2	
纺织业	2209	675	151
纺织服装、服饰业	6029	1708	785
皮革、毛皮、羽毛及其制品和制鞋业	1857	563	204
木材加工和木、竹、藤、棕、草制品业	2980	938	394
家具制造业	3797	808	483
造纸和纸制品业	1106	321	128
印刷和记录媒介复制业	1287	453	201
文教、工美、体育和娱乐用品制造业	1805	641	230
石油、煤炭及其他燃料加工业	304	110	32
化学原料和化学制品制造业	3613	867	248
医药制造业	1101	294	68
化学纤维制造业	78	17	5
橡胶和塑料制品业	2077	630	205
非金属矿物制品业	8813	2413	940
黑色金属冶炼和压延加工业	295	86	21
有色金属冶炼和压延加工业	1180	289	49

分组的企业法人单位数

200-500万元	500-1000万元	1000-2000万元	2000-5000万元	5000万元-1亿元	1亿元以上
63586	**31137**	**17253**	**11565**	**5370**	**8200**
353	**153**	**54**	**12**	**7**	
353	153	54	12	7	
494	**373**	**370**	**205**	**96**	**174**
23	38	54	27	14	15
31	45	27	10	5	15
45	32	46	37	17	66
350	230	217	129	59	78
7	7				
38	21	26	2	1	
9669	**8063**	**7387**	**4997**	**2441**	**4254**
476	392	381	250	167	258
210	144	194	106	42	73
184	100	71	61	20	50
	3			1	1
254	227	292	240	172	198
1028	859	808	444	189	208
290	258	246	116	65	115
577	383	324	213	71	80
749	591	586	434	64	82
194	145	123	87	47	61
227	149	109	55	37	56
298	230	158	102	57	89
24	29	35	41	15	18
430	464	567	474	224	339
146	100	105	128	70	190
13	10	9	7	7	10
297	269	270	175	84	147
1464	1386	1014	660	382	554
24	35	30	22	21	56
103	77	70	99	98	395

2-26 续表 1

行业大类	企业法人单位数（个）	100万元及以下	100-200万元
金属制品业	3389	1209	404
通用设备制造业	2355	779	250
专用设备制造业	2411	816	277
汽车制造业	1076	343	68
铁路、船舶、航空航天和其他运输设备制造业	467	116	45
电气机械和器材制造业	2630	815	215
计算机、通信和其他电子设备制造业	2618	744	227
仪器仪表制造业	516	195	48
其他制造业	1277	532	142
废弃资源综合利用业	554	181	36
金属制品、机械和设备修理业	623	348	73
电力、热力、燃气及水生产和供应业	**5134**	**3043**	**725**
电力、热力生产和供应业	3999	2541	565
燃气生产和供应业	211	54	21
水的生产和供应业	924	448	139
建筑业	**27568**	**12141**	**3657**
房屋建筑业	8024	2887	974
土木工程建筑业	6026	2347	737
建筑安装业	3376	1611	458
建筑装饰、装修和其他建筑业	10142	5296	1488
批发和零售业	**115170**	**56950**	**16985**
批发业	58953	27731	7555
零售业	56217	29219	9430
交通运输、仓储和邮政业	**17020**	**6274**	**2193**
铁路运输业	6		
道路运输业	14101	4891	1776
水上运输业	262	94	24
航空运输业	25	11	1
管道运输业	4	2	1
多式联运和运输代理业	424	210	61
装卸搬运和仓储业	1365	677	167
邮政业	833	389	163
住宿和餐饮业	**6632**	**2876**	**1545**
住宿业	2688	1045	604
餐饮业	3944	1831	941
信息传输、软件和信息技术服务业	**15112**	**9400**	**2026**
电信、广播电视和卫星传输服务	401	205	52
互联网和相关服务	2281	1462	315
软件和信息技术服务业	12430	7733	1659

200-500万元	500-1000万元	1000-2000万元	2000-5000万元	5000万元-1亿元	1亿元以上
551	413	378	207	85	142
358	312	299	150	78	129
381	296	306	173	67	95
97	107	168	112	56	125
94	80	71	30	11	20
355	276	252	239	125	353
380	365	244	232	132	294
79	59	43	46	13	33
206	186	132	50	17	12
82	69	49	42	24	71
98	49	53	2		
570	**266**	**186**	**165**	**78**	**101**
419	194	98	91	36	55
32	13	21	21	20	29
119	59	67	53	22	17
5297	**2882**	**1199**	**960**	**518**	**914**
1438	967	488	435	264	571
1173	713	342	308	157	249
667	380	117	62	43	38
2019	822	252	155	54	56
22872	**8910**	**4808**	**2454**	**1060**	**1131**
11884	5465	3453	1497	686	682
10988	3445	1355	957	374	449
3512	**2444**	**1004**	**1005**	**356**	**232**
				1	5
2951	2164	919	931	312	157
44	34	14	21	15	16
4	2	1	2	1	3
					1
91	40	3	5	10	4
257	135	45	39	15	30
165	69	22	7	2	16
1333	**511**	**197**	**124**	**40**	**6**
562	259	110	77	28	3
771	252	87	47	12	3
2166	**1029**	**205**	**153**	**54**	**79**
55	20	7	8	15	39
289	136	36	26	7	10
1822	873	162	119	32	30

2-26 续表 2

行业大类	企业法人单位数（个）		
		100万元及以下	100-200万元
金融业	**1618**	**521**	**135**
货币金融服务	706	195	54
资本市场服务	354	202	44
保险业	387	30	14
其他金融业	171	94	23
房地产业	**13463**	**6588**	**1475**
房地产业	13463	6588	1475
租赁和商务服务业	**46838**	**26823**	**7275**
租赁业	4528	2170	784
商务服务业	42310	24653	6491
科学研究和技术服务业	**14113**	**7860**	**2072**
研究和试验发展	1035	639	121
专业技术服务业	8648	4442	1396
科技推广和应用服务业	4430	2779	555
水利、环境和公共设施管理业	**2380**	**1248**	**372**
水利管理业	101	65	13
生态保护和环境治理业	339	185	53
公共设施管理业	1842	945	295
土地管理业	98	53	11
居民服务、修理和其他服务业	**7714**	**4689**	**1201**
居民服务业	2879	1824	424
机动车、电子产品和日用产品修理业	3205	1844	526
其他服务业	1630	1021	251
教育	**3553**	**2265**	**524**
教育	3553	2265	524
卫生和社会工作	**1099**	**604**	**115**
卫生	890	453	92
社会工作	209	151	23
文化、体育和娱乐业	**9089**	**5735**	**1177**
新闻和出版业	83	30	10
广播、电视、电影和录音制作业	757	351	116
文化艺术业	2304	1374	306
体育	637	397	84
娱乐业	5308	3583	661

200-500万元	500-1000万元	1000-2000万元	2000-5000万元	5000万元-1亿元	1亿元以上
178	**105**	**83**	**120**	**89**	**387**
66	51	42	41	27	230
68	16	7	7	5	5
19	27	28	66	53	150
25	11	6	6	4	2
2034	**1190**	**506**	**593**	**387**	**690**
2034	1190	506	593	387	690
8144	**3367**	**602**	**382**	**142**	**103**
937	524	60	30	20	3
7207	2843	542	352	122	100
2612	**1004**	**287**	**171**	**43**	**64**
173	80	15	7		
1715	654	213	132	35	61
724	270	59	32	8	3
385	**182**	**77**	**73**	**15**	**28**
11	9	1	1	1	
48	26	12	12	2	1
312	142	61	59	11	17
14	5	3	1	1	10
1503	**186**	**85**	**34**	**11**	**5**
522	67	21	15	4	2
688	77	50	14	5	1
293	42	14	5	2	2
525	**148**	**56**	**26**	**6**	**3**
525	148	56	26	6	3
160	**107**	**46**	**40**	**15**	**12**
140	94	46	38	15	12
20	13		2		
1779	**217**	**101**	**51**	**12**	**17**
16	5	7	4	1	10
173	71	33	10	1	2
545	47	12	14	5	1
133	11	9	3		
912	83	40	20	5	4

2-27 按行业(大类)、营业收入组距分组的

行业大类	企业从业人员数(人)	100万元及以下	100-200万元
总 计	**7564854**	**612136**	**377351**
农、林、牧、渔业	**19743**	**5648**	**2792**
农业			
林业			
畜牧业			
渔业			
农、林、牧、渔专业及辅助性活动	19743	5648	2792
采矿业	**104502**	**3036**	**2359**
煤炭开采和洗选业	28180	135	153
石油和天然气开采业	5	5	
黑色金属矿采选业	5824	199	100
有色金属矿采选业	27741	373	185
非金属矿采选业	40164	1937	1659
开采专业及辅助性活动	190	27	23
其他采矿业	2398	360	239
制造业	**2987704**	**87319**	**69377**
农副食品加工业	114220	4220	3370
食品制造业	54714	2093	1736
酒、饮料和精制茶制造业	37536	2032	1813
烟草制品业	5812	6	
纺织业	113439	2688	1695
纺织服装、服饰业	260224	12190	11345
皮革、毛皮、羽毛及其制品和制鞋业	127833	2939	3829
木材加工和木、竹、藤、棕、草制品业	71638	3691	4095
家具制造业	123852	3381	4650
造纸和纸制品业	40038	2237	1113
印刷和记录媒介复制业	34648	1872	1513
文教、工美、体育和娱乐用品制造业	81674	3096	2719
石油、煤炭及其他燃料加工业	18239	301	270
化学原料和化学制品制造业	213652	3946	2252
医药制造业	102010	1065	779
化学纤维制造业	6349	70	115
橡胶和塑料制品业	73709	2821	1807
非金属矿物制品业	335501	9488	8596
黑色金属冶炼和压延加工业	52623	216	142
有色金属冶炼和压延加工业	121506	941	512
金属制品业	88237	4211	3305

企业法人单位从业人员数

200-500万元	500-1000万元	1000-2000万元	2000-5000万元	5000万元-1亿元	1亿元以上
739922	**626084**	**613828**	**810732**	**574497**	**3210304**
4370	**3998**	**1917**	**475**	**543**	
4370	3998	1917	475	543	
6363	**7455**	**13797**	**15327**	**10371**	**45794**
451	1453	2795	3632	2703	16858
256	603	747	1230	399	2290
786	924	2411	4287	3045	15730
4320	4069	6983	6062	4218	10916
63	77				
487	329	861	116	6	
151026	**184946**	**291820**	**416200**	**285640**	**1501376**
6514	6987	9455	12242	12339	59093
2855	3030	6245	9929	5102	23724
2742	3081	2664	4708	2072	18424
	48			650	5108
4167	5010	10278	18824	18902	51875
21410	23060	37917	47564	29576	77162
7820	7454	13602	13035	13919	65235
8230	8505	12116	16085	6073	12843
10410	12786	28510	35897	6833	21385
2204	2806	4540	5440	4981	16717
2929	2777	3101	4485	6539	11432
4951	6058	7356	11618	10148	35728
266	333	972	1365	656	14076
7837	17039	36788	46231	26032	73527
2002	2276	3422	9038	8437	74991
204	193	641	363	1407	3356
3777	5537	9280	12468	8984	29035
20970	28263	34412	50446	35888	147438
298	542	968	875	1588	47994
1148	1322	1947	5802	7474	102360
6665	7686	10613	14051	8056	33650

2-27 续表 1

行业大类	企业从业人员数(人)	100万元及以下	100-200万元
通用设备制造业	89742	2919	2108
专用设备制造业	79385	3185	2414
汽车制造业	119448	4275	671
铁路、船舶、航空航天和其他运输设备制造业	20739	429	450
电气机械和器材制造业	206007	3188	2206
计算机、通信和其他电子设备制造业	326106	5295	2994
仪器仪表制造业	24009	966	476
其他制造业	24267	2111	1633
废弃资源综合利用业	15385	494	243
金属制品、机械和设备修理业	5162	953	526
电力、热力、燃气及水生产和供应业	**132319**	**10394**	**4698**
电力、热力生产和供应业	96399	8259	3488
燃气生产和供应业	8807	227	127
水的生产和供应业	27113	1908	1083
建筑业	**1685981**	**49648**	**30654**
房屋建筑业	1162484	13417	9829
土木工程建筑业	335534	10229	7313
建筑安装业	55717	5596	3217
建筑装饰、装修和其他建筑业	132246	20406	10295
批发和零售业	**888496**	**159296**	**93379**
批发业	459103	76566	42716
零售业	429393	82730	50663
交通运输、仓储和邮政业	**394400**	**21044**	**17173**
铁路运输业	198		
道路运输业	322727	14639	13111
水上运输业	8596	443	160
航空运输业	4574	108	8
管道运输业	264	23	18
多式联运和运输代理业	3981	683	482
装卸搬运和仓储业	21983	3334	1737
邮政业	32077	1814	1657
住宿和餐饮业	**124252**	**14456**	**16733**
住宿业	64389	5588	6786
餐饮业	59863	8868	9947
信息传输、软件和信息技术服务业	**147234**	**32765**	**15267**
电信、广播电视和卫星传输服务	40171	2960	339
互联网和相关服务	17091	4656	2523
软件和信息技术服务业	89972	25149	12405

200-500万元	500-1000万元	1000-2000万元	2000-5000万元	5000万元-1亿元	1亿元以上
4538	6008	8401	13442	10083	42243
5237	5653	9098	15509	6936	31353
1431	2184	4863	7364	7157	91503
1964	2368	2976	3212	1144	8196
6083	6781	9752	19150	16127	142720
7686	9671	12872	27091	22663	237834
1388	1281	2067	4195	2400	11236
3146	4169	4335	3942	1781	3150
1000	1135	1077	1755	1693	7988
1154	903	1552	74		
6553	**4907**	**7793**	**10761**	**8292**	**78921**
4719	3495	3588	4690	3602	64558
329	184	521	841	871	5707
1505	1228	3684	5230	3819	8656
68567	**66586**	**63580**	**111441**	**116773**	**1178732**
21783	26165	33816	60560	73949	922965
16331	19536	16301	32192	29658	203974
7449	6173	4691	3604	5235	19752
23004	14712	8772	15085	7931	32041
178871	**107268**	**88352**	**63470**	**43062**	**154798**
84898	61701	60287	31808	21247	79880
93973	45567	28065	31662	21815	74918
46283	**54650**	**43561**	**68815**	**41556**	**101318**
				198	
37620	46671	39845	63089	37418	70334
730	900	578	1369	1012	3404
41	41	42	198	212	3921
					223
1148	653	40	446	387	142
4039	3868	1904	2791	1755	2555
2705	2517	1152	922	574	20736
27693	**20227**	**15894**	**16448**	**8841**	**3960**
12570	11138	9818	10935	6610	944
15123	9089	6076	5513	2231	3016
21604	**16265**	**6242**	**6929**	**3540**	**44622**
594	382	323	496	1115	33962
3202	2164	1533	804	603	1606
17808	13719	4386	5629	1822	9054

2-27 续表 2

行业大类	企业从业人员数（人）		
		100万元及以下	100-200万元
金融业	**6567**	**1530**	**988**
货币金融服务	2797	720	350
资本市场服务	1876	298	423
保险业	133	43	27
其他金融业	1761	469	188
房地产业	**244990**	**52574**	**19605**
房地产业	244990	52574	19605
租赁和商务服务业	**419442**	**83512**	**56529**
租赁业	37076	6748	5420
商务服务业	382366	76764	51109
科学研究和技术服务业	**140479**	**28347**	**16858**
研究和试验发展	7340	2005	1034
专业技术服务业	102712	17312	11223
科技推广和应用服务业	30427	9030	4601
水利、环境和公共设施管理业	**51855**	**5595**	**3540**
水利管理业	761	242	80
生态保护和环境治理业	3642	636	401
公共设施管理业	46330	4558	2993
土地管理业	1122	159	66
居民服务、修理和其他服务业	**73877**	**20192**	**11104**
居民服务业	29290	8742	4208
机动车、电子产品和日用产品修理业	23242	6985	4052
其他服务业	21345	4465	2844
教育	**37173**	**11559**	**5513**
教育	37173	11559	5513
卫生和社会工作	**31931**	**2896**	**1527**
卫生	29852	2220	1097
社会工作	2079	676	430
文化、体育和娱乐业	**73909**	**22325**	**9255**
新闻和出版业	2268	112	67
广播、电视、电影和录音制作业	9037	1654	1087
文化艺术业	18654	6122	2443
体育	5945	1835	874
娱乐业	38005	12602	4784

200-500万元	500-1000万元	1000-2000万元	2000-5000万元	5000万元-1亿元	1亿元以上
1642	**845**	**329**	**495**	**432**	**306**
651	449	115	189	73	250
653	152	43	95	164	48
32	11			12	8
306	233	171	211	183	
35885	**30302**	**20086**	**25721**	**21556**	**39261**
35885	30302	20086	25721	21556	39261
93085	**76578**	**26562**	**38389**	**15862**	**28925**
9483	10801	1874	1338	1223	189
83602	65777	24688	37051	14639	28736
31911	**21504**	**11503**	**12250**	**6262**	**11844**
1999	1749	418	135		
21505	15004	9300	10825	5775	11768
8407	4751	1785	1290	487	76
5883	**7080**	**7713**	**9843**	**3025**	**9176**
94	204	53	30	58	
653	671	527	524	125	105
4804	6094	7055	9276	2831	8719
332	111	78	13	11	352
23386	**7771**	**4271**	**3751**	**2559**	**843**
8689	3097	931	2999	157	467
8141	1555	1690	503	306	10
6556	3119	1650	249	2096	366
8188	**4376**	**2903**	**1955**	**1140**	**1539**
8188	4376	2903	1955	1140	1539
3921	**5196**	**3344**	**4870**	**3858**	**6319**
3491	4780	3344	4743	3858	6319
430	416		127		
24691	**6130**	**4161**	**3592**	**1185**	**2570**
241	197	249	250	50	1102
2529	1807	998	733	46	183
7013	1147	605	1175	148	1
1967	553	500	216		
12941	2426	1809	1218	941	1284

2-28 按地区、资产总计组距分组的企业法人单位数

地 区	企业法人单位数(个)	50万元及以下	50-100万元	100-500万元	500-1000万元	1000-5000万元	5000万元-1亿元	1亿元以上
全 省	**354445**	**147469**	**52064**	**91195**	**23373**	**24966**	**5944**	**9434**
南昌市	62137	28431	5965	13507	4957	5577	1292	2408
景德镇市	11366	3453	1901	4261	687	669	153	242
萍乡市	9308	3048	1191	2436	875	1117	281	360
九江市	41595	13321	8314	12666	2754	2600	680	1260
新余市	25165	11581	4353	7583	660	542	164	282
鹰潭市	12676	5578	2167	3114	613	702	159	343
赣州市	61090	23610	11427	16498	4131	3502	753	1169
吉安市	30133	12851	4023	7475	2082	2337	597	768
宜春市	36794	13093	4622	10729	3021	3499	778	1052
抚州市	21182	10567	2443	4138	1246	1748	448	592
上饶市	42999	21936	5658	8788	2347	2673	639	958

2-29　按地区、资产总计组距分组的企业法人单位从业人员数

地　区	企业从业人员数（人）	50万元及以下	50-100万元	100-500万元	500-1000万元	1000-5000万元	5000万元-1亿元	1亿元以上
全　省	**7564854**	**543045**	**392437**	**1113004**	**541394**	**1368668**	**648590**	**2957716**
南昌市	1786711	94662	38985	164740	97827	215331	104856	1070310
景德镇市	231283	18704	15287	54840	15914	40631	19565	66342
萍乡市	285342	13515	9113	28660	24962	77466	33102	98524
九江市	843726	66040	72843	159088	61840	137056	73213	273646
新余市	308756	42911	42100	69420	12606	29051	18234	94434
鹰潭市	217127	15754	14723	33885	13034	29603	11590	98538
赣州市	1035072	110466	78364	206786	100156	219204	86363	233733
吉安市	687039	47233	28668	95547	47931	167834	77112	222714
宜春市	889724	32486	32671	134736	73286	207754	92843	315948
抚州市	470863	35475	17861	54836	35909	103678	48093	175011
上饶市	754890	65799	41822	110466	57929	141060	83619	254195

注：分地区从业人员数不含数据处理地在“江西省直”的单位。

2-30 按行业(大类)、资产总计组距

行业大类	企业法人单位数(个)	50万元及以下
总　计	**354445**	**147469**
农、林、牧、渔业	**2462**	**1152**
农业	11	11
林业	5	5
畜牧业	2	2
渔业	1	1
农、林、牧、渔专业及辅助性活动	2443	1133
采矿业	**2998**	**754**
煤炭开采和洗选业	242	48
石油和天然气开采业	2	2
黑色金属矿采选业	264	88
有色金属矿采选业	411	105
非金属矿采选业	1811	412
开采专业及辅助性活动	33	13
其他采矿业	235	86
制造业	**62482**	**15187**
农副食品加工业	3423	820
食品制造业	1435	350
酒、饮料和精制茶制造业	1170	301
烟草制品业	7	1
纺织业	2209	615
纺织服装、服饰业	6029	1810
皮革、毛皮、羽毛及其制品和制鞋业	1857	578
木材加工和木、竹、藤、棕、草制品业	2980	818
家具制造业	3797	775
造纸和纸制品业	1106	243
印刷和记录媒介复制业	1287	353
文教、工美、体育和娱乐用品制造业	1805	525
石油、煤炭及其他燃料加工业	304	91
化学原料和化学制品制造业	3613	611
医药制造业	1101	206
化学纤维制造业	78	12
橡胶和塑料制品业	2077	452
非金属矿物制品业	8813	1826
黑色金属冶炼和压延加工业	295	73
有色金属冶炼和压延加工业	1180	221

分组的企业法人单位数

50-100万元	100-500万元	500-1000万元	1000-5000万元	5000万元-1亿元	1亿元以上
52064	**91195**	**23373**	**24966**	**5944**	**9434**
411	**631**	**117**	**110**	**21**	**20**
411	631	117	110	21	20
286	**830**	**350**	**530**	**121**	**127**
13	50	29	67	21	14
19	90	19	30	7	11
24	69	35	90	34	54
193	547	236	317	58	48
6	10	4			
31	64	27	26	1	
6283	**17397**	**6842**	**10643**	**2786**	**3344**
349	930	394	579	183	168
131	409	138	263	74	70
150	364	101	156	44	54
	3	1			2
149	530	235	459	98	123
729	1778	746	701	148	117
189	525	190	255	48	72
406	949	326	360	60	61
501	1244	458	725	59	35
114	337	132	187	48	45
184	403	122	144	40	41
248	513	172	217	61	69
24	79	38	51	9	12
223	710	555	963	271	280
63	233	102	222	107	168
7	18	7	22	2	10
198	545	262	428	109	83
807	2764	953	1577	438	448
13	85	17	48	24	35
55	170	82	230	119	303

2-30 续表 1

行业大类	企业法人单位数(个)	
		50万元及以下
金属制品业	3389	915
通用设备制造业	2355	555
专用设备制造业	2411	553
汽车制造业	1076	223
铁路、船舶、航空航天和其他运输设备制造业	467	98
电气机械和器材制造业	2630	585
计算机、通信和其他电子设备制造业	2618	562
仪器仪表制造业	516	137
其他制造业	1277	440
废弃资源综合利用业	554	146
金属制品、机械和设备修理业	623	292
电力、热力、燃气及水生产和供应业	**5134**	**1230**
电力、热力生产和供应业	3999	1013
燃气生产和供应业	211	37
水的生产和供应业	924	180
建筑业	**27568**	**10641**
房屋建筑业	8024	2480
土木工程建筑业	6026	1991
建筑安装业	3376	1379
建筑装饰、装修和其他建筑业	10142	4791
批发和零售业	**115170**	**52800**
批发业	58953	25338
零售业	56217	27462
交通运输、仓储和邮政业	**17020**	**5187**
铁路运输业	6	
道路运输业	14101	4050
水上运输业	262	75
航空运输业	25	9
管道运输业	4	1
多式联运和运输代理业	424	170
装卸搬运和仓储业	1365	487
邮政业	833	395
住宿和餐饮业	**6632**	**2489**
住宿业	2688	757
餐饮业	3944	1732
信息传输、软件和信息技术服务业	**15112**	**8576**
电信、广播电视和卫星传输服务	401	175
互联网和相关服务	2281	1343
软件和信息技术服务业	12430	7058

50-100万元	100-500万元	500-1000万元	1000-5000万元	5000万元-1亿元	1亿元以上
388	1014	337	504	114	117
233	689	249	412	106	111
266	705	267	424	99	97
60	194	112	269	98	120
40	157	63	75	13	21
209	625	234	494	166	317
216	612	288	482	174	284
49	146	38	89	24	33
155	368	122	164	17	11
34	143	56	107	31	37
93	155	45	36	2	
862	**1769**	**417**	**433**	**119**	**304**
747	1470	283	259	44	183
12	45	15	46	17	39
103	254	119	128	58	82
3905	**7432**	**1922**	**2216**	**648**	**804**
975	2047	668	1047	367	440
769	1703	498	612	191	262
528	985	214	197	36	37
1633	2697	542	360	54	65
18915	**31425**	**6302**	**4411**	**684**	**633**
8830	17369	3790	2795	395	436
10085	14056	2512	1616	289	197
2063	**5695**	**1718**	**1922**	**221**	**214**
					6
1627	4884	1549	1714	162	115
25	69	24	39	12	18
	5	1	4	3	3
1	1				1
65	136	27	17	4	5
176	399	86	128	35	54
169	201	31	20	5	12
994	**1937**	**546**	**469**	**87**	**110**
375	816	280	310	61	89
619	1121	266	159	26	21
2434	**2961**	**620**	**370**	**47**	**104**
61	79	15	14	5	52
388	407	79	47	6	11
1985	2475	526	309	36	41

2-30 续表 2

行业大类	企业法人单位数（个）	50万元及以下
金融业	**1618**	**303**
货币金融服务	706	112
资本市场服务	354	98
保险业	387	33
其他金融业	171	60
房地产业	**13463**	**4786**
房地产业	13463	4786
租赁和商务服务业	**46838**	**25265**
租赁业	4528	1631
商务服务业	42310	23634
科学研究和技术服务业	**14113**	**6897**
研究和试验发展	1035	525
专业技术服务业	8648	3950
科技推广和应用服务业	4430	2422
水利、环境和公共设施管理业	**2380**	**977**
水利管理业	101	49
生态保护和环境治理业	339	151
公共设施管理业	1842	737
土地管理业	98	40
居民服务、修理和其他服务业	**7714**	**4212**
居民服务业	2879	1675
机动车、电子产品和日用产品修理业	3205	1611
其他服务业	1630	926
教育	**3553**	**1910**
教育	3553	1910
卫生和社会工作	**1099**	**456**
卫生	890	358
社会工作	209	98
文化、体育和娱乐业	**9089**	**4647**
新闻和出版业	83	23
广播、电视、电影和录音制作业	757	302
文化艺术业	2304	1286
体育	637	341
娱乐业	5308	2695

50-100万元	100-500万元	500-1000万元	1000-5000万元	5000万元-1亿元	1亿元以上
112	**235**	**114**	**210**	**73**	**571**
41	66	31	45	23	388
40	82	39	49	7	39
14	57	31	105	29	118
17	30	13	11	14	26
1491	**2378**	**729**	**1200**	**648**	**2231**
1491	2378	729	1200	648	2231
7890	**9666**	**2032**	**1177**	**236**	**572**
688	1643	374	165	19	8
7202	8023	1658	1012	217	564
2296	**3356**	**766**	**566**	**91**	**141**
165	218	74	37	8	8
1461	2187	506	376	58	110
670	951	186	153	25	23
364	**538**	**144**	**154**	**51**	**152**
15	21	5	4		7
56	71	17	27	9	8
289	426	116	114	41	119
4	20	6	9	1	18
1412	**1704**	**226**	**133**	**14**	**13**
505	553	77	54	7	8
611	827	95	55	5	1
296	324	54	24	2	4
551	**845**	**126**	**89**	**20**	**12**
551	845	126	89	20	12
139	**261**	**81**	**115**	**20**	**27**
110	210	71	103	15	23
29	51	10	12	5	4
1656	**2135**	**321**	**218**	**57**	**55**
8	22	5	10	3	12
102	218	72	53	10	
401	508	52	32	13	12
108	140	21	18	4	5
1037	1247	171	105	27	26

2-31 按行业(大类)、资产总计组距分组的

行业大类	企业从业人员数(人)	50万元及以下	50-100万元
总　计	**7564854**	**543045**	**392437**
农、林、牧、渔业	**19743**	**4020**	**2633**
农业			
林业			
畜牧业			
渔业			
农、林、牧、渔专业及辅助性活动	19743	4020	2633
采矿业	**104502**	**1721**	**2139**
煤炭开采和洗选业	28180	52	50
石油和天然气开采业	5	5	
黑色金属矿采选业	5824	110	142
有色金属矿采选业	27741	113	247
非金属矿采选业	40164	1237	1456
开采专业及辅助性活动	190	19	33
其他采矿业	2398	185	211
制造业	**2987704**	**74242**	**63325**
农副食品加工业	114220	2677	2485
食品制造业	54714	1108	1105
酒、饮料和精制茶制造业	37536	979	920
烟草制品业	5812	6	
纺织业	113439	2778	1837
纺织服装、服饰业	260224	18174	12772
皮革、毛皮、羽毛及其制品和制鞋业	127833	6032	3085
木材加工和木、竹、藤、棕、草制品业	71638	3259	4461
家具制造业	123852	4406	4702
造纸和纸制品业	40038	930	911
印刷和记录媒介复制业	34648	1519	1292
文教、工美、体育和娱乐用品制造业	81674	2884	2840
石油、煤炭及其他燃料加工业	18239	238	192
化学原料和化学制品制造业	213652	1914	1630
医药制造业	102010	364	524
化学纤维制造业	6349	139	30
橡胶和塑料制品业	73709	1374	1540
非金属矿物制品业	335501	6286	6613
黑色金属冶炼和压延加工业	52623	199	63
有色金属冶炼和压延加工业	121506	538	375

企业法人单位从业人员数

100-500万元	500-1000万元	1000-5000万元	5000万元-1亿元	1亿元以上
1113004	**541394**	**1368668**	**648590**	**2957716**
5678	**1790**	**2731**	**1847**	**1044**
5678	1790	2731	1847	1044
10880	**7551**	**28604**	**10484**	**43123**
1025	1217	6876	1996	16964
962	237	2230	653	1490
950	688	5865	2760	17118
6904	4941	13014	5061	7551
88	50			
951	418	619	14	
287685	**203810**	**683091**	**321130**	**1354421**
11490	7741	25943	14555	49329
5368	3343	13752	6249	23789
3975	2018	7823	3130	18691
30	18			5758
11358	8442	33205	11902	43917
46912	32866	69840	22322	57338
13940	8148	32424	10328	53876
15117	9662	19919	6493	12727
23318	15661	54506	8973	12286
4449	3138	11735	5399	13476
4705	2622	9198	4924	10388
9212	5889	17285	12767	30797
895	669	2279	434	13532
11889	24519	77269	30657	65774
3415	2618	12634	13448	69007
274	124	1525	851	3406
6824	6619	26354	10865	20133
39308	22566	83110	42531	135087
1161	326	2242	2341	46291
1950	2009	10503	10120	96011

2-31 续表 1

行业大类	企业从业人员数（人）	50万元及以下	50-100万元
金属制品业	88237	2806	2941
通用设备制造业	89742	1599	1879
专用设备制造业	79385	1619	1896
汽车制造业	119448	2984	465
铁路、船舶、航空航天和其他运输设备制造业	20739	840	807
电气机械和器材制造业	206007	2288	1906
计算机、通信和其他电子设备制造业	326106	3038	3243
仪器仪表制造业	24009	450	425
其他制造业	24267	1649	1551
废弃资源综合利用业	15385	391	254
金属制品、机械和设备修理业	5162	774	581
电力、热力、燃气及水生产和供应业	**132319**	**3078**	**3431**
电力、热力生产和供应业	96399	2442	2742
燃气生产和供应业	8807	85	132
水的生产和供应业	27113	551	557
建筑业	**1685981**	**44046**	**31105**
房屋建筑业	1162484	11229	8304
土木工程建筑业	335534	8650	6766
建筑安装业	55717	4631	4044
建筑装饰、装修和其他建筑业	132246	19536	11991
批发和零售业	**888496**	**159980**	**108134**
批发业	459103	74392	51459
零售业	429393	85588	56675
交通运输、仓储和邮政业	**394400**	**17605**	**15625**
铁路运输业	198		
道路运输业	322727	12129	10825
水上运输业	8596	196	269
航空运输业	4574	33	
管道运输业	264	10	18
多式联运和运输代理业	3981	484	588
装卸搬运和仓储业	21983	2066	2039
邮政业	32077	2687	1886
住宿和餐饮业	**124252**	**14216**	**10417**
住宿业	64389	4290	3944
餐饮业	59863	9926	6473
信息传输、软件和信息技术服务业	**147234**	**29013**	**18121**
电信、广播电视和卫星传输服务	40171	567	451
互联网和相关服务	17091	4526	2879
软件和信息技术服务业	89972	23920	14791

100-500万元	500-1000万元	1000-5000万元	5000万元-1亿元	1亿元以上
12502	7062	21054	11809	30063
8815	5166	19792	11034	41457
8987	5657	22463	9302	29461
2538	2662	12870	9520	88409
3271	2527	4566	1594	7134
10391	5933	32714	21812	130963
14101	10342	38698	30920	225764
2321	723	5750	3684	10656
5706	2895	8008	1871	2587
1771	959	4434	1262	6314
1692	886	1196	33	
11203	**4649**	**12120**	**7326**	**90512**
9063	3106	7708	2766	68572
376	129	1098	725	6262
1764	1414	3314	3835	15678
102763	**56671**	**238761**	**174294**	**1038341**
32511	25490	152892	119031	813027
25628	14968	53100	44541	181881
11050	3986	9619	4657	17730
33574	12227	23150	6065	25703
257580	**87271**	**115440**	**38218**	**121873**
139888	47118	59495	17227	69524
117692	40153	55945	20991	52349
80194	**47585**	**118031**	**27763**	**87597**
				198
67496	42889	108176	22607	58605
1001	571	2181	994	3384
80	24	238	802	3397
13				223
1424	669	507	151	158
6411	1958	3415	2021	4073
3769	1474	3514	1188	17559
31432	**16219**	**24919**	**7652**	**19397**
12427	8057	16356	5635	13680
19005	8162	8563	2017	5717
30150	**9350**	**12469**	**2266**	**45865**
775	281	773	435	36889
4838	1463	1755	296	1334
24537	7606	9941	1535	7642

2-31 续表 2

行业大类	企业从业人员数(人)	50万元及以下	50-100万元
金融业	**6567**	**1155**	**765**
货币金融服务	2797	420	280
资本市场服务	1876	474	317
保险业	133	44	26
其他金融业	1761	217	142
房地产业	**244990**	**27747**	**18872**
房地产业	244990	27747	18872
租赁和商务服务业	**419442**	**87601**	**64551**
租赁业	37076	4504	4084
商务服务业	382366	83097	60467
科学研究和技术服务业	**140479**	**26944**	**17404**
研究和试验发展	7340	1440	1148
专业技术服务业	102712	16641	11132
科技推广和应用服务业	30427	8863	5124
水利、环境和公共设施管理业	**51855**	**4115**	**3236**
水利管理业	761	150	79
生态保护和环境治理业	3642	470	381
公共设施管理业	46330	3387	2749
土地管理业	1122	108	27
居民服务、修理和其他服务业	**73877**	**19779**	**14368**
居民服务业	29290	8289	6168
机动车、电子产品和日用产品修理业	23242	6490	4753
其他服务业	21345	5000	3447
教育	**37173**	**9076**	**4852**
教育	37173	9076	4852
卫生和社会工作	**31931**	**1566**	**1190**
卫生	29852	1286	990
社会工作	2079	280	200
文化、体育和娱乐业	**73909**	**17141**	**12269**
新闻和出版业	2268	106	85
广播、电视、电影和录音制作业	9037	1210	840
文化艺术业	18654	5707	3724
体育	5945	1546	1066
娱乐业	38005	8572	6554

100-500万元	500-1000万元	1000-5000万元	5000万元-1亿元	1亿元以上
1371	**637**	**689**	**324**	**1626**
514	298	359	208	718
395	148	214		328
53	8	1	1	
409	183	115	115	580
41245	**19122**	**31595**	**18208**	**88201**
41245	19122	31595	18208	88201
140826	**45140**	**40710**	**14503**	**26111**
15867	7245	4766	443	167
124959	37895	35944	14060	25944
38626	**14991**	**21337**	**8194**	**12983**
2418	1196	731	37	370
26748	11234	17823	7406	11728
9460	2561	2783	751	885
6712	**6524**	**11647**	**9800**	**9821**
130	85	125		192
662	260	1202	282	385
5588	6097	10215	9518	8776
332	82	105		468
26475	**6836**	**4950**	**480**	**989**
9877	1755	2319	298	584
9003	1464	1346	156	30
7595	3617	1285	26	375
11943	**3024**	**4290**	**1250**	**2738**
11943	3024	4290	1250	2738
4787	**3667**	**9241**	**2702**	**8778**
4141	3496	8911	2390	8638
646	171	330	312	140
23454	**6557**	**8043**	**2149**	**4296**
267	81	280	270	1179
3386	1522	1636	443	
5448	1360	934	393	1088
1792	472	549	210	310
12561	3122	4644	833	1719

2-32 按行业(大类)、地区分组的

行业大类	企业法人单位数(个)	南昌市	景德镇市	萍乡市
总　计	**7139**	**1821**	**363**	**165**
农、林、牧、渔业	**104**	**6**	**5**	**2**
农业				
林业	2			
畜牧业				
渔业				
农、林、牧、渔专业及辅助性活动	102	6	5	2
采矿业	**82**	**4**	**4**	**4**
煤炭开采和洗选业	20		2	4
石油和天然气开采业				
黑色金属矿采选业	3			
有色金属矿采选业	31			
非金属矿采选业	22	3	2	
开采专业及辅助性活动				
其他采矿业	6	1		
制造业	**738**	**200**	**59**	**14**
农副食品加工业	71	9	1	
食品制造业	19	6		
酒、饮料和精制茶制造业	27	8	2	1
烟草制品业	3	1		
纺织业	12	4		
纺织服装、服饰业	21	7	2	
皮革、毛皮、羽毛及其制品和制鞋业	6	2		
木材加工和木、竹、藤、棕、草制品业	38	1	2	
家具制造业	4		1	
造纸和纸制品业	12	2	1	
印刷和记录媒介复制业	43	23		1
文教、工美、体育和娱乐用品制造业	7			
石油、煤炭及其他燃料加工业	5		2	
化学原料和化学制品制造业	40	10	2	
医药制造业	14	8	2	
化学纤维制造业				
橡胶和塑料制品业	15	5	1	1
非金属矿物制品业	151	24	27	11
黑色金属冶炼和压延加工业	4			
有色金属冶炼和压延加工业	48	6		
金属制品业	25	8	1	

国有控股企业法人单位数

九江市	新余市	鹰潭市	赣州市	吉安市	宜春市	抚州市	上饶市
980	**240**	**267**	**732**	**745**	**553**	**572**	**701**
37	**3**	**7**	**8**	**16**	**8**	**5**	**7**
			1		1		
37	3	7	7	16	7	5	7
12	**6**	**1**	**21**	**6**	**10**	**5**	**9**
1	3		1	2	7		
	1		1	1			
8	1		13	2	2	2	3
2	1		5	1	1	3	4
1		1	1				2
111	**21**	**28**	**88**	**44**	**50**	**33**	**90**
11		3	7	11	11	9	9
2		3	2	2	3		1
6	1		1	1	2	1	4
			1	1			
7	1						
3			3	1	1	1	3
1			1		1		1
5		4	3	2	6	4	11
1				1			1
7							2
5	1	2	2	2	2	2	3
6							1
2			1				
3	2	2	4	6	5	1	5
1		1	1	1			
1		1			1		5
13	3	4	24	10	10	8	17
	4						
8	1	4	23		2	1	3
6	3		1	1		1	4

2-32 续表 1

行业大类	企业法人单位数（个）			
		南昌市	景德镇市	萍乡市
通用设备制造业	29	9	3	
专用设备制造业	22	10	1	
汽车制造业	33	23	2	
铁路、船舶、航空航天和其他运输设备制造业	7	4	1	
电气机械和器材制造业	22	10	1	
计算机、通信和其他电子设备制造业	22	10	4	
仪器仪表制造业	6	3	1	
其他制造业	10	4	1	
废弃资源综合利用业	9	2		
金属制品、机械和设备修理业	13	1	1	
电力、热力、燃气及水生产和供应业	**407**	**33**	**17**	**10**
电力、热力生产和供应业	239	14	10	5
燃气生产和供应业	27	7	1	
水的生产和供应业	141	12	6	5
建筑业	**424**	**132**	**21**	**13**
房屋建筑业	115	38	7	5
土木工程建筑业	219	66	12	4
建筑安装业	44	14	1	2
建筑装饰、装修和其他建筑业	46	14	1	2
批发和零售业	**1204**	**254**	**53**	**24**
批发业	833	189	24	14
零售业	371	65	29	10
交通运输、仓储和邮政业	**615**	**116**	**24**	**14**
铁路运输业	6	5		
道路运输业	192	40	11	6
水上运输业	12	5	1	
航空运输业	7	5		
管道运输业	1	1		
多式联运和运输代理业	14	4		
装卸搬运和仓储业	331	52	10	7
邮政业	52	4	2	1
住宿和餐饮业	**213**	**43**	**8**	**2**
住宿业	154	33	8	2
餐饮业	59	10		
信息传输、软件和信息技术服务业	**159**	**51**	**5**	**3**
电信、广播电视和卫星传输服务	97	17	3	3
互联网和相关服务	9	2		
软件和信息技术服务业	53	32	2	

九江市	新余市	鹰潭市	赣州市	吉安市	宜春市	抚州市	上饶市
10		1			1		5
4	1		3		3		
2			2	1		2	1
1							1
1		2	3	2			3
1	1		3	1		1	1
1							1
2			1				2
1	1		1	1	1		2
	2	1	1		1	2	4
75	**11**	**12**	**69**	**64**	**35**	**28**	**53**
49	7	10	44	35	22	13	30
3	2		2	5	2	2	3
23	2	2	23	24	11	13	20
51	**14**	**19**	**43**	**36**	**21**	**41**	**33**
12	5	6	12	9	5	10	6
22	6	8	30	16	13	23	19
10	2	1	1	7	2	2	2
7	1	4		4	1	6	6
188	**39**	**49**	**96**	**171**	**89**	**144**	**97**
131	31	36	71	100	71	105	61
57	8	13	25	71	18	39	36
61	**30**	**31**	**60**	**66**	**65**	**83**	**65**
	1						
20	6	6	26	23	15	14	25
3	1				1		1
				1	1		
4	1		3		1		1
29	19	22	28	37	45	57	25
5	2	3	3	5	2	12	13
50	**7**	**11**	**21**	**43**	**14**	**4**	**10**
34	5	10	14	33	9		6
16	2	1	7	10	5	4	4
31	**10**	**6**	**11**	**7**	**9**	**15**	**11**
28	7	5	8	5	5	7	9
	1			1	2	3	
3	2	1	3	1	2	5	2

2-32 续表 2

行业大类	企业法人单位数(个)	南昌市	景德镇市	萍乡市
金融业	**446**	**130**	**26**	**23**
货币金融服务	183	53	10	10
资本市场服务	47	23	3	2
保险业	191	47	13	10
其他金融业	25	7		1
房地产业	**609**	**270**	**28**	**9**
房地产业	609	270	28	9
租赁和商务服务业	**951**	**237**	**46**	**13**
租赁业	28	9		
商务服务业	923	228	46	13
科学研究和技术服务业	**599**	**202**	**26**	**25**
研究和试验发展	23	12	1	
专业技术服务业	481	163	24	25
科技推广和应用服务业	95	27	1	
水利、环境和公共设施管理业	**227**	**27**	**21**	**3**
水利管理业	25	1	1	
生态保护和环境治理业	21	3	4	
公共设施管理业	148	20	12	3
土地管理业	33	3	4	
居民服务、修理和其他服务业	**68**	**23**	**4**	**1**
居民服务业	26	4	3	
机动车、电子产品和日用产品修理业	22	9	1	1
其他服务业	20	10		
教育	**39**	**14**	**1**	
教育	39	14	1	
卫生和社会工作	**32**	**1**	**4**	**2**
卫生	24	1	3	2
社会工作	8		1	
文化、体育和娱乐业	**222**	**78**	**11**	**3**
新闻和出版业	51	44	3	
广播、电视、电影和录音制作业	80	12	2	1
文化艺术业	70	12	5	1
体育	4	2		
娱乐业	17	8	1	1

九江市	新余市	鹰潭市	赣州市	吉安市	宜春市	抚州市	上饶市
45	**23**	**17**	**43**	**32**	**38**	**25**	**44**
17	9	7	17	15	16	12	17
5	2	2	3		2		5
19	12	8	19	15	17	13	18
4			4	2	3		4
68	**13**	**11**	**48**	**57**	**41**	**24**	**40**
68	13	11	48	57	41	24	40
111	**32**	**36**	**112**	**83**	**78**	**78**	**125**
2	2		1	1	2	4	7
109	30	36	111	82	76	74	118
61	**18**	**21**	**53**	**61**	**50**	**38**	**44**
3		2	3	1			1
47	13	15	48	41	44	33	28
11	5	4	2	19	6	5	15
34	**6**	**11**	**21**	**23**	**16**	**27**	**38**
4	1		2	6	4	2	4
2		3		3	2	1	3
24	4	5	18	10	7	19	26
4	1	3	1	4	3	5	5
4	**1**	**2**	**13**	**9**	**2**	**6**	**3**
1	1	1	8	3	1	3	1
2		1	3	4			1
1			2	2	1	3	1
6	**1**		**3**	**2**	**8**		**4**
6	1		3	2	8		4
6		**1**	**3**		**5**	**1**	**9**
4		1	1		3	1	8
2			2		2		1
29	**5**	**4**	**19**	**25**	**14**	**15**	**19**
1		1		1	1		
13	3	2	9	12	8	10	8
12		1	8	12	5	4	10
1	1						
2	1		2			1	1

2-33 按行业(大类)、地区分组的国有

行业大类	企业从业人员数(人)	南昌市	景德镇市	萍乡市
总 计	**995030**	**510180**	**45670**	**22753**
农、林、牧、渔业	**2734**	**233**	**158**	**13**
农业				
林业				
畜牧业				
渔业				
农、林、牧、渔专业及辅助性活动	2734	233	158	13
采矿业	**31907**	**67**	**2725**	**7090**
煤炭开采和洗选业	16604		2659	7090
石油和天然气开采业				
黑色金属矿采选业	276			
有色金属矿采选业	12267			
非金属矿采选业	2540	63	66	
开采专业及辅助性活动				
其他采矿业	220	4		
制造业	**230977**	**96611**	**27238**	**4049**
农副食品加工业	2626	152		
食品制造业	1491	55		
酒、饮料和精制茶制造业	3526	2015	400	114
烟草制品业	5758	5108		
纺织业	272	167		
纺织服装、服饰业	10160	7201	758	
皮革、毛皮、羽毛及其制品和制鞋业	323	128		
木材加工和木、竹、藤、棕、草制品业	1132	7	19	
家具制造业	57		15	
造纸和纸制品业	1143	127	724	
印刷和记录媒介复制业	4159	3193		27
文教、工美、体育和娱乐用品制造业	337			
石油、煤炭及其他燃料加工业	11889		9611	
化学原料和化学制品制造业	7683	2927		
医药制造业	11868	11473	8	
化学纤维制造业				
橡胶和塑料制品业	1156	106	441	201
非金属矿物制品业	21159	2514	2081	3707
黑色金属冶炼和压延加工业	21378			
有色金属冶炼和压延加工业	36670	1527		

注：分地区从业人员数不含数据处理地在“江西省直”的单位。

控股企业法人单位从业人员数

九江市	新余市	鹰潭市	赣州市	吉安市	宜春市	抚州市	上饶市
54402	**39704**	**60035**	**52336**	**38901**	**35420**	**40022**	**41734**
461	**20**	**180**	**52**	**333**	**50**	**18**	**1216**
461	20	180	52	333	50	18	1216
1648	**1365**	**8**	**6896**	**1108**	**8431**	**661**	**1908**
135	736		5	96	5883		
	118		16	142			
1050	383		6231	863	1429	549	1762
261	128		638	7	1119	112	146
202		8	6				
11735	**23906**	**30192**	**10824**	**5114**	**4197**	**3193**	**13918**
204		265	91	372	896	164	482
26		22	96	525	687		80
290	3		56	581	14		53
			650				
65	40						
467			98	76	360		1200
2			4		22		167
103		457	178	23	200	54	91
1				1			40
12							280
357	17	3	8	10	5	31	508
337							
2274			4				
121	477	1636	539	980	371	155	477
21		207	29	130			
1					59		348
1871	879	1100	3103	1466	848	957	2633
	21378						
2680		26415	4287		427	152	1182

2-33 续表 1

行业大类	企业从业人员数(人)	南昌市	景德镇市	萍乡市
金属制品业	4059	313	171	
通用设备制造业	15319	3956	7750	
专用设备制造业	1636	731	3	
汽车制造业	55279	48795	4615	
铁路、船舶、航空航天和其他运输设备制造业	775	555	105	
电气机械和器材制造业	2026	1146	1	
计算机、通信和其他电子设备制造业	5582	3832	518	
仪器仪表制造业	1883	53	2	
其他制造业	261	109		
废弃资源综合利用业	1290	407		
金属制品、机械和设备修理业	80	14	16	
电力、热力、燃气及水生产和供应业	**86667**	**9417**	**1854**	**1335**
电力、热力生产和供应业	67955	1181	995	1214
燃气生产和供应业	3633	2307	65	
水的生产和供应业	15079	5929	794	121
建筑业	**354655**	**271512**	**2188**	**1555**
房屋建筑业	259613	217924	197	891
土木工程建筑业	77720	39312	1527	337
建筑安装业	12866	11217	206	23
建筑装饰、装修和其他建筑业	4456	3059	258	304
批发和零售业	**62126**	**30132**	**2495**	**1371**
批发业	46479	19565	1468	990
零售业	15647	10567	1027	381
交通运输、仓储和邮政业	**76924**	**34314**	**3321**	**2078**
铁路运输业	198			
道路运输业	47902	26620	2575	1262
水上运输业	1471	344	11	
航空运输业	4352	4169		
管道运输业	223	223		
多式联运和运输代理业	262	84		
装卸搬运和仓储业	8013	1677	264	149
邮政业	14503	1197	471	667
住宿和餐饮业	**11743**	**3346**	**859**	**199**
住宿业	9458	2797	859	199
餐饮业	2285	549		
信息传输、软件和信息技术服务业	**36194**	**15304**	**478**	**1105**
电信、广播电视和卫星传输服务	33686	13120	449	1105
互联网和相关服务	110	55		
软件和信息技术服务业	2398	2129	29	

九江市	新余市	鹰潭市	赣州市	吉安市	宜春市	抚州市	上饶市
1075	680		670	16		215	919
753		25			4		2831
97	8		595		202		
425			18	1		1329	96
39							76
23		62	111	1			682
98	46		113	840		135	
169							1659
89			21				42
135	378		151	92	102		25
			2			1	47
5483	**1643**	**1199**	**3314**	**3443**	**2981**	**2135**	**2907**
3463	1311	1082	1179	2127	2337	756	1354
397	284		40	133	265	37	105
1623	48	117	2095	1183	379	1342	1448
11159	**6964**	**20341**	**4866**	**6782**	**4133**	**20641**	**4514**
2852	2535	18894	1844	3007	1080	8004	2385
7913	4151	1037	3001	3345	2773	12393	1931
141	278	12	21	380	267	159	162
253		398		50	13	85	36
4343	**1285**	**1111**	**3664**	**5642**	**4436**	**4049**	**3598**
3382	1197	991	3181	4561	4254	3635	3255
961	88	120	483	1081	182	414	343
6478	**1764**	**1743**	**7856**	**5864**	**3710**	**4010**	**4706**
	198						
3087	642	527	4592	2903	1569	1616	2509
1113	3						
				183			
54	28		48		42		6
836	340	587	869	1006	1045	804	436
1388	553	629	2347	1772	1054	1590	1755
1552	**318**	**869**	**1656**	**1673**	**486**	**128**	**657**
781	318	848	1169	1439	461		587
771		21	487	234	25	128	70
3142	**931**	**1146**	**4379**	**2560**	**2263**	**1813**	**1236**
3100	889	1094	4331	2539	2219	1767	1236
	10			18	6	21	
42	32	52	48	3	38	25	

2-33 续表 2

行业大类	企业从业人员数（人）	南昌市	景德镇市	萍乡市
金融业	**769**	**375**	**42**	**22**
货币金融服务	261	191		
资本市场服务	208	57	42	
保险业				
其他金融业	300	127		22
房地产业	**19912**	**10462**	**1720**	**848**
房地产业	19912	10462	1720	848
租赁和商务服务业	**33759**	**16989**	**760**	**599**
租赁业	979	372		
商务服务业	32780	16617	760	599
科学研究和技术服务业	**25359**	**14992**	**627**	**861**
研究和试验发展	723	325	14	
专业技术服务业	23638	14448	607	861
科技推广和应用服务业	998	219	6	
水利、环境和公共设施管理业	**10216**	**2320**	**426**	**229**
水利管理业	269	1	56	
生态保护和环境治理业	299	67	38	
公共设施管理业	9077	2210	305	229
土地管理业	571	42	27	
居民服务、修理和其他服务业	**1309**	**762**	**61**	**10**
居民服务业	445	43	58	
机动车、电子产品和日用产品修理业	162	78	3	10
其他服务业	702	641		
教育	**743**	**415**	**33**	
教育	743	415	33	
卫生和社会工作	**2839**	**7**	**159**	**1266**
卫生	2759	7	159	1266
社会工作	80			
文化、体育和娱乐业	**6197**	**2922**	**526**	**123**
新闻和出版业	1777	1599	53	
广播、电视、电影和录音制作业	1470	281	99	90
文化艺术业	1862	412	342	2
体育	414	174		
娱乐业	674	456	32	31

九江市	新余市	鹰潭市	赣州市	吉安市	宜春市	抚州市	上饶市
73	**16**	**9**	**87**	**5**	**102**	**9**	**29**
3			38		8	9	12
39	16	9			45		
31			49	5	49		17
1733	**145**	**113**	**1359**	**1067**	**1179**	**469**	**817**
1733	145	113	1359	1067	1179	469	817
3417	**681**	**949**	**2365**	**1856**	**1428**	**1563**	**3152**
7	21			6	109	133	331
3410	660	949	2365	1850	1319	1430	2821
1565	**389**	**885**	**2675**	**1307**	**741**	**634**	**683**
95		5	247				37
1426	275	752	2407	973	737	588	564
44	114	128	21	334	4	46	82
775	**88**	**1152**	**1819**	**1417**	**268**	**234**	**1488**
9	30		18	64	36	13	42
40		24		20	26	1	83
636	58	1043	1779	1240	112	143	1322
90		85	22	93	94	77	41
19	**16**	**10**	**70**	**84**	**31**	**209**	**37**
5	16	10	52	61		197	3
9			8	22			32
5			10	1	31	12	2
46	**35**		**10**	**11**	**145**		**48**
46	35		10	11	145		48
79		**80**	**68**		**671**	**13**	**496**
74		80	20		644	13	496
5			48		27		
694	**138**	**48**	**376**	**635**	**168**	**243**	**324**
105		3		7	10		
156	37	35	122	281	104	161	104
186		10	237	347	54	79	193
225	15						
22	86		17			3	27

2-34 按行业(大类)、地区分组的

行业大类	小微企业法人单位数(个)	南昌市	景德镇市	萍乡市
总　计	**342721**	**59447**	**10985**	**8882**
农、林、牧、渔业	**2236**	**159**	**46**	**37**
农业	11	2		
林业	5	1		1
畜牧业	2			
渔业	1			
农、林、牧、渔专业及辅助性活动	2217	156	46	36
采矿业	**2949**	**35**	**52**	**121**
煤炭开采和洗选业	229		1	55
石油和天然气开采业	2			
黑色金属矿采选业	262			6
有色金属矿采选业	386	1	7	
非金属矿采选业	1802	28	42	57
开采专业及辅助性活动	33	1		1
其他采矿业	235	5	2	2
制造业	**61049**	**8253**	**2691**	**2078**
农副食品加工业	3379	547	91	52
食品制造业	1396	318	27	21
酒、饮料和精制茶制造业	1150	100	72	36
烟草制品业	5			
纺织业	2137	257	19	14
纺织服装、服饰业	5931	1035	55	50
皮革、毛皮、羽毛及其制品和制鞋业	1790	58	10	82
木材加工和木、竹、藤、棕、草制品业	2967	157	45	34
家具制造业	3770	226	30	25
造纸和纸制品业	1088	152	45	54
印刷和记录媒介复制业	1269	313	46	61
文教、工美、体育和娱乐用品制造业	1764	277	21	32
石油、煤炭及其他燃料加工业	300	12	8	12
化学原料和化学制品制造业	3523	315	96	507
医药制造业	1040	185	19	8
化学纤维制造业	74	5	2	4
橡胶和塑料制品业	2043	373	46	56
非金属矿物制品业	8634	724	1474	529
黑色金属冶炼和压延加工业	280	32	2	6
有色金属冶炼和压延加工业	1110	106	5	11

注：本表不含无单位规模标识的单位数据。

小微企业企业法人单位数

九江市	新余市	鹰潭市	赣州市	吉安市	宜春市	抚州市	上饶市
40186	**24759**	**12317**	**59390**	**28856**	**35619**	**20473**	**41807**
347	**141**	**213**	**427**	**300**	**178**	**197**	**191**
3	2	1	1			1	1
			2		1		
				1		1	
							1
344	139	212	424	299	177	195	189
367	**318**	**57**	**671**	**271**	**460**	**207**	**390**
5	55		23	17	54	1	18
							2
19	132	2	26	32	19	11	15
42	11	4	224	15	10	14	58
263	105	41	347	193	334	161	231
3	2	2	10	4	5	4	1
35	13	8	41	10	38	16	65
7776	**2871**	**1845**	**10585**	**6103**	**7545**	**4421**	**6881**
279	88	85	516	496	534	282	409
119	54	54	206	143	223	99	132
131	35	24	154	169	143	93	193
	2		1	1			1
425	127	93	158	156	439	133	316
1358	178	138	1435	349	360	314	659
194	123	42	260	433	300	91	197
282	85	87	477	539	570	347	344
220	51	36	2037	173	157	407	408
116	37	16	203	110	171	84	100
141	60	37	174	146	144	79	68
211	63	130	248	164	167	173	278
46	42	6	38	41	33	39	23
353	101	70	313	344	770	348	306
85	27	15	60	257	219	83	82
15	1	1	6	4	23	7	6
220	87	56	253	197	304	258	193
1203	331	144	1059	744	1102	524	800
31	109	5	30	11	23	7	24
82	36	118	330	69	115	62	176

2-34 续表 1

行业大类	小微企业法人单位数（个）	南昌市	景德镇市	萍乡市
金属制品业	3355	687	100	91
通用设备制造业	2310	506	82	86
专用设备制造业	2372	558	58	71
汽车制造业	1033	323	76	18
铁路、船舶、航空航天和其他运输设备制造业	458	40	37	4
电气机械和器材制造业	2488	338	59	83
计算机、通信和其他电子设备制造业	2434	259	60	61
仪器仪表制造业	505	84	9	3
其他制造业	1273	112	64	31
废弃资源综合利用业	548	30	14	30
金属制品、机械和设备修理业	623	124	19	6
电力、热力、燃气及水生产和供应业	**5100**	**144**	**90**	**234**
电力、热力生产和供应业	3978	64	68	182
燃气生产和供应业	207	22	4	11
水的生产和供应业	915	58	18	41
建筑业	**26651**	**5417**	**725**	**802**
房屋建筑业	7489	1205	165	229
土木工程建筑业	5742	1050	143	160
建筑安装业	3333	892	95	108
建筑装饰、装修和其他建筑业	10087	2270	322	305
批发和零售业	**113622**	**19318**	**3685**	**2671**
批发业	58245	13510	857	1559
零售业	55377	5808	2828	1112
交通运输、仓储和邮政业	**16895**	**1635**	**492**	**239**
铁路运输业				
道路运输业	14027	1116	408	175
水上运输业	257	35	3	
航空运输业	22	10	2	
管道运输业	4	1		
多式联运和运输代理业	424	106	7	8
装卸搬运和仓储业	1345	272	48	23
邮政业	816	95	24	33
住宿和餐饮业	**6521**	**1074**	**248**	**162**
住宿业	2610	456	112	56
餐饮业	3911	618	136	106
信息传输、软件和信息技术服务业	**15027**	**4132**	**268**	**330**
电信、广播电视和卫星传输服务	359	88	5	10
互联网和相关服务	2270	366	67	71
软件和信息技术服务业	12398	3678	196	249

九江市	新余市	鹰潭市	赣州市	吉安市	宜春市	抚州市	上饶市
403	251	106	496	230	359	198	434
356	214	104	213	130	238	102	279
240	170	147	339	210	262	102	215
110	64	22	67	46	50	110	147
283	9	6	14	15	16	7	27
334	166	122	417	267	282	162	258
183	166	77	693	457	169	116	193
57	26	19	42	38	33	13	181
159	99	32	199	67	176	107	227
37	39	39	88	52	94	44	81
103	30	14	59	45	69	30	124
670	**156**	**110**	**1232**	**678**	**564**	**572**	**650**
502	123	80	1023	584	430	457	465
30	13	7	22	19	26	22	31
138	20	23	187	75	108	93	154
2639	**1157**	**821**	**5854**	**2497**	**1969**	**1419**	**3351**
525	327	182	2055	823	617	412	949
556	241	133	1533	488	319	346	773
422	201	107	441	295	242	114	416
1136	388	399	1825	891	791	547	1213
14160	**9194**	**3745**	**21623**	**8752**	**10304**	**6493**	**13677**
7632	5755	1710	9595	3541	5326	2872	5888
6528	3439	2035	12028	5211	4978	3621	7789
1504	**708**	**953**	**1709**	**1511**	**4735**	**1506**	**1903**
976	542	813	1385	1245	4474	1233	1660
115	6	5	8	29	12	21	23
2	1			4	1		2
		2					1
98	40	17	59	27	24	12	26
222	91	85	144	115	142	123	80
91	28	31	113	91	82	117	111
929	**216**	**274**	**1112**	**812**	**534**	**311**	**849**
368	67	101	387	321	201	145	396
561	149	173	725	491	333	166	453
1449	**931**	**471**	**2423**	**1056**	**1126**	**594**	**2247**
74	35	6	41	20	21	16	43
207	243	70	417	206	186	116	321
1168	653	395	1965	830	919	462	1883

2-34 续表 2

行业大类	小微企业法人单位数（个）	南昌市	景德镇市	萍乡市
金融业	**1471**	**354**	**57**	**55**
货币金融服务	567	84	11	30
资本市场服务	347	121	18	3
保险业	387	94	22	21
其他金融业	170	55	6	1
房地产业	**11099**	**2307**	**428**	**223**
房地产业	11099	2307	428	223
租赁和商务服务业	**46809**	**9657**	**949**	**1075**
租赁业	4528	931	114	103
商务服务业	42281	8726	835	972
科学研究和技术服务业	**13998**	**3360**	**363**	**301**
研究和试验发展	1033	280	11	15
专业技术服务业	8544	1986	268	220
科技推广和应用服务业	4421	1094	84	66
水利、环境和公共设施管理业	**2312**	**335**	**110**	**46**
水利管理业	101	14	2	3
生态保护和环境治理业	335	44	14	7
公共设施管理业	1778	261	90	34
土地管理业	98	16	4	2
居民服务、修理和其他服务业	**7669**	**1622**	**263**	**190**
居民服务业	2862	490	103	99
机动车、电子产品和日用产品修理业	3203	794	96	72
其他服务业	1604	338	64	19
教育				
教育				
卫生和社会工作	**262**	**40**	**22**	**9**
卫生	54	14	3	1
社会工作	208	26	19	8
文化、体育和娱乐业	**9051**	**1605**	**496**	**309**
新闻和出版业	75	47	4	4
广播、电视、电影和录音制作业	754	173	25	43
文化艺术业	2296	311	232	107
体育	634	157	17	20
娱乐业	5292	917	218	135

九江市	新余市	鹰潭市	赣州市	吉安市	宜春市	抚州市	上饶市
135	**142**	**80**	**184**	**126**	**103**	**97**	**138**
62	25	31	79	75	46	55	69
22	87	23	34	10	5	9	15
36	28	19	36	32	39	24	36
15	2	7	35	9	13	9	18
1362	**478**	**349**	**1811**	**940**	**998**	**733**	**1470**
1362	478	349	1811	940	998	733	1470
4994	**6762**	**2210**	**6076**	**3214**	**4511**	**2074**	**5287**
511	183	249	746	300	265	264	862
4483	6579	1961	5330	2914	4246	1810	4425
1531	**772**	**414**	**2544**	**1054**	**1071**	**596**	**1992**
107	45	28	129	78	86	38	216
980	399	227	1659	555	621	364	1265
444	328	159	756	421	364	194	511
340	**108**	**109**	**364**	**181**	**193**	**147**	**379**
13	5	2	14	13	9	7	19
53	25	7	57	36	32	20	40
262	76	96	287	127	146	113	286
12	2	4	6	5	6	7	34
923	**377**	**282**	**1288**	**629**	**568**	**501**	**1026**
372	159	103	533	230	233	170	370
342	153	134	494	243	239	223	413
209	65	45	261	156	96	108	243
41	**17**	**8**	**30**	**15**	**24**	**19**	**37**
10			4	2	4	5	11
31	17	8	26	13	20	14	26
1019	**411**	**376**	**1457**	**717**	**736**	**586**	**1339**
3	6	1	3	1	3	2	1
73	32	24	125	62	58	43	96
355	106	101	399	176	108	133	268
89	29	27	117	54	23	37	64
499	238	223	813	424	544	371	910

2-35 按行业(大类)、地区分组的

行业大类	小微企业从业人员数(人)	南昌市	景德镇市	萍乡市
总　计	**4448460**	**663397**	**156397**	**179023**
农、林、牧、渔业	**12810**	**853**	**331**	**184**
农业				
林业				
畜牧业				
渔业				
农、林、牧、渔专业及辅助性活动	12810	853	331	184
采矿业	**66123**	**424**	**1326**	**5753**
煤炭开采和洗选业	9929		160	3889
石油和天然气开采业	5			
黑色金属矿采选业	5175			430
有色金属矿采选业	12207		229	
非金属矿采选业	36219	403	914	1422
开采专业及辅助性活动	190			7
其他采矿业	2398	21	23	5
制造业	**1776548**	**212458**	**66081**	**103630**
农副食品加工业	78454	15051	1529	1340
食品制造业	33710	7250	571	484
酒、饮料和精制茶制造业	23114	1976	1470	890
烟草制品业	54			
纺织业	72094	8212	334	558
纺织服装、服饰业	190480	40718	1326	2543
皮革、毛皮、羽毛及其制品和制鞋业	60702	1361	336	4907
木材加工和木、竹、藤、棕、草制品业	64227	2610	665	529
家具制造业	111704	3009	707	211
造纸和纸制品业	29293	3051	1719	1272
印刷和记录媒介复制业	25855	5520	1225	1727
文教、工美、体育和娱乐用品制造业	48732	4745	361	678
石油、煤炭及其他燃料加工业	5408	177	139	269
化学原料和化学制品制造业	166859	6348	4723	42142
医药制造业	47000	6692	2188	305
化学纤维制造业	3088	142	67	99
橡胶和塑料制品业	57382	6760	1094	1191
非金属矿物制品业	224635	16535	32927	27490
黑色金属冶炼和压延加工业	8260	1339	44	142
有色金属冶炼和压延加工业	56412	7207	88	255

注：本表不含无单位规模标识的单位数据。分地区从业人员数不含数据处理地在“江西省直”的单位。

小微企业企业法人单位从业人员数

九江市	新余市	鹰潭市	赣州市	吉安市	宜春市	抚州市	上饶市
591961	**210747**	**125942**	**768204**	**411236**	**572141**	**294419**	**472708**
2063	**788**	**1226**	**2655**	**1814**	**1032**	**946**	**918**
2063	788	1226	2655	1814	1032	946	918
9025	**5457**	**739**	**15516**	**5686**	**11044**	**2616**	**8537**
173	1377		379	749	2872	4	326
							5
238	2831	11	254	741	281	79	310
1365	90	451	7782	417	260	152	1461
6726	1018	228	6688	3724	6855	2217	6024
7	12	7	97	8	45	7	
516	129	42	316	47	731	157	411
248405	**50477**	**44464**	**319760**	**190055**	**229429**	**133077**	**178712**
6684	1834	1874	12051	12184	11949	5732	8226
2962	819	1011	4218	3592	6703	3154	2946
3605	269	534	2232	3591	4263	1348	2936
	30		18				6
17771	2857	1460	5810	6221	10595	6634	11642
47134	3137	1866	39944	14454	8783	10154	20421
9675	1156	607	11715	13246	8006	3504	6189
7168	1204	1809	10421	11355	14293	6827	7346
3470	770	352	82214	3383	3718	5727	8143
3395	644	183	4761	3995	3685	3127	3461
3901	814	287	3459	2893	3042	1656	1331
8584	1238	1691	8415	5322	4455	4897	8346
933	318	159	946	642	499	811	515
15338	1852	1564	8463	13013	47422	14794	11200
5858	911	724	3029	9254	8731	4775	4533
577	25	6	133	19	1370	212	438
6674	1790	972	6062	6493	9386	12380	4580
34049	6547	3044	26567	20054	28383	12010	17029
1000	3028	60	700	289	820	31	807
4252	493	6541	15914	3680	6684	3388	7910

2-35 续表 1

行业大类	小微企业从业人员数(人)	南昌市	景德镇市	萍乡市
金属制品业	68012	12522	1571	1975
通用设备制造业	54908	9699	2248	2463
专用设备制造业	53270	11680	1145	1787
汽车制造业	39699	13684	2635	1011
铁路、船舶、航空航天和其他运输设备制造业	12682	1395	1184	68
电气机械和器材制造业	91630	9761	1625	3677
计算机、通信和其他电子设备制造业	94104	9502	2711	3677
仪器仪表制造业	14946	2017	131	9
其他制造业	22193	1730	893	760
废弃资源综合利用业	12479	891	103	1137
金属制品、机械和设备修理业	5162	874	322	34
电力、热力、燃气及水生产和供应业	**57258**	**3515**	**1938**	**2391**
电力、热力生产和供应业	32904	1396	1277	1139
燃气生产和供应业	6029	647	148	553
水的生产和供应业	18325	1472	513	699
建筑业	**549101**	**99942**	**12414**	**21231**
房屋建筑业	278719	41453	5653	12444
土木工程建筑业	129455	21192	1982	3991
建筑安装业	35143	7392	1339	1089
建筑装饰、装修和其他建筑业	105784	29905	3440	3707
批发和零售业	**673983**	**93399**	**30983**	**15348**
批发业	363856	67096	8133	9319
零售业	310127	26303	22850	6029
交通运输、仓储和邮政业	**288564**	**24588**	**8859**	**4300**
铁路运输业				
道路运输业	249900	17065	7771	3472
水上运输业	6142	609	32	
航空运输业	650	361	51	
管道运输业	264	223		
多式联运和运输代理业	3981	1032	90	61
装卸搬运和仓储业	17291	3784	608	286
邮政业	10336	1514	307	481
住宿和餐饮业	**98353**	**15391**	**4037**	**3101**
住宿业	47669	7974	2254	1271
餐饮业	50684	7417	1783	1830
信息传输、软件和信息技术服务业	**96858**	**26715**	**2338**	**1869**
电信、广播电视和卫星传输服务	5235	646	200	51
互联网和相关服务	14217	2883	569	346
软件和信息技术服务业	77406	23186	1569	1472

九江市	新余市	鹰潭市	赣州市	吉安市	宜春市	抚州市	上饶市
11328	3904	1595	7179	5191	9710	4204	8833
8854	3182	2732	4188	3617	6626	2770	8529
6158	2719	4323	6386	5341	6822	2547	4362
4536	1184	678	1980	2085	1866	5239	4801
7147	113	40	258	494	480	545	958
11911	4371	5328	16307	11630	10480	9034	7506
6550	2644	3209	27636	24102	5531	4135	4407
3194	543	702	909	998	962	754	4727
3325	805	370	5181	1406	1683	1859	4181
1288	1002	571	2122	1290	2100	579	1396
1084	274	172	542	221	382	250	1007
8334	**2514**	**1338**	**10193**	**7531**	**6376**	**4865**	**8263**
4594	1504	655	6867	4942	3271	2719	4540
1372	398	218	282	494	1067	298	552
2368	612	465	3044	2095	2038	1848	3171
53829	**16602**	**10775**	**107879**	**55851**	**53766**	**41403**	**75409**
27849	8349	4250	51382	36722	36833	20709	33075
9414	2669	2726	31938	10330	6722	13722	24769
4824	1905	1356	5189	2547	3523	1899	4080
11742	3679	2443	19370	6252	6688	5073	13485
119426	**46578**	**21524**	**134661**	**45995**	**70134**	**29388**	**66547**
70101	32204	10723	61978	19578	40510	13969	30245
49325	14374	10801	72683	26417	29624	15419	36302
22155	**8988**	**10651**	**26340**	**28350**	**102466**	**28733**	**23134**
14220	6975	9080	22285	24420	98407	25749	20456
2689	94	23	128	839	687	614	427
13	17			199			9
		31					10
1058	346	49	535	324	303	51	132
3204	1079	944	1948	1356	1834	1237	1011
971	477	524	1444	1212	1235	1082	1089
13992	**2501**	**3581**	**17722**	**12803**	**8850**	**5154**	**11221**
5813	893	2194	7463	6050	4179	2708	6870
8179	1608	1387	10259	6753	4671	2446	4351
12621	**7679**	**2360**	**14733**	**5698**	**6856**	**2750**	**10954**
660	314	103	358	153	210	57	198
1649	1690	323	2487	1060	1031	546	1633
10312	5675	1934	11888	4485	5615	2147	9123

2-35 续表 2

行业大类	小微企业从业人员数（人）	南昌市	景德镇市	萍乡市
金融业	**6457**	**1660**	**164**	**139**
货币金融服务	2797	654	23	117
资本市场服务	1828	283	107	
保险业	133	29		
其他金融业	1699	694	34	22
房地产业	**151917**	**34045**	**5881**	**4231**
房地产业	151917	34045	5881	4231
租赁和商务服务业	**401856**	**96421**	**9693**	**9954**
租赁业	37076	8520	935	658
商务服务业	364780	87901	8758	9296
科学研究和技术服务业	**112830**	**26692**	**3675**	**2638**
研究和试验发展	7085	1952	84	55
专业技术服务业	76917	19504	2932	2053
科技推广和应用服务业	28828	5236	659	530
水利、环境和公共设施管理业	**23932**	**3183**	**1491**	**463**
水利管理业	761	177	56	14
生态保护和环境治理业	3019	552	164	68
公共设施管理业	19030	2298	1244	357
土地管理业	1122	156	27	24
居民服务、修理和其他服务业	**59788**	**11192**	**2617**	**1762**
居民服务业	23490	3737	978	1012
机动车、电子产品和日用产品修理业	22829	4625	888	458
其他服务业	13469	2830	751	292
教育				
教育				
卫生和社会工作	**5196**	**1134**	**244**	**166**
卫生	3222	846	152	50
社会工作	1974	288	92	116
文化、体育和娱乐业	**66886**	**11785**	**4325**	**1863**
新闻和出版业	1212	894	136	25
广播、电视、电影和录音制作业	8381	1772	389	342
文化艺术业	17109	2167	1990	300
体育	5439	1101	168	154
娱乐业	34745	5851	1642	1042

九江市	新余市	鹰潭市	赣州市	吉安市	宜春市	抚州市	上饶市
595	**942**	**399**	**997**	**487**	**295**	**402**	**377**
287	84	144	516	386	118	254	214
100	802	165	251	26	16	61	17
32	18	7	2	3	39		3
176	38	83	228	72	122	87	143
20683	**6519**	**3803**	**22536**	**11800**	**14105**	**10889**	**17425**
20683	6519	3803	22536	11800	14105	10889	17425
45208	**44030**	**16777**	**46827**	**25226**	**47614**	**20113**	**39993**
3696	1542	2903	4610	1731	2493	2015	7973
41512	42488	13874	42217	23495	45121	18098	32020
14970	**8171**	**3004**	**22091**	**7058**	**8386**	**4300**	**11845**
1219	468	148	1268	337	593	198	763
9878	4093	1765	15479	4360	5330	2970	8553
3873	3610	1091	5344	2361	2463	1132	2529
3739	**972**	**798**	**4336**	**1919**	**1935**	**1397**	**3699**
56	38	12	106	84	43	37	138
463	153	36	596	262	262	168	295
3020	778	657	3588	1480	1526	1092	2990
200	3	93	46	93	104	100	276
7890	**4026**	**1630**	**10529**	**5385**	**4229**	**3740**	**6788**
3465	1645	514	4454	2196	1419	1242	2828
2776	1632	841	3747	1966	1774	1572	2550
1649	749	275	2328	1223	1036	926	1410
891	**123**	**11**	**599**	**253**	**515**	**409**	**851**
568			272	83	250	324	677
323	123	11	327	170	265	85	174
8135	**4380**	**2862**	**10830**	**5325**	**5109**	**4237**	**8035**
37	57	3	19	7	21	13	
928	449	224	1174	898	656	691	858
2099	1145	939	2882	1428	727	1523	1909
1010	375	297	984	408	293	213	436
4061	2354	1399	5771	2584	3412	1797	4832

第3篇

文化及相关产业篇

A.概况

3-A-01 文化及相关产业基本情况

分 组	法人单位				产业活动单位	
	法 人 单位数 (个)	从业人员 期末人数 (人)	资产总计 (万元)	营业收入 (万元)	单位数 (个)	从业人员 期末人数 (人)
总 计	**37559**	**534387**	**32755299**	**23216630**	**1329**	**15413**
按单位性质分组						
经营性	33740	502721	31483893	23216630	115	7546
公益性	3819	31666	1271407		1214	7867
按产业类型分组						
文化制造业	4670	261616	11370590	13889136	22	6692
文化批发和零售业	4268	33115	3134274	2733988	93	854
文化服务业	28621	239656	16979029	6593505	1214	7867
按领域分组						
文化核心领域	26323	271658	21068561	10808017	1163	7289
文化相关领域	11236	262729	10415332	12408613	166	8124

3-A-02 分地区文化及相关产业基本情况

地 区	法人单位				产业活动单位	
	法 人 单位数 (个)	从业人员 期末人数 (人)	资产总计 (万元)	营业收入 (万元)	单位数 (个)	从业人员 期末人数 (人)
全 省	**37559**	**534387**	**32755299**	**23216630**	**1329**	**15413**
南 昌 市	7194	89240	9362172	5123695	242	2631
景德镇市	2372	30474	1536319	1160302	31	172
萍 乡 市	1469	53964	1530694	1357591	59	399
九 江 市	4229	53929	3707859	3574656	158	778
新 余 市	2008	21802	821057	923853	24	361
鹰 潭 市	1442	14135	897005	532255	34	242
赣 州 市	5497	78708	3717356	2993642	288	1626
吉 安 市	3042	51855	1935771	2375248	144	7058
宜 春 市	3209	71338	2905624	2186173	124	642
抚 州 市	2217	25068	2289438	818970	46	199
上 饶 市	4880	43874	4052005	2170246	179	1305

3-A-03 分地区文化及相关产业法人单位分布情况

地区	法人单位数(个)	文化制造业	#规模以上	文化批发和零售业	#规模以上	文化服务业	#规模以上
全省	**37559**	**4670**	**715**	**4268**	**102**	**28621**	**713**
南昌市	7194	579	42	1013	49	5602	156
景德镇市	2372	532	33	581	2	1259	15
萍乡市	1469	501	97	90		878	16
九江市	4229	378	82	346	4	3505	68
新余市	2008	193	22	431	3	1384	27
鹰潭市	1442	176	13	239	4	1027	19
赣州市	5497	520	119	470	8	4507	82
吉安市	3042	365	91	250	16	2427	89
宜春市	3209	708	136	296	2	2205	57
抚州市	2217	332	29	173	3	1712	52
上饶市	4880	386	51	379	11	4115	132

3-A-04　按类别分文化及相关产业法人单位基本情况

分　组	法人单位数（个）	从业人员期末人数（人）	资产总计（万元）	营业收入（万元）
总　计	**37559**	**534387**	**32755299**	**23216630**
文化核心领域	**26323**	**271658**	**22183486**	**10808017**
新闻信息服务	1374	17657	757336	348557
新闻服务	59	1388	42610	1041
报纸信息服务	48	3532	226241	53362
广播电视信息服务	128	5327	303131	13902
互联网信息服务	1139	7410	185354	280252
内容创作生产	5983	86565	5173605	4415503
出版服务	70	1757	418792	331552
广播影视节目制作	355	2225	52018	49729
创作表演服务	2919	22942	1537412	416921
数字内容服务	559	5515	565623	587437
内容保存服务	530	5597	410716	13106
工艺美术品制造	1063	36833	1797067	2415182
艺术陶瓷制造	487	11696	391977	601575
创意设计服务	11271	81751	2304711	2617366
广告服务	8140	56346	1566200	1952274
设计服务	3131	25405	738511	665092
文化传播渠道	2452	35268	3456759	2177626
出版物发行	390	7403	1364355	1092042
广播电视节目传输	169	8671	675786	158764
广播影视发行放映	405	6649	235805	180338
艺术表演	21	414	5786	5989
互联网文化娱乐平台	3	9	982	67
艺术品拍卖及代理	14	72	2827	4289
工艺美术品销售	1450	12050	1171218	736136
文化投资运营	190	1777	4439961	110428
投资与资产管理	164	1386	2486189	69132
运营管理	26	391	1953772	41296
文化娱乐休闲服务	5053	48640	6051114	1138537
娱乐服务	3753	23962	735787	485296
景区游览服务	734	16769	4408905	465353
休闲观光游览服务	566	7909	906422	187888
文化相关领域	**11236**	**262729**	**10571814**	**12408613**
文化辅助生产和中介服务	7209	85083	5088998	5382743
文化服务用品制造	144	14023	1950484	1863381
印刷复制服务	1520	36077	2341667	2889200
版权服务	152	844	14863	15069
会议展览服务	947	6636	253351	221855
文化经纪代理服务	1318	8123	251076	193092
文化设备(用品)出租服务	42	235	4187	6416
文化科研培训服务	3086	19145	273369	193729
文化装备生产	368	26140	1318586	1664039
印刷设备制造	32	1903	90587	123485
广播电视电影设备制造及销售	87	11150	279941	505905
摄录设备制造及销售	65	8275	455388	414049
演艺设备制造及销售	35	2021	79761	192132
游乐游艺设备制造	32	1845	390956	400635
乐器制造及销售	117	946	21951	27833
文化消费终端生产	3659	151506	4164230	5361831
文具制造及销售	1379	10843	386646	686233
笔墨制造	104	2684	49645	115355
玩具制造	179	17844	372046	561202
节庆用品制造	911	89476	1976622	2105204
信息服务终端制造及销售	1086	30659	1379272	1893837

3-A-05 分地区文化及相关产业盈利性法人单位基本情况

地　区	法人单位数(个)	从业人员期末人数(人)	资产总计(万元)	营业收入(万元)
全　省	**33740**	**502721**	**30212486**	**23216630**
南昌市	6723	80765	8347138	5123695
景德镇市	2199	28905	1460863	1160302
萍乡市	1313	52560	1413794	1357591
九江市	3716	50204	3392160	3574656
新余市	1891	20934	798644	923853
鹰潭市	1321	13644	853168	532255
赣州市	5015	75386	3582319	2993642
吉安市	2511	47528	1543078	2375248
宜春市	2825	69037	2818783	2186172
抚州市	1832	22923	2180399	818970
上饶市	4394	40835	3822140	2170246

3-A-06 分地区文化及相关产业非经营性法人单位基本情况

地　区	法人单位数(个)	从业人员期末人数(人)	资产总计(万元)	本年收入合计(万元)	本年支出(费用)合计(万元)
全　省	**3819**	**31666**	**1271407**	**623571**	**612149**
南昌市	471	8475	507517	262305	257086
景德镇市	173	1569	37728	23262	25633
萍乡市	156	1404	58450	21552	20673
九江市	513	3725	157850	54937	52107
新余市	117	868	11207	13921	21540
鹰潭市	121	491	21918	7188	6692
赣州市	482	3322	67518	50864	44876
吉安市	531	4327	196346	75752	64748
宜春市	384	2301	43420	39262	38345
抚州市	385	2145	54519	24169	26938
上饶市	486	3039	114933	50358	53511

B.文化制造业

3-B-01　分地区文化制造业法人单位主要指标

地　区	法人单位数（个）	规模以上	规模以下	从业人员期末人数（人）	规模以上	规模以下
全　省	**4670**	**715**	**3955**	**261616**	**162215**	**99401**
南昌市	579	42	537	16517	9873	6644
景德镇市	532	33	499	12152	5628	6524
萍乡市	501	97	404	47241	19332	27909
九江市	378	82	296	18436	14140	4296
新余市	193	22	171	7784	6384	1400
鹰潭市	176	13	163	5156	4030	1126
赣州市	520	119	401	41890	35409	6481
吉安市	365	91	274	30819	27461	3358
宜春市	708	136	572	54327	27536	26791
抚州市	332	29	303	13457	3408	10049
上饶市	386	51	335	13837	9014	4823

3-B-02 按注册类型和控股情况分规模以上

分组	法人单位数(个)	从业人员期末人数(人)	#女性	资产总计(万元)	营业收入(万元)
总计	**715**	**162215**	**94072**	**9089850**	**11821084**
按注册类型分组					
内资企业	644	125070	69149	6969567	9094662
港、澳、台商投资企业	51	29337	20258	1587981	1852532
外商投资企业	20	7808	4665	532303	873890
按控股情况分组					
国有控股	14	6857	2547	746200	698679
集体控股	4	432	235	26949	51117
私人控股	612	113032	62863	6073183	8150493
港澳台商控股	51	31782	21955	1803590	2049606
外商控股	12	3455	2574	128788	352934
其他	22	6657	3898	311140	518256

3-B-03 分地区规模以上

地区	法人单位数(个)	从业人员期末人数(人)	#女性	资产总计(万元)	营业收入(万元)
全省	**715**	**162215**	**94072**	**9089850**	**11821084**
南昌市	42	9873	4575	1438471	1345795
景德镇市	33	5628	2506	266369	397882
萍乡市	97	19332	9751	631067	703499
九江市	82	14140	6378	1418717	2460309
新余市	22	6384	4113	363729	471835
鹰潭市	13	4030	2073	373842	175802
赣州市	119	35409	23645	1478385	2035565
吉安市	91	27461	16694	802690	1796330
宜春市	136	27536	18789	1399081	1319878
抚州市	29	3408	1659	234717	314535
上饶市	51	9014	3889	682783	799655

文化制造业企业主要财务指标

营业成本 (万元)	税金及附加 (万元)	营业利润 (万元)	投资收益 (万元)	应付职工薪酬 (万元)	应交增值税 (万元)
9987991	**103965**	**989750**	**-8749**	**968301**	**185718**
7667209	90035	756442	-8002	740841	153114
1551373	11267	169961	-955	172450	27662
769408	2663	63348	208	55010	4941
549872	4606	75973	-450	79261	19613
45560	1456	2067		1884	1036
6894303	82580	676744	-7391	641622	129513
1741358	11124	175165	-955	177350	25570
305801	1034	34045	104	25598	2950
451098	3165	25756	-57	42587	7037

文化制造业企业主要财务指标

营业成本 (万元)	税金及附加 (万元)	营业利润 (万元)	投资收益 (万元)	应付职工薪酬 (万元)	应交增值税 (万元)
9987991	**103965**	**989750**	**-8749**	**968301**	**185718**
1081372	8619	155688	-1062	84145	26553
325547	4758	18575	-5179	49590	6607
570078	17715	81111		106148	16584
2109172	5231	224664	397	87087	16257
428768	844	8864	182	40797	5165
140843	3467	13971	25	22761	4539
1791065	12522	115915	173	255713	35098
1537764	7417	159399	-10	133069	17892
1086585	34338	137248	-3961	116616	34770
240782	3558	10295	73	15084	4940
676016	5497	64020	612	57292	17314

3-B-04 按注册类型和控股情况分规模

分　组	法人单位数(个)	从业人员期末人数(人)	#女性	资产总计(万元)	营业收入(万元)
总　计	**3955**	**99401**	**57509**	**2280740**	**2068052**
按注册类型分组					
内资企业	3927	98983	57292	2251009	2057906
港、澳、台商投资企业	18	314	177	16737	7083
外商投资企业	10	104	40	12993	3063
按控股情况分组					
国有控股	43	639	300	34665	16687
集体控股	118	2398	1304	47800	51092
私人控股	3693	94330	54901	2137144	1957085
港澳台商控股	19	320	180	17075	7754
外商控股	7	68	26	10657	1902
其他	75	1646	798	33398	33531

3-B-05 分地区规模以下

地　区	法人单位数(个)	从业人员期末人数(人)	#女性	资产总计(万元)	营业收入(万元)
全　省	**3955**	**99401**	**57509**	**2280740**	**2068052**
南 昌 市	537	6644	3542	250522	207521
景德镇市	499	6524	2379	213801	272595
萍 乡 市	404	27909	17055	423993	456551
九 江 市	296	4296	2064	191079	110115
新 余 市	171	1400	594	37115	58966
鹰 潭 市	163	1126	486	29189	30014
赣 州 市	401	6481	3431	219072	159503
吉 安 市	274	3358	2046	100338	64151
宜 春 市	572	26791	17180	422645	420706
抚 州 市	303	10049	5945	232486	175120
上 饶 市	335	4823	2787	160498	112811

以下文化制造业企业主要财务指标

营业成本（万元）	税金及附加（万元）	营业利润（万元）	投资收益（万元）	应付职工薪酬（万元）	应交增值税（万元）
1599826	**33976**	**246504**	**3304**	**359763**	**55565**
1589234	33800	245261	3303	357766	54986
8131	119	570	2	1469	473
2460	58	673		528	105
13794	165	775		2764	649
38222	523	7776	25	9196	1937
1511181	32792	233499	3163	338975	51742
8639	120	580	2	1478	520
1458	51	575		373	75
26531	326	3298	114	6977	643

文化制造业企业主要财务指标

营业成本（万元）	税金及附加（万元）	营业利润（万元）	投资收益（万元）	应付职工薪酬（万元）	应交增值税（万元）
1599826	**33976**	**246504**	**3304**	**359763**	**55565**
171398	1603	14358	558	26243	4794
201399	2084	34415	31	32323	9181
357523	10242	48387	25	91697	8569
82014	1494	16635	1177	18834	4101
48817	1235	6414		6260	1665
21759	336	5179	16	5596	859
117206	2854	22650	110	27509	4570
46131	661	7302	294	10111	1224
324391	10260	51187	803	85932	13604
134632	1743	26166	148	37816	2540
94556	1464	13810	142	17440	4457

C.文化批零业

3-C-01 分地区文化批零业法人单位主要指标

地　区	法人单位数（个）			从业人员期末人数（人）		
		规模以上	规模以下		规模以上	规模以下
全　省	**4268**	**102**	**4166**	**33115**	**8720**	**24395**
南昌市	1013	49	964	11200	6965	4235
景德镇市	581	2	579	6472	742	5730
萍乡市	90		90	400		400
九江市	346	4	342	3408	112	3296
新余市	431	3	428	1684	48	1636
鹰潭市	239	4	235	1234	76	1158
赣州市	470	8	462	3256	197	3059
吉安市	250	16	234	1262	262	1000
宜春市	296	2	294	1534	58	1476
抚州市	173	3	170	651	38	613
上饶市	379	11	368	2014	222	1792

3-C-02　按注册类型和控股情况分限额以上文化批零业企业主要财务指标

分　组	法人单位数(个)	从业人员期末人数(人)	#女性	资产总计(万元)	营业收入(万元)
总　计	**102**	**8720**	**4555**	**2314188**	**1575895**
按注册类型分组					
内资企业	102	8720	4555	2314188	1575895
港、澳、台商投资企业					
外商投资企业					
按控股情况分组					
国有控股	9	5333	2774	1730358	883456
集体控股	3	42	7	4896	15827
私人控股	84	3149	1663	384352	577249
港澳台商控股					
外商控股					
其他	6	196	111	194582	99362

3-C-02　续表

分　组	营业成本(万元)	税金及附加(万元)	营业利润(万元)	投资收益(万元)	应付职工薪酬(万元)	应交增值税(万元)
总　计	**1328645**	**4913**	**87074**	**1225**	**78406**	**25278**
按注册类型分组						
内资企业	1328645	4913	87074	1225	78406	25278
港、澳、台商投资企业						
外商投资企业						
按控股情况分组						
国有控股	700960	2887	75315	1161	60581	20316
集体控股	14108	34	745		164	21
私人控股	521788	1963	12163	64	15195	4691
港澳台商控股						
外商控股						
其他	91789	29	-1149		2466	251

3-C-03 分地区限额以上文化批零业企业主要财务指标

地　区	法人单位数(个)	从业人员期末人数(人)	#女性	资产总计(万元)	营业收入(万元)	营业成本(万元)
全　省	**102**	**8720**	**4555**	**2314188**	**1575895**	**1328645**
南昌市	49	6965	3579	1543380	1401819	1171640
景德镇市	2	742	436	575665	6099	3864
萍乡市						
九江市	4	112	66	9540	13582	12131
新余市	3	48	20	1177	2522	2146
鹰潭市	4	76	54	732	4032	3562
赣州市	8	197	108	150370	72596	68946
吉安市	16	262	168	8462	29074	25662
宜春市	2	58	19	1821	1612	1211
抚州市	3	38	30	6704	14985	12933
上饶市	11	222	75	16337	29575	26550

3-C-03 续表

地　区	税金及附加(万元)	营业利润(万元)	投资收益(万元)	应付职工薪酬(万元)	应交增值税(万元)
全　省	**4913**	**87074**	**1225**	**78406**	**25278**
南昌市	3418	91242	1115	71631	24087
景德镇市	419	-8208	110	1831	
萍乡市					
九江市	146	479		263	145
新余市	5	60		154	43
鹰潭市	44	102		403	39
赣州市	70	638		761	279
吉安市	277	923		1480	386
宜春市	16	202		140	50
抚州市	373	275		134	53
上饶市	146	1360	0	1608	196

3-C-04　按注册类型和控股情况分限额以下文化批零业企业主要财务指标

分　组	法人单位数（个）	从业人员期末人数（人）	#女性	资产总计（万元）	营业收入（万元）
总　计	**4166**	**24395**	**10931**	**820086**	**1158093**
按注册类型分组					
内资企业	4160	24353	10918	819555	1157052
港、澳、台商投资企业	4	15	10	309	491
外商投资企业	2	27	3	223	550
按控股情况分组					
国有控股	43	564	259	57859	46400
集体控股	26	230	85	7068	7417
私人控股	3919	22464	10149	724618	1049446
港澳台商控股	4	15	10	309	491
外商控股					
其他	174	1122	428	30233	54339

3-C-04　续表

分　组	营业成本（万元）	税金及附加（万元）	营业利润（万元）	投资收益（万元）	应付职工薪酬（万元）	应交增值税（万元）
总　计	**903907**	**14732**	**142474**	**1615**	**104582**	**36435**
按注册类型分组						
内资企业	903252	14717	142294	1610	104370	36393
港、澳、台商投资企业	337	13	95	1	75	26
外商投资企业	318	2	86	4	137	16
按控股情况分组						
国有控股	35557	219	4351	39	3841	874
集体控股	5367	195	1819	5	1020	312
私人控股	825302	13992	128815	1556	93445	32946
港澳台商控股	337	13	95	1	75	26
外商控股						
其他	37344	313	7394	14	6202	2278

3-C-05 分地区限额以下文化批零业企业主要财务指标

地 区	法人单位数(个)	从业人员期末人数(人)	#女性	资产总计(万元)	营业收入(万元)	营业成本(万元)
全 省	**4166**	**24395**	**10931**	**820086**	**1158093**	**903907**
南昌市	964	4235	1997	300642	398096	362850
景德镇市	579	5730	2089	90988	200037	136221
萍乡市	90	400	198	20930	38316	32275
九江市	342	3296	1506	61660	131131	90184
新余市	428	1636	749	38134	87930	63803
鹰潭市	235	1158	492	39454	48012	33976
赣州市	462	3059	1515	63995	75240	52779
吉安市	234	1000	490	25992	28266	20059
宜春市	294	1476	762	61350	70405	52257
抚州市	170	613	311	14126	16072	12053
上饶市	368	1792	822	102815	64588	47450

3-C-05 续表

地 区	税金及附加(万元)	营业利润(万元)	投资收益(万元)	应付职工薪酬(万元)	应交增值税(万元)
全 省	**14732**	**142474**	**1615**	**104582**	**36435**
南昌市	904	9156	168	17998	3694
景德镇市	1929	37584	92	26515	14289
萍乡市	193	738	38	1743	3411
九江市	4814	30579	582	14363	6053
新余市	2172	16750		6438	2143
鹰潭市	1030	8119	6	5634	1329
赣州市	799	13273	260	12710	1610
吉安市	152	5388	124	3948	393
宜春市	1678	7466	7	5606	1968
抚州市	172	2355	91	2205	326
上饶市	889	11066	247	7424	1218

D.文化服务业

3-D-01　分地区文化服务业法人单位主要指标

地　区	法　人单位数（个）	规模以上企　业	规模以下企　业	事业单位	社会团体	从业人员期末人数（人）	规模以上企　业	规模以下企　业	事业单位	社会团体
全　省	**28621**	**713**	**24089**	**1583**	**2236**	**239656**	**48465**	**159525**	**21000**	**10666**
南昌市	5602	156	4975	203	268	61523	19841	33207	6502	1973
景德镇市	1259	15	1071	58	115	11850	713	9568	985	584
萍乡市	878	16	706	45	111	6323	1176	3743	915	489
九江市	3505	68	2924	281	232	32085	3330	25030	2605	1120
新余市	1384	27	1240	56	61	12334	1416	10050	560	308
鹰潭市	1027	19	887	43	78	7745	1824	5430	276	215
赣州市	4507	82	3943	196	286	33562	4216	26024	2048	1274
吉安市	2427	89	1807	233	298	19774	5095	10352	2503	1824
宜春市	2205	57	1764	170	214	15477	2383	10793	1514	787
抚州市	1712	52	1275	120	265	10960	1872	6943	1310	835
上饶市	4115	132	3497	178	308	28023	6599	18385	1782	1257

3-D-02 按注册类型和控股情况分规模以上

分组	法人单位数（个）	从业人员期末人数（人）	#女性	资产总计（万元）	营业收入（万元）
总计	**713**	**48465**	**21330**	**5360973**	**2694942**
按注册类型分组					
内资企业	709	48268	21231	5346010	2691861
港、澳、台商投资企业	3	116	46	12303	3082
外商投资企业	1	81	53	2661	
按控股情况分组					
国有控股	99	16199	5905	2831293	796401
集体控股	3	146	60	52118	4848
私人控股	555	26960	12888	1934417	1749643
港澳台商控股	4	134	58	16674	3641
外商控股					
其他	52	5026	2419	526472	140409

3-D-03 分地区规模以上文化

地区	法人单位数（个）	从业人员期末人数（人）	#女性	资产总计（万元）	营业收入（万元）
全省	**713**	**48465**	**21330**	**5360973**	**2694942**
南昌市	156	19841	8163	1963461	1000757
景德镇市	15	713	314	21001	30709
萍乡市	16	1176	634	262350	25724
九江市	68	3330	1367	257365	161464
新余市	27	1416	670	185049	61458
鹰潭市	19	1824	674	230253	116120
赣州市	82	4216	1829	908909	136394
吉安市	89	5095	2370	212333	196661
宜春市	57	2383	1285	330853	72797
抚州市	52	1872	1022	209601	127292
上饶市	132	6599	3002	779798	765568

文化服务业企业主要财务指标

营业成本（万元）	税金及附加（万元）	营业利润（万元）	投资收益（万元）	应付职工薪酬（万元）	应交增值税（万元）
1722745	**22278**	**179305**	**15960**	**312246**	**49010**
1721005	22266	179586	15960	311780	48968
1564	12	219		433	42
177		-499		33	
476009	6981	83638	2848	132532	13819
2248	51	-382		751	126
1143719	12943	119408	7809	135589	32304
1925	16	204		543	66
98845	2288	-23562	5303	42831	2694

服务业企业主要财务指标

营业成本（万元）	税金及附加（万元）	营业利润（万元）	投资收益（万元）	应付职工薪酬（万元）	应交增值税（万元）
1722745	**22278**	**179305**	**15960**	**312246**	**49010**
714659	4057	30312	14145	169691	11150
20280	256	5074		3212	992
12216	284	653	45	5560	547
107396	2525	12059	-20	17498	3802
41398	690	8710	0	5396	710
54046	3567	10660	50	9920	4335
92286	1595	11713	85	21487	2062
113511	2884	45439	519	24524	6165
48533	494	9909	766	11274	1118
92339	1248	18752	255	7246	3423
426081	4679	26023	115	36440	14705

3-D-04 按注册类型和控股情况

分　组	法人单位数(个)	从业人员期末人数(人)		资产总计(万元)	营业收入(万元)
			#女性		
总　计	**24089**	**159525**	**66007**	**11618055**	**3898563**
按注册类型分组					
内资企业	24072	159352	65953	11599224	3895081
港、澳、台商投资企业	9	61	33	10157	952
外商投资企业	8	112	21	8675	2530
按控股情况分组					
国有控股	373	6447	2678	5739884	185529
集体控股	78	1035	437	93188	18304
私人控股	22467	143261	58982	5168225	3526370
港澳台商控股	11	95	48	10503	1427
外商控股	4	44	6	6036	533
其他	1156	8643	3856	600220	166400

3-D-05 分地区规模以下

地　区	法人单位数(个)	从业人员期末人数(人)		资产总计(万元)	营业收入(万元)
			#女性		
全　省	**24089**	**159525**	**66007**	**11618055**	**3898563**
南 昌 市	4975	33207	12628	3358179	769706
景德镇市	1071	9568	3745	330767	252980
萍 乡 市	706	3743	1649	133904	133502
九 江 市	2924	25030	10825	1611648	698056
新 余 市	1240	10050	3835	184646	241142
鹰 潭 市	887	5430	2494	201616	158274
赣 州 市	3943	26024	10508	829108	514346
吉 安 市	1807	10352	4645	589609	260766
宜 春 市	1764	10793	4875	646453	300775
抚 州 市	1275	6943	3239	1537284	170967
上 饶 市	3497	18385	7564	2194841	398049

分规模以下文化服务业企业主要财务指标

营业成本(万元)	税金及附加(万元)	营业利润(万元)	投资收益(万元)	应付职工薪酬(万元)	应交增值税(万元)
2733192	**59887**	**677392**	**134415**	**708185**	**120019**
2730782	59822	677657	134410	707620	119950
699	6	-609		281	28
1711	59	343	5	284	41
131118	3214	77476	104674	42556	4824
17269	227	-1311	140	5569	399
2467675	53584	577098	28078	623097	109550
1000	12	-506		453	37
348	8	74	5	101	7
115782	2842	24560	1519	36409	5201

文化服务业企业主要财务指标

营业成本(万元)	税金及附加(万元)	营业利润(万元)	投资收益(万元)	应付职工薪酬(万元)	应交增值税(万元)
2733192	**59887**	**677392**	**134415**	**708185**	**120019**
596860	6193	91915	118943	157602	15290
161451	2290	46536	321	45419	15857
96308	916	19904	24	14472	4047
436210	20141	163161	5958	121991	28900
181077	4530	40928	-21	37899	9910
103822	2174	31391	151	32155	4515
340488	5765	92739	4308	108905	11591
191914	3213	46735	1117	42552	6347
211411	5043	45534	362	44701	9718
137288	2022	16425	480	24461	3381
276366	7599	82123	2772	78029	10464

3-D-06 分地区文化服务业行政事业单位主要财务指标

地区	法人单位数（个）	从业人员期末人数（人）	#女性	资产总计（万元）	本年收入（万元）	本年支出合计（万元）
全省	**1583**	**21000**	**9308**	**1116062**	**553960**	**538025**
南昌市	203	6502	2906	487281	245216	238053
景德镇市	58	985	355	30249	19897	22880
萍乡市	45	915	393	56463	20513	19739
九江市	281	2605	1029	123709	45381	44663
新余市	56	560	253	9241	10491	15313
鹰潭市	43	276	135	20419	5719	5463
赣州市	196	2048	976	57479	42794	38155
吉安市	233	2503	1180	180493	66033	55384
宜春市	170	1514	712	38566	35987	35423
抚州市	120	1310	536	49166	21894	24628
上饶市	178	1782	833	62997	40035	38324

3-D-07 分地区文化服务业社团单位主要财务指标

地区	法人单位数（个）	从业人员期末人数（人）	#女性	资产总计（万元）	本年收入（万元）	本年费用合计（万元）
全省	**2236**	**10666**	**4961**	**155344**	**69612**	**74124**
南昌市	268	1973	1276	20236	17089	19032
景德镇市	115	584	243	7479	3364	2753
萍乡市	111	489	177	1987	1040	934
九江市	232	1120	488	34141	9556	7444
新余市	61	308	162	1966	3431	6227
鹰潭市	78	215	99	1499	1469	1229
赣州市	286	1274	445	10039	8070	6721
吉安市	298	1824	903	15853	9719	9365
宜春市	214	787	304	4854	3275	2922
抚州市	265	835	307	5354	2276	2310
上饶市	308	1257	557	51936	10324	15187

E.文化产业个体经营户

3-E-01　文化产业个体经营户抽样调查基本情况

分　　组	个体经营户　　数（户）	从业人员期末人数（人）	#女性	全　　年雇员支出（万元）	全　　年缴纳税费（万元）	全　　年缴纳房租（万元）	全　年总支出（万元）	全　　年营业收入（万元）
总　计	**10162**	**38815**	**24113**	**109821**	**7768**	**44039**	**433593**	**655670**
按产业类型分组								
文化制造业	1141	8911	6601	24829	1358	2808	85664	116725
文化批发和零售业	4512	12485	7948	33979	3209	20722	201192	303996
文化服务业	4509	17419	9564	51014	3201	20508	146737	234950
按地区分组								
南昌市	1205	3967	2172	8026	755	6844	51030	78685
景德镇市	350	1476	820	5149	380	1181	23330	30475
萍乡市	787	2253	1472	6055	616	2450	25318	36106
九江市	986	3387	2088	10362	1845	4994	43575	71731
新余市	174	481	299	1717	170	684	6294	9023
鹰潭市	310	1334	850	4373	228	1663	17281	26212
赣州市	2725	11523	6745	38622	1502	11584	114883	173885
吉安市	789	2616	1833	5835	297	3214	30283	45120
宜春市	646	3371	2119	9683	1149	2638	34950	52093
抚州市	1269	3712	2391	7188	283	4414	35690	53257
上饶市	921	4695	3324	12813	543	4371	50960	79085

附　录

主要指标解释及分类规定

主要指标解释

法人单位 是指有权拥有资产、承担负债，并独立从事社会经济活动（或与其他单位进行交易）的组织。法人单位应同时具备以下条件：

1. 依法成立，有自己的名称、组织机构和场所，能够独立承担民事责任；

2. 独立拥有（或受权使用）资产，有权与其他单位签订合同；

3. 会计上独立核算，能够编制资产负债表等会计报表。

在统计实践中，法人单位包括：企业法人、事业单位法人、机关法人、社会团体法人、民办非企业单位、基金会、居委会、村委会、其他法人。

企业法人 是指依据《中华人民共和国公司登记管理条例》《中华人民共和国企业法人登记管理条例》等国家法律和法规，经各级市场监管机关登记注册，领取《企业法人营业执照》的企业。包括：

1. 公司制企业法人；

2. 非公司制企业法人。

不具有法人资格、但依法成立的个人独资企业、合伙企业在统计上视同法人。

事业单位法人 是指经国务院或地方县级以上机构编制管理部门批准、经国家或地方县级以上事业单位登记管理部门登记或备案，领取《事业单位法人证书》，取得法人资格的事业单位。包括：

1. 各级党委、政府直属事业单位；

2. 中共中央、国务院直属事业单位举办的事业单位；

3. 各级人大、政协机关，监察委员会、人民法院、人民检察院和各民主党派机关举办的事业单位；

4. 各级党委部门和政府部门举办的事业单位；

5. 使用财政性经费的群众团体举办的事业单位；

6. 国有企业及其他组织利用国有资产举办的事业单位；

7. 依照法律或有关规定，应当由各级登记管理机关登记的其他事业单位。

机关法人 是指各级政党机关和国家机关。包括：

1. 县级以上各级中国共产党委员会及其所属各工作部门；

2. 县级以上各级人民代表大会机关；

3. 县级以上各级人民政府及其所属各工作部门，以及地区行政行署；

4. 县级以上各级政治协商会议机关；

5. 县级以上各级监察委员会、人民法院、检察院机关；

6. 县级以上各民主党派和工商联机关；

7. 乡、镇中国共产党委员会和人民政府。

社会团体法人 是指依据《社会团体登记管理条例》，经国家或县级以上民政部门登记注册或备案，领取《社会团体法人登记证书》的各类社会团体，以及由机构编制管理部门管理其编制的群众团体。

民办非企业单位 指企业单位、事业单位、社会团体和其他社会力量以及公民个人利用非国有资产举办的，从事非营利性社会服务的社会组织。民办非企业法人指经各级民政部门核准登记，领取《民办非企业单位登记证书》的民办非企业单位。

基金会 指民政部、省级、地级或市级民政部门核准登记的，颁发《基金会法人登记证书》的基金会。

居委会 由不设区的市、市辖区的人民政府决定设立的社区（居委会）。

村委会 由乡、民族乡、镇的人民政府提出，经村民会议讨论同意后，报县级人民政府批准，设立的村民委员会。

其他法人 是指除上述类型以外的法人。具体是指依据《中华人民共和国农民专业合作社法》及其他法律、法规成立，具备法人条件的单位。

单产业法人 是指仅包含一个产业活动单位的法人单位，称为单产业法人单位，该法人单位同时也是一个产业活动单位。

多产业法人 是指由两个及以上产业活动单位组成的法人单位，称为多产业法人单位，这些产业活动单位接受法人单位的管理和控制。

从业人员期末人数 指报告期最后一日在本单位工作，并取得工资或其他形式劳动报酬的人员数。该指标为时点指标，不包括最后一日当天及以前已经与单位解除劳动合同关系的人员，是在岗职工、劳务派遣人员及其他从业人员之和。从业人员不包括：

1. 离开本单位仍保留劳动关系，并定期领取生活费的人员；

2. 在本单位实习的各类在校学生；

3. 本单位因劳务外包而使用的人员，如：建筑业整建制使用的人员。

营业收入 指企业经营主要业务和其他业务所确认的收入总额。营业收入包括“主营业务收入”和“其他业务收入”。根据会计“利润表”中“营业收入”项目的本年累计数填报。

资产总计 指企业过去的交易或者事项形成的、由企业拥有或者控制的、预期会给企业带来经济利益的资源。资产一般按流动性（资产的变现或耗用时间长短）分为流动资产和非流动资产。其中流动资产可分为货币资金、交易性金融资产、应收票据、应收账款、预付款项、其他应收款、存货等；非流动资产可分为长期股权投资、固定资产、无形资产及其他非流动资产等。

分类规定

登记注册类型 指企业或企业产业活动单位的登记注册类型，市场监管部门对企业（单位）登记注册的类型分为以下几种：

1. 国有企业：指企业全部资产归国家所有，并按《中华人民共和国企业法人登记管理条例》规定登记注册的非公司制的经济组织。不包括有限责任公司中的国有独资公司。

2. 集体企业：指企业资产归集体所有，并按《中华人民共和国企业法人登记管理条例》规定登记注册的经济组织。

3. 股份合作企业：指以合作制为基础，由企业职工共同出资入股，吸收一定比例的社会资产投资组建，实行自主经营，自负盈亏，共同劳动，民主管理，按劳分配与按股分红相结合的一种集体经济组织。

4. 联营企业：指两个及两个以上相同或不同所有制性质的企业法人或事业单位法人，按自愿、平等、互利的原则，共同投资组成的经济组织。联营企业包括国有联营企业、集体联营企业、国有与集体联营企业和其他联营企业。

国有联营企业 指所有联营单位均为国有。

集体联营企业 指所有联营单位均为集体。

国有与集体联营企业 指联营单位既有国有也有集体。

其他联营企业 指上述三种联营企业之外的其他联营形式的企业。

5. 有限责任公司：指根据《中华人民共和国公司登记管理条例》规定登记注册，由两个以上，五十个以下的股东共同出资，每个股东以其所认缴的出资额对公司承担有限责任，公司以其全部资产对其债务承担责任的经济组织。有限责任公司包括国有独资公司以及其他有限责任公司。

国有独资公司 指国家授权的投资机构或者国家授权的部门单独投资设立的有限责任公司。

其他有限责任公司 指国有独资公司以外的其他有限责任公司。

6. 股份有限公司：指根据《中华人民共和国公司登记管理条例》规定登记注册，其全部注册资本由等额股份构成并通过发行股票筹集资本，股东以其认购的股份对公司承担有限责任，公司以其全部资产对其债务承担责任的经济组织。

7. 私营企业：指由自然人投资设立或由自然人控股，以雇佣劳动为基础的营利性经济组织。包括按照《公司法》《合伙企业法》《私营企业暂行条例》以及《个人独资企业法》规定登记注册的私营独资企业、私营合伙企业、私营有限责任公司、私营股份有限公司和个人独资企业。

私营独资企业 指按《私营企业暂行条例》的规定，由一名自然人投资经营，以雇佣劳动为基础，投资者对企业债务承担无限责任的企业。

私营合伙企业 指按《合伙企业法》或《私营企业暂行条例》的规定，由两个以上自然人按照协议共同投资、共同经营、共负盈亏，以雇佣劳动为基础，对债务承担无限责任的企业。

私营有限责任公司 指按《公司法》《私营企业暂行条例》的规定，由两个以上自然人投资或由单个自然人控股的有限责任公司。

私营股份有限公司 指按《公司法》的规定，由五个以上自然人投资，或由单个自然人控股的股份有限公司。

8. 其他企业：指上述第 1 条至第 7 条之外的其他内资经济组织。

9. 合资经营企业（港或澳、台资）：指港澳台地区投资者与内地的企业依照《中华人民共和国中外合资经营企业法》及有关法律的规定，按合同规定的比例投资设立，分享利润和分担风险的企业。

10. 合作经营企业（港或澳、台资）：指港澳台地区投资者与内地企业依照《中华人民共和国中外合作经营企业法》及有关法律的规定，依照合作合同的约定进行投资或提供条件设立，分配利润、分担风险和亏损的企业。

11. 港、澳、台商独资经营企业：指依照《中华人民共和国外资企业法》及有关法律的规定，在内地由港澳台地区投资者全额投资设立的企业。

12. 港、澳、台商投资股份有限公司：指根据国家有关规定，经商务部（原外经贸部）批准设立，并且其中港、澳、台商的股本占公司注册资本的比例达 25%以上的股份有限公司。凡其中港、澳、台商的股本占公司注册资本的比例小于 25%的，属于内资中的股份有限公司。

13. 其他港、澳、台商投资企业：指在中国境内参照《外国企业或个人在中国境内设立合伙企业管理办法》和《外商投资合伙企业登记管理规定》，依法设立的港、澳、台商投资合伙企业。

14. 中外合资经营企业：指外国企业或外国人与中国内地企业依照《中华人民共和国中外合资经营企业法》及有关法律的规定，按合同规定的比例投资设立，分享利润和分担风险的企业。

15. 中外合作经营企业：指外国企业或外国人与中国内地企业依照《中华人民共和国中外合作经营企业法》及有关法律的规定，依照合作合同的约定进行投资或提供条件设立，分配利润、分担风险和亏损的企业。

16. 外资企业：指依照《中华人民共和国外资企业法》及有关法律的规定，在中国内地由外国投资者全额投资设立的企业。

17. 外商投资股份有限公司：指根据国家有关规定，经商务部（原外经贸部）批准设立，并且其中外资的股本占公司注册资本的比例达25%以上的股份有限公司。凡其中外资股本占公司注册资本的比例小于25%的，属于内资中的股份有限公司。

18. 其他外商投资企业：指在中国境内依照《外国企业或个人在中国境内设立合伙企业管理办法》和《外商投资合伙企业登记管理规定》，依法设立的外商投资合伙企业。

企业控股情况　根据企业实收资本中某种经济成分的出资人的实际投资情况，或出资人对企业资产的实际控制、支配程度进行分类。具体分为国有控股、集体控股、私人控股、港澳台商控股、外商控股和其他六类。

国有控股　包括：（1）在企业的全部实收资本中，国有经济成分的出资人拥有的实收资本（股本）所占企业全部实收资本（股本）的比例大于50%的国有绝对控股。（2）在企业的全部实收资本中，国有经济成分的出资人拥有的实收资本（股本）所占比例虽未大于50%，但相对大于其他任何一方经济成分的出资人所占比例的国有相对控股；或者虽不大于其他经济成分，但根据协议规定拥有企业实际控制权的国有协议控股。（3）投资双方各占50%，且未明确由谁绝对控股的企业，若其中一方为国有经济成分的，一律按国有控股处理。

集体控股　包括：（1）在企业的全部实收资本中，集体经济成分的出资人拥有的实收资本（股本）所占企业全部实收资本（股本）的比例大于50%的集体绝对控股。（2）在企业的全部实收资本中，集体经济成分的出资人拥有的实收资本（股本）所占比例虽未大于50%，但相对大于其他任何一方经济成分的出资人所占比例的集体相对控股；或者虽不大于其他经济成分，但根据协议规定拥有企业实际控制权的集体协议控股。

私人控股　包括：（1）在企业的全部实收资本中，私人经济成分的出资人拥有的实收资本（股本）所占企业全部实收资本（股本）的比例大于50%的私人绝对控股。（2）在企业的全部实收资本中，私人经济成分的出资人拥有的实收资本（股本）所占比例虽未大于50%，但相对大于其他任何一方经济成分的出资人所占比例的私人相对控股；或者虽不大于其他经济成分，但根据协议规定拥有企业实际控制权的私人协议控股。

港澳台商控股　包括：（1）在企业的全部实收资本中，港澳台商经济成分的出资人拥有的实收资本（股本）所占企业全部实收资本（股本）的比例大于50%的港澳台商绝对控股。（2）在企业的全部实收资本中，港澳台商经济成分的出资人拥有的实收资本（股本）所占比例虽未大于50%，但相对大于其他任何一方经济成分的出资人所占比例的港澳台商相对控股；或者虽不大于其他经济成分，但根据协议规定拥有企业实际控制权的港澳台商协议控股。

外商控股　包括：（1）在企业的全部实收资本中，外商经济成分的出资人拥有的实收资本（股本）所占企业全部实收资本（股本）的比例大于50%的外商绝对控股。（2）在企业的全部实收资本中，外商经济成分的出资人拥有的实收资本（股本）所占比例虽未大于50%，但相对大于其他任何一方经济成分的出资人所占比例的外商相对控股；或者虽不大于其他经济成分，但根据协议规定拥有企业实际控制权的外商协议控股。

其他控股情况　除上述五类以外的企业控股情况。

统计上大中小微型企业划分办法

一、根据工业和信息化部、国家统计局、国家发展改革委、财政部《关于印发中小企业划型标准规定的通知》（工信部联企业〔2011〕300号），以《国民经济行业分类》（GB/T4754-2017）为基础，结合统计工作的实际情况，制定本办法。

二、本办法适用对象为在中华人民共和国境内依法设立的各种组织形式的法人企业或单位。个体工商户参照本办法进行划分。

三、本办法适用范围包括：农、林、牧、渔业，采矿业，制造业，电力、热力、燃气及水生产和供应业，建筑业，批发和零售业，交通运输、仓储和邮政业，住宿和餐饮业，信息传输、软件和信息技术服务业，房地产业，租赁和商务服务业，科学研究和技术服务业，水利、环境和公共设施管理业，居民服务、修理和其他服务业，文化、体育和娱乐业等15个行业门类以及社会工作行业大类。

四、本办法按照行业门类、大类、中类和组合类别，依据从业人员、营业收入、资产总额等指标或替代指标，将我国的企业划分为大型、中型、小型、微型等四种类型。具体划分标准见附表。

五、企业划分由政府综合统计部门根据统计年报每年确定一次，定报统计原则上不进行调整。

六、本办法自印发之日起执行，国家统计局2011年印发的《统计上大中小微型企业划分办法》（国统字〔2011〕75号）同时废止。

附表:

统计上大中小微型企业划分标准

行业名称	指标名称	计量单位	大型	中型	小型	微型
农、林、牧、渔业	营业收入(Y)	万元	Y≥20000	500≤Y<20000	50≤Y<500	Y<50
工业*	从业人员(X)	人	X≥1000	300≤X<1000	20≤X<300	X<20
	营业收入(Y)	万元	Y≥40000	2000≤Y<40000	300≤Y<2000	Y<300
建筑业	营业收入(Y)	万元	Y≥80000	6000≤Y<80000	300≤Y<6000	Y<300
	资产总额(Z)	万元	Z≥80000	5000≤Z<80000	300≤Z<5000	Z<300
批发业	从业人员(X)	人	X≥200	20≤X<200	5≤X<20	X<5
	营业收入(Y)	万元	Y≥40000	5000≤Y<40000	1000≤Y<5000	Y<1000
零售业	从业人员(X)	人	X≥300	50≤X<300	10≤X<50	X<10
	营业收入(Y)	万元	Y≥20000	500≤Y<20000	100≤Y<500	Y<100
交通运输业*	从业人员(X)	人	X≥1000	300≤X<1000	20≤X<300	X<20
	营业收入(Y)	万元	Y≥30000	3000≤Y<30000	200≤Y<3000	Y<200
仓储业	从业人员(X)	人	X≥200	100≤X<200	20≤X<100	X<20
	营业收入(Y)	万元	Y≥30000	1000≤Y<30000	100≤Y<1000	Y<100
邮政业	从业人员(X)	人	X≥1000	300≤X<1000	20≤X<300	X<20
	营业收入(Y)	万元	Y≥30000	2000≤Y<30000	100≤Y<2000	Y<100
住宿业	从业人员(X)	人	X≥300	100≤X<300	10≤X<100	X<10
	营业收入(Y)	万元	Y≥10000	2000≤Y<10000	100≤Y<2000	Y<100
餐饮业	从业人员(X)	人	X≥300	100≤X<300	10≤X<100	X<10
	营业收入(Y)	万元	Y≥10000	2000≤Y<10000	100≤Y<2000	Y<100
信息传输业*	从业人员(X)	人	X≥2000	100≤X<2000	10≤X<100	X<10
	营业收入(Y)	万元	Y≥100000	1000≤Y<100000	100≤Y<1000	Y<100
软件和信息技术服务业	从业人员(X)	人	X≥300	100≤X<300	10≤X<100	X<10
	营业收入(Y)	万元	Y≥10000	1000≤Y<10000	50≤Y<1000	Y<50
房地产开发经营	营业收入(Y)	万元	Y≥200000	1000≤Y<200000	100≤Y<1000	Y<100
	资产总额(Z)	万元	Z≥10000	5000≤Z<10000	2000≤Z<5000	Z<2000
物业管理	从业人员(X)	人	X≥1000	300≤X<1000	100≤X<300	X<100
	营业收入(Y)	万元	Y≥5000	1000≤Y<5000	500≤Y<1000	Y<500
租赁和商务服务业	从业人员(X)	人	X≥300	100≤X<300	10≤X<100	X<10
	资产总额(Z)	万元	Z≥120000	8000≤Z<120000	100≤Z<8000	Z<100
其他未列明行业*	从业人员(X)	人	X≥300	100≤X<300	10≤X<100	X<10

说明:

1．大型、中型和小型企业须同时满足所列指标的下限，否则下划一档；微型企业只须满足所列指标中的一项即可。

2．附表中各行业的范围以《国民经济行业分类》（GB/T4754-2017）为准。带*的项为行业组合类别，其中，工业包括采矿业，制造业，电力、热力、燃气及水生产和供应业；交通运输业包括道路运输业，水上运输业，航空运输业，管道运输业，多式联运和运输代理业、装卸搬运，不包括铁路运输业；仓储业包括通用仓储，低温仓储，危险品仓储，谷物、棉花等农产品仓储，中药材仓储和其他仓储业；信息传输业包括电信、广播电视和卫星传输服务，互联网和相关服务；其他未列明行业包括科学研究和技术服务业，水利、环境和公共设施管理业，居民服务、修理和其他服务业，社会工作，文化、体育和娱乐业，以及房地产中介服务，其他房地产业等，不包括自有房地产经营活动。

3. 企业划分指标以现行统计制度为准。（1）从业人员，是指期末从业人员数，没有期末从业人员数的，采用全年平均人员数代替。（2）营业收入，工业、建筑业、限额以上批发和零售业、限额以上住宿和餐饮业以及其他设置主营业务收入指标的行业，采用主营业务收入；限额以下批发与零售业企业采用商品销售额代替；限额以下住宿与餐饮业企业采用营业额代替；农、林、牧、渔业企业采用营业总收入代替；其他未设置主营业务收入的行业，采用营业收入指标。（3）资产总额，采用资产总计代替。

文化及相关产业分类(2018)

一、目的和作用

（一）为深化文化体制改革和持续推进社会主义文化强国建设提供统计保障，建立科学可行的文化及相关产业统计制度，制定本分类。

（二）本分类为反映我国文化及相关产业生产活动提供标准分类依据，为文化及相关产业统计提供统一的定义和范围，为发展文化产业、推进社会主义文化繁荣兴盛提供统计服务。

二、定义和范围

（一）定义

本分类规定的文化及相关产业是指为社会公众提供文化产品和文化相关产品的生产活动的集合。

（二）范围

根据以上定义，我国文化及相关产业的范围包括：

1.以文化为核心内容，为直接满足人们的精神需要而进行的创作、制造、传播、展示等文化产品（包括货物和服务）的生产活动。具体包括新闻信息服务、内容创作生产、创意设计服务、文化传播渠道、文化投资运营和文化娱乐休闲服务等活动。

2.为实现文化产品的生产活动所需的文化辅助生产和中介服务、文化装备生产和文化消费终端生产（包括制造和销售）等活动。

三、分类原则

（一）以《国民经济行业分类》为基础

本分类以《国民经济行业分类》（GB/T 4754-2017）为基础，根据文化生产活动的特点，将行业分类中相关的类别重新组合，是《国民经济行业分类》的派生分类。

（二）兼顾文化管理需要和可操作性

根据我国文化体制改革和发展的实际，本分类在考虑文化生产活动特点的同时，兼顾文化主管部门管理的需要；同时立足于现行统计制度和方法，充分考虑分类的可操作性。

（三）与国际分类标准相衔接

本分类借鉴了联合国教科文组织的《文化统计框架—2009》的分类方法，在定义和覆盖范围上与其衔接。

四、分类方法

本分类采用线分类法和分层次编码方法，将文化及相关产业划分为三层，分别用阿拉伯数字编码表示。第一层为大类，用01-09数字表示，共有9个大类；第二层为中类，用3位数字表示，共有43个中类；第三层为小类，用4位数字表示，共有146个小类。

五、有关说明

(一)本分类建立了与《国民经济行业分类》（GB/T 4754-2017）的对应关系。在本分类中，如国民经济某行业小类仅部分活动属于文化及相关产业，则在行业代码后加“*”做标识，并对属于文化生产活动的内容进行说明；如国民经济某行业小类全部纳入文化及相关产业，则小类类别名称与行业类别名称完全一致。

（二）本分类全部小类对应或包含在《国民经济行业分类》（GB/T 4754-2017）相应的行业小类中，具体范围和说明可参见《2017国民经济行业分类注释》。

（三）本分类01-06大类为文化核心领域，07-09大类为文化相关领域。

六、文化及相关产业分类表（见下页）

表 1　文化及相关产业的类别名称和行业代码

类　别　名　称	国民经济行业代码
第一部分　文化核心领域	
一、新闻信息服务	
（一）新闻服务	
新闻业	8610
（二）报纸信息服务	
报纸出版	8622
（三）广播电视信息服务	
广播	8710
电视	8720
广播电视集成播控	8740
（四）互联网信息服务	
互联网搜索服务	6421
互联网其他信息服务	6429
二、内容创作生产	
（一）出版服务	
图书出版	8621
期刊出版	8623
音像制品出版	8624
电子出版物出版	8625
数字出版	8626
其他出版业	8629
（二）广播影视节目制作	
影视节目制作	8730
录音制作	8770
（三）创作表演服务	
文艺创作与表演	8810
群众文体活动	8870
其他文化艺术业	8890
（四）数字内容服务	
动漫、游戏数字内容服务	6572
互联网游戏服务	6422
多媒体、游戏动漫和数字出版软件开发	6513*
增值电信文化服务	6319*
其他文化数字内容服务	6579*
（五）内容保存服务	
图书馆	8831
档案馆	8832
文物及非物质文化遗产保护	8840
博物馆	8850
烈士陵园、纪念馆	8860
（六）工艺美术品制造	
雕塑工艺品制造	2431
金属工艺品制造	2432
漆器工艺品制造	2433
花画工艺品制造	2434

续表 1

类　别　名　称	国民经济行业代码
天然植物纤维编织工艺品制造	2435
抽纱刺绣工艺品制造	2436
地毯、挂毯制造	2437
珠宝首饰及有关物品制造	2438
其他工艺美术及礼仪用品制造	2439
（七）艺术陶瓷制造	
陈设艺术陶瓷制造	3075
园艺陶瓷制造	3076
三、创意设计服务	
（一）广告服务	
互联网广告服务	7251
其他广告服务	7259
（二）设计服务	
建筑设计服务	7484*
工业设计服务	7491
专业设计服务	7492
四、文化传播渠道	
（一）出版物发行	
图书批发	5143
报刊批发	5144
音像制品、电子和数字出版物批发	5145
图书、报刊零售	5243
音像制品、电子和数字出版物零售	5244
图书出租	7124
音像制品出租	7125
（二）广播电视节目传输	
有线广播电视传输服务	6321
无线广播电视传输服务	6322
广播电视卫星传输服务	6331
（三）广播影视发行放映	
电影和广播电视节目发行	8750
电影放映	8760
（四）艺术表演	
艺术表演场馆	8820
（五）互联网文化娱乐平台	
互联网文化娱乐平台	6432*
（六）艺术品拍卖及代理	
艺术品、收藏品拍卖	5183
艺术品代理	5184
（七）工艺美术品销售	
首饰、工艺品及收藏品批发	5146
珠宝首饰零售	5245
工艺美术品及收藏品零售	5246
五、文化投资运营	
（一）投资与资产管理	
文化投资与资产管理	7212*

续表 2

类　别　名　称	国民经济行业代码
（二）运营管理	
文化企业总部管理	7211*
文化产业园区管理	7221*
六、文化娱乐休闲服务	
（一）娱乐服务	
歌舞厅娱乐活动	9011
电子游艺厅娱乐活动	9012
网吧活动	9013
其他室内娱乐活动	9019
游乐园	9020
其他娱乐业	9090
（二）景区游览服务	
城市公园管理	7850
名胜风景区管理	7861
森林公园管理	7862
其他游览景区管理	7869
自然遗迹保护管理	7712
动物园、水族馆管理服务	7715
植物园管理服务	7716
（三）休闲观光游览服务	
休闲观光活动	9030
观光游览航空服务	5622
第二部分　文化相关领域	
七、文化辅助生产和中介服务	
（一）文化辅助用品制造	
文化用机制纸及纸板制造	2221*
手工纸制造	2222
油墨及类似产品制造	2642
工艺美术颜料制造	2644
文化用信息化学品制造	2664
（二）印刷复制服务	
书、报刊印刷	2311
本册印制	2312
包装装潢及其他印刷	2319
装订及印刷相关服务	2320
记录媒介复制	2330
摄影扩印服务	8060
（三）版权服务	
版权和文化软件服务	7520*
（四）会议展览服务	
会议、展览及相关服务	7281-7284 7289
（五）文化经纪代理服务	
文化活动服务	9051
文化娱乐经纪人	9053
其他文化艺术经纪代理	9059
婚庆典礼服务	8070*
文化贸易代理服务	5181*

续表 3

类　别　名　称	国民经济行业代码
票务代理服务	7298
（六）文化设备（用品）出租服务	
休闲娱乐用品设备出租	7121
文化用品设备出租	7123
（七）文化科研培训服务	
社会人文科学研究	7350
学术理论社会（文化 ）团体	9521*
文化艺术培训	8393
文化艺术辅导	8399*
八、文化装备生产	
（一）印刷设备制造	
印刷专用设备制造	3542
复印和胶印设备制造	3474
（二）广播电视电影设备制造及销售	
广播电视节目制作及发射设备制造	3931
广播电视接收设备制造	3932
广播电视专用配件制造	3933
专业音响设备制造	3934
应用电视设备及其他广播电视设备制造	3939
广播影视设备批发	5178
电影机械制造	3471
（三）摄录设备制造及销售	
影视录放设备制造	3953
娱乐用智能无人飞行器制造	3963*
幻灯及投影设备制造	3472
照相机及器材制造	3473
照相器材零售	5248
（四）演艺设备制造及销售	
舞台及场地用灯制造	3873
舞台照明设备批发	5175*
（五）游乐游艺设备制造	
露天游乐场所游乐设备制造	2461
游艺用品及室内游艺器材制造	2462
其他娱乐用品制造	2469
（六）乐器制造及销售	
中乐器制造	2421
西乐器制造	2422
电子乐器制造	2423
其他乐器及零件制造	2429
乐器批发	5147
乐器零售	5247
九、文化消费终端生产	
（一）文具制造及销售	
文具制造	2411
文具用品批发	5141

续表 4

类　别　名　称	国民经济行业代码
文具用品零售	5241
（二）笔墨制造	
笔的制造	2412
墨水、墨汁制造	2414
（三）玩具制造	
玩具制造	2451-2456
	2459
（四）节庆用品制造	
焰火、鞭炮产品制造	2672
（五）信息服务终端制造及销售	
电视机制造	3951
音响设备制造	3952
可穿戴智能文化设备制造	3961*
其他智能文化消费设备制造	3969*
家用视听设备批发	5137
家用视听设备零售	5271
其他文化用品批发	5149
其他文化用品零售	5249

表2 带"*"行业分类文化生产活动内容的说明

序号	国民经济行业分类及代码	文化及相关产业类别名称及小类代码	文化生产活动的内容
1	应用软件开发（6513*）	多媒体、游戏动漫和数字出版软件开发（0243）	包括应用软件开发中的多媒体软件、游戏动漫软件、数字出版软件开发活动。
2	其他电信服务（6319*）	增值电信文化服务（0244）	仅指固定网增值电信、移动网增值电信、其他增值电信中的文化服务，包括手机报、个性化铃音等业务服务。
3	其他数字内容服务（6579*）	其他文化数字内容服务（0245）	仅指文化宣传领域数字内容服务。
4	工程设计活动（7484*）	建筑设计服务（0321）	仅包括房屋建筑工程，体育、休闲娱乐工程，室内装饰和风景园林工程专项设计服务。
5	互联网生活服务平台（6432*）	互联网文化娱乐平台（0450）	仅包括互联网演出购票平台、娱乐应用服务平台、音视频服务平台、读书平台、艺术品鉴定拍卖平台和文化艺术平台。
6	投资与资产管理（7212*）	文化投资与资产管理（0510）	指政府主管部门转变职能后，成立的国有文化资产管理机构和文化行业管理机构的活动；文化投资活动，不包括资本市场的投资。
7	企业总部管理（7211*）	文化企业总部管理（0521）	指不具体从事对外经营业务，只负责文化企业的重大决策、资产管理，协调管理下属各机构和内部日常工作的文化企业总部的活动，其对外经营业务由下属的独立核算单位或单独核算单位承担，还包括派出机构的活动（如办事处等）。
8	园区管理服务（7221*）	文化产业园区管理（0522）	仅指非政府部门的文化产业园区管理服务。
9	机制纸及纸板制造（2221*）	文化用机制纸及纸板制造（0711）	包括未涂布印刷书写用纸制造、涂布类印刷用纸制造、感应纸及纸板制造。
10	知识产权服务（7520*）	版权和文化软件服务（0730）	版权服务包括版权代理服务，版权鉴定服务，版权咨询服务，著作权登记服务，著作权使用报酬收转服务，版权交易、版权贸易服务和其他版权服务。文化软件服务指与文化有关的软件服务，包括软件代理、软件著作权登记、软件鉴定等服务。
11	婚姻服务（8070*）	婚庆典礼服务（0754）	指婚庆礼仪服务。包括婚礼策划、组织服务，婚礼租车服务，婚礼用品出租服务，婚礼摄像服务和其他婚姻服务。
12	贸易代理（5181*）	文化贸易代理服务（0755）	包括文化用品、图书、音像、文化用家用电器和广播电视器材等国际国内贸易代理服务。
13	专业性团体（9521*）	学术理论社会（文化）团体（0772）	学术理论社会团体包括党的理论研究、史学研究、思想工作研究、社会人文科学研究等团体的服务。文化团体包括新闻、图书、报刊、音像、版权、广播、电视、电影、演员、作家、文学艺术、美术家、摄影家、文物、博物馆、图书馆、文化馆、游乐园、公园、文艺理论研究、民族文化等团体的服务。
14	其他未列明教育（8399*）	文化艺术辅导（0774）	包括美术、舞蹈、音乐、书法和武术等辅导服务。
15	智能无人飞行器制造（3963*）	娱乐用智能无人飞行器制造（0832）	指按照国家有关安全规定标准，经允许生产并主要用于娱乐的智能无人飞行器的制造。
16	电气设备批发（5175*）	舞台照明设备批发（0842）	包括各类舞台照明设备的批发。
17	可穿戴智能设备制造（3961*）	可穿戴智能文化设备制造（0953）	指由用户穿戴和控制，并且自然、持续地运行和交互的个人移动计算文化设备产品的制造。
18	其他智能消费设备制造（3969*）	其他智能文化消费设备制造（0954）	仅指虚拟现实设备制造活动。